本书受 2017 年度教育部人文社会科学研究西部和边疆地区项目资助
（项目批准号：17XJA870002）

少数民族濒危语言建档开发研究

陈子丹 著

社会科学文献出版社
SOCIAL SCIENCES ACADEMIC PRESS (CHINA)

目　录

第一章　濒危语言档案与语言档案学

第一节　濒危语言与有声语档

一　濒危语言

（一）濒危语言的定义

"濒危语言"（Endangered Languages）是近年来语言学中出现的一个新概念。从国外来看，由于研究角度不同以及各种语言所处的地位或面临消亡危险的程度不同，语言学家对濒危语言的界定也不尽相同。在国内，濒危语言通常是指使用人口比较少、社会使用功能逐渐萎缩的语言。[①] 李晓丽、张冀震在《濒危语言现状分析——兼谈满语的濒危》一文中提出濒危语言有广义和狭义之分。广义包括自然灾害、疾病、战争等自然、社会、政治等原因造成的种族灭绝，以及语言转用而导致的语言消失；狭义指因文化同化和语言转用，群体成员放弃自己的本族语言而导致的母语危机。狭义的语言濒危现象在全球化的今天显得更为突出，因此已成为世界各国关注的焦点。

从某种程度上来说，语言濒危现象是社会进步和高速发展的结果，其濒危状态是社会现代化进程中社会转型、人口迁移、民族融合等多种因素综合作用的结果，具有一定的必然性，是伴随全球一体化进程在世界各国普遍存在的一种社会现象。在全球化、现代化进程日益加快的今天，一些

---

① 本刊记者．我国濒危语言问题研讨会纪要 [J]．民族语文，2000 (6)：54.

弱势语言由于不能适应社会交际及信息传递的需求而逐渐丧失其交际功能，最终必然被强势语言或者说是通用语言所代替。[1]

人类的语言中有活语言，也有死语言。死语言就是历史上曾经存在过而后来消亡了的语言。活语言就是现在仍然被人们使用的语言，又可依其功能或活力分为"强势语言"和"弱势语言"两大类。濒危语言属于活语言中的弱势语言，而且是弱势语言中正在走向消亡的语言。

衡量一种语言是否属于濒危语言有很多指标，主要包括语言使用人口及所占比例、青少年使用者比例、语言使用能力、语言使用范围、语言结构变化、语言观念等方面。

濒危语言的表现主要有以下三个方面。

（1）使用人口大量减少。

（2）使用地域范围缩小。

（3）语言结构系统产生质的变化。

语言社区中语言使用者的语言技能退化从而导致语言系统发生变化，是语言濒危的信号。方言区语言技能退化的现象主要出现在学生群体。

语言濒危还表现出明显的区域性。语言的区域性濒危也叫作"区域性语言濒危"，是指某个语言集团整体语言状况保持良好，但是在某个环节却存在松动甚至断裂的情况，使之呈现局部的语言濒危。我们把这种附着在语言集团上的局部语言濒危称为"区域性语言濒危"。区域性语言濒危对语言集团的影响很大，它使得环环相扣的语言整体链条变得松动或断裂开来，不利于语言整体的保持。它对语言整体的其他部分也造成不良影响，例如，降低其他部分语言保持的动力和活力，尤其是对较少人口民族而言。这种区域性语言濒危甚至会造成语言集团整体性的恐慌。因此，区域性语言濒危现象值得注意。

例如达斡尔语四大方言区包括新疆塔城方言区、内蒙古莫力达瓦方言区、齐齐哈尔方言区、海拉尔方言区。其中齐齐哈尔方言区是整个达斡尔语言集团中的一个重要组成部分。但从调研结果来看，齐齐哈尔方言区的语言状况不容乐观，呈现区域性濒危的趋势。这种达斡尔语正在走向区域

---

[1] 李晓丽，张冀震. 濒危语言现状分析——兼谈满语的濒危［J］. 西北民族大学学报，2011（6）：53.

性濒危的状况，从达斡尔族青少年的语言生活现状和语言困顿心理即可反映出来。调查发现，绝大多数达斡尔族青少年的母语能力已经到了能听懂但不会说的地步。沿着这个问题的方向，有关专家做了大量的问卷调查和深度访谈，在对调查数据和访谈资料处理的基础上，发现达斡尔族青少年在语言传承方面处于一种困惑和痛苦的心理状态，具体表现为：①面对母语和汉语的痛苦抉择；②母语情感强烈、母语态度鲜明与母语传承信心严重不足之间的矛盾；③对母语日趋弱化与母语前途未卜的无奈。达斡尔语齐齐哈尔方言作为达斡尔语的重要组成部分已处于濒危状态，因此就达斡尔语整体而言，其呈现区域性濒危的趋势。

（二）濒危语言的相关概念

1. 语言生态环境

语言生态环境是指以语言为中心，对语言的产生、存在、发展和消亡起制约和调控作用的多重空间环境系统的总称，也就是语言的生存环境。它是自然因素、社会因素和文化因素（包括语言使用者的心理、生理因素等）相互交叉渗透的复合生态系统，包括外在生态环境和内在生态环境两个层面。

2. 语言活力保持

当下，语言的多样性正面临前所未有的严峻挑战，这已经成为一个全球性的问题。近年来，人们开始认识到：语言也像能源和物资一样，是一种不可替代的有限的资源。语言既是物质的又是意识的，呈现出社会性。语言以它的物质结构系统，承载着丰富、厚重的社会文化信息，为社会所利用，能够产生社会效益和政治、经济、科技、文化、教育等方面的效益，所以是一种有价值、可利用、出效益、多变化、能发展的特殊的社会资源。随着全球一体化进程的加快，人们也逐渐从视语言为问题转向将语言看作资源，进而发出保护建设和开发利用语言资源的呼吁。学界普遍认为，积极保护语言资源是为了更好地开发与利用，而合理开发和有效利用是为了更好地保护和建设。

目前国内外最流行的方法，就是以人口普查或使用抽样问卷调查形式对某个国家和社区的语言活力保持情况进行调查，这种方法的优势是规模大，理论上可涵盖所有的调查对象，同时也可为制定语言文字政策提供有益的参照，但这种调查的缺陷是只记录或报道了一种语言的现状，忽略了语言活力保持的历史过程，对怎样保存一种语言，了解目前语言现状的产生过程及原因，从而采取力所能及的措施，阻止或延缓语言功能的衰退，不能提供有效的帮助。此外，国内外相关研究大多还停留在语言资源、语言生态和法制权利等层面，尤其缺少从可持续发展视角来讨论弱势族群的语言活力保持和语言科学保护等相关论题的有分量的研究成果。因此，有必要进一步拓展该论题的理论和应用研究范围，并重点研究相关的"科学"可持续发展机制。

研究人口较少民族的语言活力保持与语言科学保护可持续发展机制的意义主要体现在以下五个方面。

其一，对目前国际上多学科、多领域普遍关注的语言多样性与文化多样性研究中的许多相关问题具有重要意义。

其二，为如何在现代化进程中保持各少数民族尤其是人口较少民族的语言与文化特点，同时又能够适应现代化发展步伐提供成功范例。

其三，为各级政府和决策部门摸清新时期我国民族地区人口较少民族的语言现状及发展趋势提供最新最可靠的调查数据，并可提供某些具体参照依据。

其四，为政府和相关部门提供我国民族地区人口较少民族的母语教育与双语教学及其具体实践效果等方面的最新信息，并可为教育部门的教育决策提供参考依据和成功范例。

其五，可为语言活力保持和语言科学保护可持续发展机制的建设提出可行的顶层设计方案。

3. 语言多样性维护

语言是民族文化存在的重要载体，也是民族文化传承的一个重要方面，甚至可以认为民族语言的消失预示着民族文化即将消亡，民族语言的存续直接关系到文化多样性的保持。语言对于文化的多样性，就如同一个物种对于生物的多样性一样，每一种语言的衰微、消失和灭绝，意味着一种珍贵人类文化的消亡。语言的消失，必定会打破语言文化领域的"生态平衡"，必然给人类文化的传承和人类文明的延续带来不可挽回的损失。因此，保存一种语言就是保护一种文化，保持语言文化领域的"生态平衡"。

经过多年的重视和宣传，现在社会公众对自然界生物多样性的重要性有了较为深刻的认识，人们已经普遍意识到日益恶化的生态环境和逐年加深的物种消失危机对人类生存造成的危害，并达成了调整与改善人与自然关系的共识。但人们对自身文化最基本的内容和表现形式——语言多样性，却还没有形成足够的认识。其实，人类社会的生存与发展同样离不开文化多样性。正如《世界文化多样性宣言》指出的那样："文化多样性是交流、革新和创作的源泉，对人类来讲就像生物多样性对维持生物平衡那样必不可少……它是发展的源泉之一，它不仅是促进经济增长的因素，还是享有令人满意的智力、情感、道德精神生活的手段。"多样性的语言是人类文化多样性的重要表现和基本前提，每一个民族的语言都记录了本民族的历史和文化，可以说是其民族历史文化得以传承和延续的重要载体。目前我们对有形的文化遗产，比如建筑、书画、工艺品甚至出土文物等都很重视，但是对作为文化最核心载体的语言，重视和保护却远远不够。殊不知，语言是最珍贵的文化遗产之一，语言一旦消亡，其中蕴藏的人类文明也将随之消失，会给人类自身带来无法弥补的损失。而语言一旦消亡将是不可逆转的。①

当今社会的现代化进程要求保留和传承包括语言复兴在内的民族传统文化。任何一种语言的消失，哪怕是使用人口很少的语言，都是人类文化的巨大损失。我们在加快推进人口较少民族实现现代化、全力帮扶民族贫困地区脱贫致富之后，应当怎样保存、保护他们的语言？目前这是一个难以在理论上解决的问题，值得我们去深思和探讨。在我国，虽然对包括少数民族在内的一些弱势族群的语言已经启动了"语保工程"，采取了一些保护行动，但一种语言能否得以保存，关键在于它自身是否适应社会需要，是否还具有使用功能，这是论及语言保护的前提。

语言多样性是指各群体和社会借以表现其语言文化的多种不同形式，这些表现形式在各群体与社会内部及其间传承。语言多样性是人类最重要的共同遗产之一，是保证不同语言群体接受教育、获取信息以及实现表达自由的需要，它们构成了当今世界丰富多彩的文化生活，为每一个人提供

---

① 刘洪宇. 抢救濒危语言　现代科技将功补过［EB/OL］.［2012 - 07 - 06］. 暨南大学新闻网，news. jnu. cn/Item/24365. aspx.

了语言占有和运用上的自主与自由。

2019 年 2 月 21 日正式发布的《保护和促进世界语言多样性　岳麓宣言》对保护和促进世界语言多样性达成了以下三点共识和倡议。

1. 保护和促进语言多样性对于可持续发展目标的实现至关重要，因此倡议：

（1）保护和促进语言多样性有助于促进人类发展。保护语言多样性就是要保障各语言使用者在教育及其他基本的公共服务、就业、健康、社会融入、参与社会决策等方面机会均等，避免出现永久性文盲、失业、就医困难、受歧视和其他不公平现象，从而有利于实现消除贫困、消除饥饿和营造良好健康与福祉的人类发展目标。同时，语言多样性也是独特而古老的文化代代相传的基础。

（2）保护和促进语言多样性有助于提高濒危语言、少数民族语言、土著语言、非官方语言以及方言母语者的潜力、行动力和主动性。这包括人们自儿童期便开始使用并传承母语、接受母语教育、获得互联网和其他公共空间的信息和知识，视障人士使用盲文、听障人士使用手语进行交流，增加优质教育和性别平等的机会。

（3）保护和促进语言多样性有助于改善环境。维护语言多样性与理解语言赖以生存发展的自然生态环境、生物多样性、生产生活方式息息相关。在全球化的背景下，应将保护语言多样性与保护具有重大或特殊历史文化价值的城市或村落紧密结合，为保护语言多样性提供必要的环境条件和服务，探索语言多样性、环境保护与经济增长共赢的可持续发展模式。

（4）保护和促进语言多样性有助于推动经济发展。语言多样性为不同的语言使用者在其教育背景、社会生活以及经济发展中争取相对平等的权利，增加濒危语言、少数民族语言、土著语言、非官方语言以及方言母语者平等和优质就业的机会，以此推动可持续的经济增长。

（5）保护和促进语言多样性有助于加强社会融入、社会合作。保护语言多样性有助于减少不同母语者之间的性别与社会不平等现象，保障濒危语言、少数民族语言、土著语言、非官方语言以及方言母语者接受教育的权利，通过鼓励其参与促进文化多样性、濒危语言保护、非物质文化遗产保护的系列行动，例如口传文化、表演艺术、社会实践、宗教民俗和节庆活动等，增强弱势群体的社会融入程度和社会决策能力，以此创建更为和平、包容的社会，促进可持续发展。

2. 保护和促进语言多样性需要国际社会各方面积极作为，切实有效参与其中。因此倡议：

（1）联合国教科文组织肩负着倡议、引领、促进、普及、保护世界语言多样性的重要职责。

（2）联合国和其他国际人权机构和机制有责任继续从保障人权的维度监测语言权利行使状况。这包括人权条约机构和特别程序，例如：经济、社会和文化权利委员会、儿童权利委员会、文化权利问题特别报告员和土著人民权利问题特别报告员。

（3）国家和政府在保护和促进本国语言多样性方面应发挥主导作用，鼓励各成员国制定健全的语言政策和语言资源管理运营机制。

（4）鼓励国家语言文字管理部门、学术界、非政府组织、公共和私人机构以及个人通过科研、媒体、课程、艺术、文化产品和信息通信技术等多种方式保护并促进语言多样性。

3. 保护和促进语言多样性应当与科技发展相结合，因此倡议：

（1）语言是一种宝贵的、不可再生的社会文化资源。应重视利用科技进步来推动各语言及其文化之间的交流合作，促进文明交流互鉴。

（2）建议制定语言资源保护的国际标准，包括语言资源调查、整理、加工、保存的技术标准，也包括在全世界范围内共建、共享、共同开发利用语言资源大数据的标准。这需要国际标准化组织（如 ISO）和从事语言资源保护的专业部门（如大学和科研机构）、专家以及其他利益相关者共同制定并执行。

（3）成员国应制定科学稳妥的政策，采取积极有效的措施，让科技发展惠及各语言使用者，使之平等地拥有接受教育和传承文化的权利，享受科技产品的服务和便利。

（4）成员国、公共组织、学术界、非政府组织和民间团体、联合国实体和相关机构、私人机构、语言使用者和其他相关人士，应与土著人民和其他语言团体合作，在全球信息网络环境中促进语言多样性，营造多语言使用及多语言自由转换的互联网空间。

（5）成员国、公共组织、学术界、非政府组织和民间团体、联合国实体和相关机构、私人机构和其他相关人士，应与土著人民和其他语言团体合作，通过人工智能、信息通信等技术推动语言文化的创造性转化、创新性发展和有效传播，寻求濒危语言、少数民族语言、土著语言、非官方语言以及方言保护传承的新途径。同时，应认识到语言是人工智能的重要资源之一，人工智能的发展也离不开语言资源。

（6）成员国、公共组织、学术界、非政府组织和民间团体、联合国实体和相关机构、私人机构和其他相关人士，应与土著人民和其他语言团体合作，积极研发语言数据采集分析工具，以及多模态语料转写标注、文化展示互动的先进工具；利用语音识别、机器翻译技术提高语言教育和语言学习的效率。

（7）鼓励联合国实体、政府间组织、国家、政府和非政府组织、公共和私人机构、土著人民和社区以及来自全球、国家到地方各个层级与语言多样性工作相关的个人，关注语言多样性相关措施并付诸实施。

（8）参与建设新型"世界语言地图"项目，与中国以及其他国家的语言研究机构、相关高校合作，建立专家工作组或合作伙伴关系，鼓励其在联合国教科文组织"世界语言地图"的框架下，参与或支持本国家或本地区语言地图的建设。

（9）成员国、私人机构、学术界和其他相关人士，应与土著人民和其他语言社区合作，为语言振兴、语言复活和语言维持而加强国家基础设施建设，包括建设语言振兴机构、语言委员会、语言博物馆或语言典藏和数字化的实体机构。

（10）博物馆是保存、保护、展示、共享语言资源的最佳载体之一。鼓励国际组织、政府，公共组织或非政府组织、土著人民、私人机构，社区或个人积极建设语言博物馆，特别鼓励建设与语言社区紧密结合的生态博物馆或语言文化体验区。信息、记忆、档案和文化组织（如博物馆），无论是实体的还是虚拟的，都将对保护和促进语言多样性发挥积极作用。

（11）鼓励成员国通过项目合作、学术交流等方式共享语言资源保护的规范标准、技术工具和前沿理念，包括开源免费的资源。特别是应当促进国家和地方上的语言调查、保护、传承、发展。鼓励从事保护和促进语言多样性工作的研究机构、专家学者赴各国、各地区开展项目合作和学术交流。①

（三）濒危语言的现状

20世纪80年代以来，随着全球一体化进程的加快、公众媒体的普及、现代高科技的发展，各民族/族群之间的相互交往、交流和交融不仅更加频繁，而且融合加快，民族文化多样性、语言文字多元化的格局被打破，大量语言在时代浪潮的冲击下从现实世界中消失，语言濒危现象大大加剧，许多民族的母语危机程度日益加深。

从语言的演化历史来看，自古至今语言的种类都在不断减少。有人估计，公元前全世界约有15万种语言，到了中世纪，还有七八万种，到了20世纪，就只剩下6000种了，再过100年，世界上就只有600种语言了。② 在全世界现有的6000多种语言（一说有7000多种）中③，大约有2500种语言濒临灭绝，濒危语言的数量超过世界语言总数的1/3。

联合国教科文组织在《2008国际语言年》报告中指出："全世界经济一体化进程的发展，导致语言多样性遭到严重破坏，有的语言已经或者正在逐步消失。世界上6000多种语言中，96%的语言只有占全球总人口3%

---

① 《岳麓宣言》发布，呼吁保护和促进世界语言多样性（附宣言全文）[EB/OL]. [2019 - 01 - 21]. www. 360doc. com/content/19/0121/15/609179_8/0400309. shtml.
② 张公瑾. 语言与非物质文化 [A]. 祁庆富. 民族文化遗产（第一辑）[C]. 北京：民族出版社，2004：35.
③ 据著名语言学家孙宏开介绍，目前世界上有6000多种语言的观点来自书名为《世界的语言》（*Ethnologue: Languages of the World*）这本书的数据。主编这部书的机构是位于美国得克萨斯州达拉斯的世界少数民族语文研究院，简称 SIL（暑期语言学院）。

的人在使用，并且95%以上的语言很可能会在几代人之后消失。"而实际上平均每个月就有两种语言消失（平均每隔两周就有一种语言消失），至少有半数语言的使用人口正在减少，不到1万人掌握的少数语种占半数以上，其中1/4为使用者少于1000人的濒危语种。① 到21世纪末，全球大部分地区约90%的语言将会被强势语言取代。语言学家感叹道：濒危语言消失的速度，将快过濒危物种（动植物），语言学将成为历史上唯一一门看着自己消失的学科。

容易濒危或面临濒危的语言一般都是使用人数少且无文字的语言，2500种濒危语言绝大多数没有文字记载。联合国教科文组织2009年发布的新版《世界濒危语言图谱》显示：在目前存世的6700种语言中，预计将有200多种语言会在50多年内灭绝，另有538种语言处于垂危状态，502种语言处于濒危状态，632种语言处于危险状态，607种语言处于不安全状态。

美国萨默语言学研究所1999年发布的一项调查表明，全世界只有一个人使用的语言共有51种，使用者不到100人的语言有近500种，使用者不到1000人的语言有1500种，使用者不到10000人的语言有3500种，使用者不到100000人的语言有5000种。②

如果这些语言都没有被记录保存，那么将是人类文化财富不可估量的损失。因此，制定和推进有计划、有执行力的语言政策和语言保护项目非常重要。"记录濒危语言"（the Documenting Endangered Languages，DEL）项目负责人莱尔·坎贝尔（Lyle Campbell）称，平均每三个月就有一种语言从世界上消失，而且消失的速度会越来越快。③ 更为重要的是，很多语言在消失的同时也带走了其独有的科学价值和文化信息。2013年，该项目为南亚、中亚、亚洲北部、非洲以及美洲的9个语言体系中的38种"濒危语言"建立了电子档案，其中包括解释性字典、语法、语音资料和视频资料等。

---

① 联合国教科文组织采取措施保护濒危语种［EB/OL］.［2002 - 04 - 18］. news. sina. com. cn/e/2002 - 04 - 18/0826550145. html.

② 〔英〕戴维·克里斯特. 新千年的重要信息［J］. 展望（英国，月刊），1999（1）.

③ 建立濒危语言电子档案刻不容缓［EB/OL］.［2013 - 12 - 13］. www. cssn. cn/YYX/YYX-YYXsdt/201312/t20131213_906645. shtml.

美国北得克萨斯州大学语言学教授提摩西·蒙特勒（Timothy Montler）是 DEL 项目的受益者，他获得了 35 万美元的资助用于保护撒尼奇语——加拿大英属哥伦比亚地区温哥华岛的一种语言。蒙特勒将与当地年轻的撒尼奇语使用者合作创建电子档案，同时还将向部落里的长者获取包括传奇故事、歌曲在内的更多语言内容。虽然目前尚不能确定一共有多少人在使用撒尼奇语，但蒙特勒肯定将其作为第一语言的人已不足百人。

DEL 项目除了资助资深研究人员外，还帮助在校博士生。夏威夷大学马诺阿分校的博士生卡若琳娜·阿拉贡（Carolina Aragon）在该项目的资助下将为墨西哥瓦哈卡的一种当地语言建立档案。阿拉贡介绍，目前这种语言的使用者已不足 10 人，因此迅速建立档案并对其进行研究很有必要。①

我国语言的濒危状况虽还未达到美洲的严重程度，但情况也并不乐观。随着现代化、信息化、网络化进程的不断加快，交通、通信、传媒的飞速发展，以及处于封闭或半封闭状态群体的全面开放，给边远地区或远离现代文明的一些传统文化带来空前挑战和致命创伤，整个社会的语言应用正在向更具影响力的强势语言转移。在此大背景下，我国 56 个民族使用的大约 130 种语言近一半已处于衰退状态，有 20% 的语言已经濒危，有40% 的语言已经显露濒危迹象或正在走向濒危，如西藏珞巴族的苏龙语、义都语仅有数十人使用；有的民族语言虽有数千或上万人使用，但这些人大多处于散居或杂居状态，受其他语言影响和侵蚀，明显呈衰变态势。

根据语言学家的调查研究，中国大陆有几十种语言都处于濒危状态，如满语、土家语、畲语、仙岛语、木（仫）佬语、仡佬语、普米语、鄂温克语、裕固语、塔塔尔语、鄂伦春语、赫哲语、门巴语、僜语、基诺语等，还有一些少数民族语言正在衰变之中。这些语言都具有相同的特征：大多数语言没有与之相对应的文字，仅保留在神话、传说、山歌、民谣、谚语等口头语言形式中，有的已基本丧失社会交际功能，仅仅在为数不多的几个老人中间延续。②

---

① 张小溪. 建立濒危语言电子档案刻不容缓［N］. 中国社会科学报，2013 - 12 - 13.

② 李晓丽，张冀震. 濒危语言现状分析——兼谈满语的濒危［J］. 西北民族大学学报，2011（6）：52.

从我国现有的 120 多种少数民族语言（包括台湾高山族使用的 19 种南岛语系语言）来看，使用人口在 10000 人以下的有 63 种，其中使用人口在 1000 ~ 10000 人的有 41 种，使用人口在 100 ~ 1000 人的有 15 种，使用人口在 100 人以下的有 7 种，正濒临消失的边缘。① 有的语言已经消亡，如满语、羿语、木（仫）佬语和哈卡斯语。还有一些语言，如阿龙语、赫哲语，现在只剩几个老人会讲。新中国成立初期在湘西北有 30 多万人使用土家语交流，今天能用土家语交流的只有 3 万 ~ 4 万人。② 现在使用畲语的只有 1000 多人（一说约有 450 人）。四川阿坝州的业隆话，使用人口仅 450人。四川康定、九龙、石棉等县藏族使用的木雅语，仅 1500 人使用，而且分两个方言，互相间差别很大。西藏察隅县僜人使用的格曼僜语使用者仅约 200 人，达让阆语使用者仅 700 人。

云南许多小语种语言的使用人口也在逐年减少，有的已不足 500 人，如阿侬语使用人数仅 380 人、仙岛语使用人数仅 76 人、拉基语使用人数仅60 人。③ 文山州麻栗坡县彝族的普标语，使用人口只有 50 人。怒江州怒族的怒苏语仅有 8000 人使用。西双版纳州基诺族的基诺语也只有 10000 多人使用。④ 这些语言都面临消亡的危险，因此，我国濒危语言保护的时间紧迫、任务繁重、难度巨大。

（四）语言濒危的原因分析

语言不仅是人类交流的工具，也是人类历史文化得以传承、延续的主要工具，是人类无形的文化遗存和共同的社会财富。任何一种语言都是在长期历史演进过程中逐渐积累形成的，反映了语言使用者独特的世界观和思维方式，蕴含着大量的有关族群历史文化的信息，堪称族群文化的"活化石"。在全球一体化进程飞速发展的时代，语言求同、同化已经成为语言生活中占主导地位的一种趋势。在现实生活中，一部分使用人口少、语言功能弱的语言面临被强势语言代替并逐步走向濒危与消亡的境地。

---

① 瞿继勇. 中国古代"和同"观念对濒危语言保护的启示 [J]. 龙岩学院学报，2004（2）.
② 黄柏权. 土家族非物质文化遗产现状及保护对策 [J]. 湖北民族学院学报，2006（2）.
③ 云南建有声"基因库"保护少数民族濒危语言 [EB/OL]. [2013 - 10 - 23]. 中国新闻网，chinanews. com/cul/2013/10 - 23/5414534. shtml.
④ 张公瑾. 语言与非物质文化 [A]. 祁庆富. 民族文化遗产（第一辑）[C]. 北京：民族出版社，2004：35 - 36.

一般而言，导致语言濒危乃至消亡的原因并不在于语言本身，而在于语言之外的社会、政治、历史、文化等因素。英国社会语言学家简·爱切生（Jean Aitchi-son）在《语言的变化：进步还是退化？》一书中指出："一种语言的死亡，并不是因为一个人类社会忘了怎么说话，而是因为政治或社会原因，另一种语言把原有的一种语言驱逐出去而成了主要语言。"① 这些社会、政治、文化因素，就是使用这些语言的民族的人口数量、分布特点、政治地位、经济水平、文化基础、教育程度、民族关系、通婚状况、宗教信仰等。从综合指标来看，这些民族总是处于一种"弱势"的境地，属于"弱势族群"。而"弱势族群"使用的语言似乎必然要成为"弱势语言"。一种语言一旦成为弱势语言，其使用人数就会越来越少，使用范围就会越来越窄，使用频率就会越来越低，其社会功能将全面下降。而随着强势语言的使用面在弱势族群中的不断扩大，弱势语言自身的发展和进步也必然会受到极大的遏制。比如在强势语言中出现了现成可用的反映新事物、新思想、新观念的词语，弱势语言就不会再去创造相应的语言成分，即使创造了，人们也不愿意去使用。因而也无法建立和形成一些符合现代人思维特点的语法结构和表达方式。随着时间的流逝，弱势语言的表达系统和表达功能就会萎缩，就难以完全满足人们的交际需要。人们在语言观念上就会认为自己的语言只配作一种辅助性的交际工具。这又将进一步缩小弱势语言的使用范围，从而形成一种恶性循环。恶性循环的结果必然是弱势语言的功能越来越窄，作用越来越小。弱势语言不断萎缩，最终成为濒危语言乃至消亡。由此可见，导致语言丢失、濒危及消亡的根本原因并非语言本身，而是使用这种语言的群体在数量上属于弱势族群。②

从国内近代一些民族由使用本民族语言到转用另一种语言的情况来看，民族地区"大杂居、小聚居"的分布格局以及汉族和少数民族人口比例悬殊是一些人口稀少、居住分散的民族转用汉语的主要原因。一般而言，聚居的民族容易保存自己的语言，散居或杂居的民族的语言容易发生

---

① 〔英〕简·爱切生著，徐家祯译. 语言的变化：进步还是退化？［M］. 北京：语文出版社，1997：261.

② 曹志耘. 保存还是消灭：汉语方言面临的抉择［J］. 中国民族语言学会通讯，1998（4）.

变化乃至被放弃使用而趋于消亡。

使用人口少的语言容易濒危，这在濒危语言中是常见的现象。因为使用人口少的语言难以与使用人口多的语言竞争、对抗，在语言竞争中常常处于被取代的地位。但人口少仅仅是一种条件，不一定所有使用人口少的语言都要走向濒危，还要有别的条件配合，比如民族交融、社会转型等。举例来说，分布在云南中缅边境的仙岛人，其语言目前正处于濒危状态。其原因有离开族群主体、两次搬迁、社会经济转型、民族关系变化等多种。但在这些因素中，族群分化是主要的，其他因素是由此而产生的。仙岛人由于离开了族群主体，成了一个人数很少的群体，因而使得经济文化处于落后状态，不得不再次搬迁。搬迁后与周围民族的关系发生变化，经济也发生了转型。这些因素使得仙岛语的功能日益下降，走向濒危。造成土家语濒危的因素也是多样的，有民族交融、改土归流、接受汉文化等。相比之下，民族交融是主要因素。有学者在分析赫哲语濒危状态时发现，人口因素是导致这种语言濒危的最主要的因素。人口数量少造成赫哲族语言群体小、聚居程度低，并迫使赫哲族与外族通婚，大量组成民族混合家庭。这导致了赫哲语在短期内丢失严重，成为一种急促转型的濒危语言。

导致语言濒危的原因多种多样、错综复杂。大多数语言的消亡往往不是由单一孤立原因造成的，而是多种因素相互作用的综合结果。这些因素往往又互为因果、互为条件、相互促进。但在多种因素中，必有一个起主导作用的，或是源头的因素，其他因素则处于次要地位，是后来随之产生的。因而在研究造成语言濒危的因素时，既要梳理出制约语言濒危的各种因素，又要从中区别主次，这样才能准确把握每种语言的濒危特性。①

二 濒危语言记录资源

濒危语言记录资源按照不同的分类标准可以划分为不同的种类。如按其记录介质可分为纸质档案和声像档案两大类，前者包括图书期刊、会议文件、个人手稿、田野调查笔记、民间残留稿本等纸质文献，后者包括以录音带、录像带、多媒体光盘、硬盘、U盘、网盘、云盘等储存的声像

① 戴庆厦，何俊芳，张海琳. 人口因素与语言濒危——街津口乡赫哲语濒危状态个案研究 [A]. 祁庆富. 民族文化遗产（第一辑）[C]. 北京：民族出版社，2004：52.

资料。

按其数字化数据的文件格式可分为：文本/文档文件、图像文件、音频文件、视频文件、电子表格、数据库文件、网页文件、图形文件、电子文件、新媒体文件或其他专用软件（如转写、翻译软件）数据文件等。

按数据的生成方式可分为在线数据和离线数据。在线数据包括系统数据库中的数据、挂接后保存在存储阵列中的 PDF 格式原文和在线备份的数据；离线数据是由数据形成者移交的数据，主要包括扫描文件（原文）、数码照片、音像资料及其他类型的文件。

按记录的语言结构可分为：语音、词法、句法的基本描写，基本词表、少量的简单独白、少量的自然对话、长篇话语材料，个别语言问题研究。

按记录的语言内容大致可分为五种：少数民族濒危语言口语词汇、日常用语和各种情景话语；少数民族语言的口传文学和口述重要历史资料；少数民族语言讲解和叙述的本土传统技术和工艺；少数民族语言表达、叙述和演唱的传统风俗、礼仪、艺术；少数民族语言关于传统环境知识的词汇和表达。①

按资源的用途可分为三类。一是用于语言研究的资源，二是用于语言民族/族群语言生活需求的资源，三是面向大众文化生活的资源。② 目前大多数濒危语言记录资源属于第一类，主要为了满足学术研究的需要，这种状况也限制了濒危语言记录资源的有效开发和利用。

按数字资源的形成可分为三种。一是以模拟信号存储的濒危语言资源的数字化。传统濒危语言记录资源是存储在磁带、录像带等介质上的音频、视频资料，这些以模拟信号形式存在的资料需要专门的读取设备才能播放。随着时间的推移，受自然环境和保存条件的影响，很多磁带、录像带出现磁化、老化、脱磁、发霉、变形等现象，信号逐渐减弱，音响质量下降甚至无法播放，加之读取设备停产，亟须经过数字化采样、量化、压缩和编码等加工过程进行"模/数"转换，使之转换成数字信号的形式进

---

① 范俊军. 少数民族语言数字遗产的保护 [J]. 西北民族大学学报，2018（3）：136.

② 肖自辉，彭婧. 论濒危语言语档的大众化、现代化和产品化 [J]. 西北民族大学学报，2016（3）：63.

行保存和利用。二是直接使用专业的数码设备采录的数字资源。三是网络濒危语言数字资源的采集（网络音视频的采集）。其中，前者是非数字环境中产生的再生濒危语言数字资源，后两类是在数字环境中生成且具备数字信息特征的原生濒危语言数字资源。

濒危语言记录资源的收藏者包括：语言学专业的师生、语言调查研究者、语言文字工作者、地方文化和文艺工作者、民间语言积极分子；存放地点/场所包括：图书馆、博物馆、档案馆、出版社、高校、研究所/研究中心资料室、有关机构资料室或档案室。

濒危语言记录资源不仅种类较多、形式各异，而且内容丰富、涉及面广，除了字音语音、特定词汇、语法例句、长篇话语外，还包含现实生活中大量遗存的传统环境知识，如农耕、渔猎、畜牧、生态生物、自然环境、衣食住行、节庆礼仪、宗教伦理、风俗习惯、个人和群体的经验智慧、民间手工技艺、口述历史、讲唱文学等各个方面的知识，全面系统地反映了语言社群的现代生活风貌。

虽然现存的濒危语言材料种类多样、形式各异、内容丰富，价值和作用也非常重大，但根据联合国教科文组织《语言活力与语言濒危》（Language Vitality and Endangerment）文件第 9 项指标来衡量现有的濒危语言记录资源，并结合我们了解的情况，发现我国濒危语言调查研究的成果和记录资料不全面、不充分、不系统、不规范、不实用、不安全，迫切需要对几十年来的濒危语言调查记录研究资料进行规范化处理，并进行资源整合。语言记录资料的质量及评级见表 1-1。

表 1-1　语言记录资料的质量及评级

语言记录的质量	评级	语言记录资料
最佳	5	有综合语法和词典，大量文本和源源不断的语言资料；有充足的、经过注释的优质音像记录资料
优	4	有一部完整的语法著作和若干合适的语法书，有词典、教科书、文学作品，有偶尔更新的日常媒体；有足够经过标注的优质音像资料
良好	3	有一部合适的语法或足够数量的语法描写，有词典、教科书，但没有日常媒体；音像记录资料质量、标注可能参差不齐
不完整	2	有一些语法概况、词表和教材，只在有限的语言研究领域使用，但覆盖面不够；音像记录资料质量参差不齐，注释或有或无

续表

语言记录的质量	评级	语言记录资料
不充分	1	仅有少量语法描写、简短词表、零星的文本资料；无音像记录资料；或者有音像记录资料，但质量差、无法利用，或根本就没有注释
无记录	0	无任何记录资料

当前，以计算机和网络通信为代表的信息技术发展日新月异，语言学者和档案部门应当紧紧抓住信息化建设的有利时机和技术优势，努力创新和构建濒危语言信息资源整合、共享的技术方法和工作平台。此外，要努力改变工作思路和习惯，大力拓展濒危语言资源整合工作领域，不断丰富濒危语言资源整合和共享的形式和内容。

一是加强标准化建设。濒危语言记录资源整合涉及面广、技术复杂，没有与之相配套的标准就失去了共同合作的基础。因此，只有加强语档信息化标准体系建设，统一规范和标准，才能避免语档信息化各自为政、各行其是和"信息孤岛"等现象的出现。标准化建设应当高度重视前瞻性、可操作性和实用性。当前亟待制定的标准涉及语档管理通用数据元标准、语档计算机管理系统通用需求规范、语档信息系统数据交换格式规范、语言电子文件归档管理规范、语言电子档案长期存储格式规范、音视频语档管理规范以及语言电子档案移交接收进馆标准等。从管理、业务和技术等层面上形成一个标准体系，为濒危语言记录资源整合中的信息交互和安全长远保存提供规范依据。

二是加强规范化建设。为实现我国濒危语言记录资源和记录工作的整合，使资源发挥应有的价值，濒危语言研究者应携起手来，尽快制定《中国濒危语言记录工作伦理准则》《中国濒危语言记录资源数据规则》《中国少数民族濒危语言有声资源记录与立档规范》等系列规范，在数据规范框架下，以濒危语言属地学者为主，进行查漏补缺、采录语料、优化濒危语言记录工作，避免低层次重复劳动，避免濒危语言记录工作衍变为恶性的资源抢夺。

三是加强语言资源整合共享保障措施，合理规划应用各类新媒体平台，整合濒危语言记录资源。重视用好新媒体平台，是濒危语言记录资源整合利用的必要途径。要加强对语言文化网、"三微一端"（微博、微信、微视频和移动客户端），包括各种语音语料库、语言资源数据库的规划研究，根据不同媒体特点和资源整合的需要，分类部署开展濒危语言记录资源整合工作，既要提高语言资源整合效率，又要满足濒危语言记录资源在联网范围内的各方共享需要，更要确保濒危语言记录信息安全。

濒危语言调查记录是全球化背景下对世界各国语言学者提出的一个复杂而严峻的学科命题，濒危语言的抢救性记录、保存和保护更是人类社会在实现可持续发展的历史进程中赋予世界各国语言学者的一项崇高使命、特殊任务，因而不能将这一特别的任务随意降格为通常的语言田野调查活动。

三 濒危语言有声语档

濒危语言有声语档是以音频文件及其转写文本为数据主体的濒危语言口语资料集合。根据范俊军制定的《中国濒危语言有声语档数据规则》①，濒危语言有声语档由媒体数据、转写数据、描写数据、元数据等四类主体数据构成。此外也可包括多模态数据。

（一）媒体数据（Data of media）

媒体数据是以数字音频文件、视频文件、图形文件格式记录和存储的语言音像资料，析出的媒体数据是从数字视频文件中分离出来的音频文件和静态图形文件数据。媒体数据内容包括基本录音资料和话语录音资料两大类。基本录音主要是基本的字、词、句发音录音录像资料；话语录音主要是濒危语言社区日常生活中的个人口述和情景对话录音录像资料。话语指自然口语，自然口语现象由语言语音、非言语人声和背景噪声构成。语言语音是人的发音器官发出的话语声，非言语人声分为发音器官发出的非语言声音和肢体行为动作发出的声音，背景噪声是言语交际事件说话人之外的人声和环境响声。话语录音分为个人口述、多人对话、游戏娱乐话语、歌唱话语、戏曲表演话语、宗教民俗话语、节庆礼仪话语等体裁。话语体裁又分必备体裁和可选体裁，必备体裁包括濒危语言现存口语的主要

---

① 范俊军. 中国濒危语言有声语档数据规则［J］. 西北民族大学学报，2016（3）：53 - 61.

形式，是语档必需的话语体裁。可选体裁在有的语言中可能并不存在（如民歌、演唱等），为非必需数据，可酌情收录，不强制要求。每种体裁拟定若干话题，每个主题至少应有一段完整的话语录音，必备体裁每个话题的录音时长应不少于 20 分钟。

（二）转写数据（Data of transcript）

转写数据是数字音频和视频文件的同步转写标注文本。文件格式因具体软件而有所不同。濒危语言录音录像资料转写用到的文字符号，包括汉字、国际音标、少数民族文字、外文或其他符号系统。濒危语言音像资料必须用国际音标注音，有中文翻译和解释说明文字，确保能够永久阅读和理解。转写数据包括基本录音转写资料和话语录音转写资料两大类。

（三）描写数据（Data of description）

描写数据是描写某种濒危语言状况、特点和相关知识的文字资料，分为濒危语言基本状况概述和濒危语言特点描写。濒危语言基本状况概述包括语言名称、语言系属、方言、县区人口、乡镇和调查点人口、语言地位和使用范围、语言与宗教民俗、语言态度、语言发展、语言活力与濒危等级、语言听说读写能力、语言点的生态系统和人文环境等内容；濒危语言特点描写包括音系表及语音特点、音节表、词汇表、构词法和形态概述、句法特点概述等内容。

（四）元数据（Metadata）

元数据是标识濒危语言语档资源的标签数据。元数据又分为通用元数据和专用元数据，通用元数据标识语档整体，专用元数据仅标识话语资料。通用元数据包括项目名称、语档标题、创建日期、创建地点和时间范围、内容简介、创建者、贡献者、文件格式、统一资源定位符、元语言、对象语言、语料来源、学科和主题词、版权归属、使用权限、介质、设备、软件工具等信息；专用元数据包括话题名称、事件背景、体裁、交流方式、项目名称、话语来源、说话人、语言、元语言、日期和地点、录音文件、转写状态等信息。

第二节　濒危语言档案研究与学科建设

进入 21 世纪以来，随着国外"语档语言学"的引入、国内有声语档建设和"三大工程"（中国语言资源保护工程、少数民族濒危语言抢救保护工程、语言文化遗产保护工程）的推进，我国濒危语言档案研究已取得较大进展。但从学科建设来看，相关研究成果甚少，迄今尚未创立一门有中国特色的濒危语言档案学。未来应从理论、方法和技术三个层面，加强理论创新与实践应用，从采集记录、保存保护、开发利用三个方面突出学科的核心内容，构建体系完整的濒危语言档案学，为我国少数民族语言文化遗产的保护和传承提供专业化指导。

濒危语言档案研究是当代语言学与档案学的一个跨学科交叉领域。"濒危语言档案学"这个学科概念的提出，意在充分借鉴国外"语档语言学"的理论成果和实践经验，创立和发展适合我国濒危语言国情的、有中国特色的"语言档案学"，为我国民族语言学和民族档案学增添一门新的分支学科。本节在阐明濒危语言档案与濒危语言档案学概念的基础上，试对国内濒危语言档案的研究现状、濒危语言档案学科的建设思路等问题进行初步探讨，希望有助于这一学科的建立和发展。

一　濒危语言档案与濒危语言档案学

（一）濒危语言档案的概念界定

濒危语言档案属于专门档案的一个种类，是指民族语言研究者、语言文字工作者以及相关机构和个人在开展濒危语言调查和语言文献记录实践中直接产生的，反映少数民族语言现象、语言事实、语言行为、语言生活、语言文化、语言实践、语言生态和传统环境知识等内容，具有长久保存和查考利用价值的，用各种形式和载体记录的原始语料。

濒危语言有声语档是以数字音频文件为主要存储和呈现形式的濒危语言口语资料有序集合，包括与音频文件同步对应的转写文本资料。

濒危语言数字遗产是在数字环境下形成的、用数字记录工具采集记录的具有社会历史文化意义和传统环境知识价值的濒危语言数字语料，包括语音、词汇、会话、交谈、叙述、解说、演唱等形式的文本、音频、视频、数据库和语料库。①

（二）"濒危语言档案学"的学科定位

"濒危语言档案学"是专门研究濒危语言抢救性采录和保存的基本原理、方法和手段的一门新兴交叉学科。这里的抢救性采录是对那些有代表性的、持久的、考虑多种用途的语料（包括相关的传统文化和知识信息）进行全面、系统的采集记录；保存是对那些在可预测期内将要消亡且不可逆转再生的濒危语言语料进行科学处理和立档，使之能够永久性地存留和广泛传播与共享。

"濒危语言档案学"作为语言学与档案学的一门交叉学科，无论在语言学还是档案学的学科体系中都没有这个学科名称，虽然国外在21世纪初就创立了"语档语言学"，但与本书所说的"濒危语言档案学"并不是同一个概念。我们这里所称的"濒危语言档案学"，主要是指中国濒危语言档案学，是以我国少数民族濒危语言档案及其管理利用为研究对象的科学科目，其研究领域包括：语档的载体、形式和内容，语档实体与信息管理，有声语档建设与语档资源开发利用，以及濒危语言数字遗产保护和传承。

二　国内濒危语言档案的研究现状

（一）相关机构

目前从事濒危语言档案研究的专门机构尚未设立，但相关研究机构较多，大致可分为国家语委、地方民语委和高校、科研机构两大类。后者如中国社会科学院民族学与人类学研究所、中央民族大学中国少数民族语言资源保护研究中心、北京语言大学中国语言资源保护研究中心、暨南大学"语言资源保护暨协同研创中心"和"城镇民族社区语言服务与教育研究中心"，玉溪师范学院"濒危语言研究中心"和"云南濒危语言有声语档建设重点实验室"等。

---

① 范俊军. 少数民族语言数字遗产的保护［J］. 西北民族大学学报，2018（3）：136.

（二）主要成果

20 世纪 80 年代以来，在语言学家的积极推动下，濒危语言问题研究逐渐成为国际语言学界的一个热门话题，我国也从 21 世纪开始进入濒危语言的研究期，其中语言文献记录与语言的档案化是语言学中正在形成并活跃发展的一个新兴领域。随着对语言濒危现象的重视和记录濒危语言资料工作的开展，我国许多语言学家都在进行语言文献记录的实践，并在不断总结经验的基础上，初步形成了一些关于少数民族濒危语档资源建设与开发的理论原则和方法，其研究成果主要有学术专著、期刊论文、学位论文、科研项目、软件工具、语料库（数据库）等，研究内容涉及"语档语言学"、濒危语言有声语档建设、少数民族语言电子文件、中国濒危语言档案馆构建以及少数民族濒危语言档案资源建设、管理和开发利用等方面。

（三）代表性学者

西藏民族大学的赵生辉教授围绕"中国少数民族语言电子文件集成管理"研究了"双语著录""二次归档""集成共享"等问题，在少数民族语言电子文件方面进行了开拓性探索，发表了多篇专题论文，主要有：《中国少数民族语言电子文件管理初探》《中国少数民族语言电子文件的信息编码标准研究》《中国少数民族语言电子文件跨媒体共享策略研究》《少数民族语言电子文件的分类研究》《中国少数民族语言电子文件双语著录研究》《基于"多元一体"架构的少数民族语言电子文件管理体系》《中国少数民族语言电子文件统一归档的战略构想》《基于价值链的少数民族语言电子文件集成管理模型研究》《中国少数民族语言语义电子文件初探》等。

（四）存在的不足

近年来，随着濒危语言档案研究的开展，相关成果日益增多，但也存在一些不足，主要表现在以下几个方面。

一是研究范围狭小。主要集中在濒危语言的调查记录方法，有声语档建设的理论规范、实践规程和技术准则等方面，对散存于民间或个人的记录材料、濒危语言数字遗产、语档专业人才培养的关注和探讨较少。

二是研究水平不高。现有的涉及濒危语言档案的论著，还局限于语言资源采录或有声语档建设方面，主要是采录、立档、数字化处理，缺乏新理论、新方法、新技术及其应用的探讨。迄今为止尚无一部全面、系统、高质量的《中国濒危语言档案学》专著或教材问世。对少数民族濒危语言档案抢救保护取得的成就和不足尚待评价和总结。

三是研究不够深入、系统。有关濒危语言档案的研究成果在整个语言学研究成果中的占比小得可怜，目前对濒危语言档案的研究比较零散、杂乱，尚有不少领域无人过问和关注，且研究方法比较单一，研究进展比较缓慢。

四是信息技术水平偏低，专业人才队伍匮乏，尤其是语档科学保护、修复手段滞后，技术含量较低，严重制约着少数民族濒危语言档案保护工作的开展。对少数民族语言电子文件和数字档案的管理、濒危语言档案信息化建设、濒危语言数字档案馆建立、语音技术与人工智能的协同发展等方面的研究也相对薄弱。

五是很少关注国外的最新理论和实践成果。近20年来，国外"语档语言学"已有许多成熟的理论观点和成功的实践经验，但国内学界对此知之甚少，不仅对国外重要论著和学术成果缺少译介，而且对相关机构、学者的工作动态也缺乏介绍、评述和交流。

三　濒危语言档案学的建设思路

笔者认为，注重实践应用与理论创新，是推进新时期学科建设的努力方向。

所谓"实践应用"，是指继承和发扬国内外语言资源调查记录的优良传统，实现濒危语言资源保护利用的实践转向，即从传统的语言学描写转向有声资源的记录和立档保存，从个人学术性研究转向适应社会多元需要的实践应用，从以保存和典藏为主转移到以语言资源传播利用为主的社会化服务上来，从以语料存储系统为主导转变到以用户为中心的范式上来，从传统意义上的静态保护走向活态传承的少数民族濒危语言生态系统的良性建构。

所谓"理论创新"，是指深入探讨"语档语言学"的学科特点和发展规律，在其指导下开展濒危语言资源的建档开发和信息共享研究，为少数民族濒危语言有声语档建设工程提供智力支持；结合我国的语言国情，学习借鉴濒危语言调查记录的理论方法和实践经验，为构建面向少数民族濒危语言的有中国特色的语言档案学做出原创性贡献。中国濒危语言档案学要在不断总结濒危语言档案、语档管理利用、语档资源建设与开发的基础上形成独特的理论和方法。开展中国濒危语言档案学研究应有自己的学科特点，其理念、方法和技术还有待探索和创新。

濒危语言档案学应从理论、方法、技术三个层面对濒危语言档案、语档管理利用、语档信息化建设、语档文化产品开发、语言数字遗产保护的理论与实践等进行全面系统的概括和总结，以揭示其发展规律和特点。"濒危语言档案学"教程大致可分为理论、方法和技术三编。上编理论部分主要探讨濒危语档资源、语档管理利用、有声语档建设、语档资源开发、语言数字遗产和语档学科建设等内容，中编方法部分主要阐述濒危语言档案的处理方法、立档方法、编制方法、编纂方法、建库（数据库、语料库）方法，下编技术部分主要研究濒危语言档案的保护技术、声像技术、数字技术、网络技术、信息技术、多媒体技术、新媒体技术等。

濒危语言档案学应从采集记录、保存保护、开发利用三个方面突出学科的核心内容。记录是全息式、全方位记录，是对濒危语言的基本发音和日常生活情景下的活态口语进行录音和摄像，还要使用国家通用语言文字进行准确通俗的翻译、解释、说明，让普通用户都听得懂、看得明、学得会、用得着。记录的核心目的是保存语音原貌，使语音状态得到真实的再现；保存是永久性保存，保存和保护并不矛盾，保护的最终目标是强化濒危语言的传播和利用。科学的保护必须依靠科学的记录和长期保存。换句话说，能否促进濒危语言的传播和利用，是衡量濒危语言记录和保存保护成效的试金石；开发利用是挖掘语档资源、整合数据信息，充分发挥语档产品的价值和作用，使那些被遗忘的濒危语言"从口中复活"，让语言文化遗产"活起来"。例如，开发某一族群的原始语料资源，不仅为语言教学（母语传承、双语教学、在线语言学习）和科研提供资料，而且为其他多学科的研究，如人类学、民族学、社会学、民俗学、宗教学、口述史、口头文学、音乐学、心理学、生理声学、认知科学等领域提供真实、可靠、详尽的第一手资料；把多媒体语言资料库（如长篇语料、词典）等回馈给某一族群，促进语言在这一族群内的推广，实现语言生态环境的良性建构；把开放性多模态语料库移交给文化馆、图书馆、博物馆、档案馆等公共服务机构保存，便于用户的查考利用，也有助于语言文化遗产的活态保护和传承。

濒危语言档案学建设应充分吸收和借鉴国外的相关成果，积极引进和介绍国外"语档语言学"理论体系和实践经验，促进这一学科思想、理念在国内的广泛传播。如伦敦大学亚非学院出版的"语言记录与描写"丛书，夏威夷大学国立语言资源中心出版的在线期刊《语言记录与保存》，欧美有关濒危语言基金项目资助出版的著作、刊物，对濒危语言调查、记录和保存等一系列理论与实践问题，都有广泛的探讨，其中不乏精辟妙论。欧美和澳大利亚一些大学和科研机构，还建立了濒危语言资源档案馆，收集整理了许多原始语料、精语料和其他语言资源①，这些都是值得我们珍视的"它山之石"。

自 21 世纪初"语档语言学"创立以来，国内已有一些学者撰文加以介绍，并且在语言实践中有所采用。随着国外"语档语言学"的引进，特别是我国少数民族濒危语言有声语档建设以及"三大工程"的有力推进，濒危语言档案研究已取得较大进展，但从学科建设的高度进行深入探讨的成果还不多见，当前语言学、档案学界尚未提出"濒危语言档案学"这个学科概念，更谈不上创立一门有中国特色的语言档案学。期望有更多的专家学者关注和投入这一研究领域，尽快设立"濒危语言档案学"学科，以产出更多更好的理论成果来指导实践。

语言文化是非物质文化遗产的重要组成部分，在全球濒危语言面临严峻的生存危机、正在快速消亡，语言生态环境急剧恶化，少小民族语言衰变程度不断加剧的形势下，记载、保护和传承少数民族的濒危语言是一个迫在眉睫的问题，任务艰巨、意义重大、影响深远，这不仅是语言工作者的职责，也是档案人肩负的使命，应从语言多样性保护和传承的战略高度出发，担当起这一历史性重任。当务之急是吸收和借鉴人类学、民族学、语言学、档案学、数位典藏学、口述历史学、非物质文化遗产学等国内外多学科领域的相关成果、理念、技术和方法，构建包括语档管理利用、语档保护技术、语档资源建设、语档信息开发、语言数字遗产保护传承在内的学科体系完整的"中国濒危语言档案学"，这是我国民族语言学和民族档案学发展的必然趋势。

---

① 范俊军，张帆. 面向少数民族濒危语言的语档语言学 [J]. 西北民族大学学报，2011（6）：50.

第二章 少数民族濒危语言建档研究综述

第一节 国外濒危语言建档现状及成就

一 创立"语档语言学"

20 世纪 80 年代末，濒危语言面临的困境，开始引发全球更多人士的关注。人们越来越认识到濒危语言消失的速度远比人类想象的要快得多，抢救和保护濒危语言仅从描写语言学（Descriptive linguistics）的角度对其进行收集、抄录、翻译和分析是远远不够的，于是许多学者开始探索新的解决途径。

美国人类学家、描写语言学的先驱弗朗茨·博厄斯（Franz Boas）把濒危语言视为记录的对象，对北美濒临消亡的语言进行记录并将其成果存储在档案馆或博物馆里。爱德华·萨丕尔（Edward Sapir）及其后辈等也采取了类似的做法。实践证明，对濒危语言进行采集、整理、归档和保存是一种非常有效的解决办法。经过多年的实践累积，人们逐渐掌握了其中的规律，并由德国科隆大学语言学家尼古拉斯·希默尔曼（Nikolaus P. Himmelmann）首次提出了"纪录语言学"这一概念，他于 1998 年在美国权威语言学杂志 Linguistics 上发表了一篇题为"Documentary and Descriptive Linguistics"（《纪录语言学与描写语言学》）的重要文章，提出对濒危语言以及没有文献记录的语言研究应作为语言学的一个独立分支学科，并把它称为"Documentary Linguistics"（纪录语言学）。[1] 文中指出："纪录语

---

① 赵庆莲. 丽江古城纳西族双语状况研究［A］. 白碧波，〔澳〕大卫·布莱德雷（David Bradley）. 母语的消失与存留：第三届中国云南濒危语言遗产保护国际学术研讨会论文集［C］. 北京：民族出版社，2011：319－320.

言学的目的是要全面地记录具有某一语言社团特色的语言实际……这……在本质上有别于……语言描写，其目的是把一门语言记录……成由各种抽象因素、结构和规则组成的一套体系。"① 2006 年他在《语档语言学概要》一文中再次总结说：什么是纪录语言学？简言之就是针对"一个语言最后的、多目的记录"。② 即为语言提供一个典型、持续且具有多目的性的记录，其主要侧重于语言记录的方法、工具和理论基础。美国著名语言学家伍德伯利（Tony Woodbury）也指出："纪录语言学是关于世界语言的记录保存及其利用。它伴随着语言资料处理和保存技术的提高、人们对语言多样性的关注以及语言濒危尤其是土著语言濒危的研究和实践活动而产生，更重要的是与全社会对濒危语言的重要性和价值的认识日益深入有关。"③ 2009 年 3 月，在夏威夷召开的第一届国际语言文献与保护会议（The 1st International Conference on Language Documentation & Conservation）上，对"纪录语言学"的提出给予了进一步肯定。

综上所述，语档语言学是指对语言进行持久性、多目的、多用途的采集记录，是一个相对独立的，涉及语言调查、采录、整理、分类、编目、存储等工作的领域，是为语言创建、标注、归档、保存和传播的记录文档，其目的是对一个特定语言社团（社区）的语言行为和语言知识进行全面的记录，涵盖各种语域与语言变体。其观点和技术来自语言学、人类学、口述史、计算机科学和声像技术等相关学科。其理想目标是当某种语言在现实生活中不再使用乃至彻底消亡后，未来人们可以凭借"语档"的录音摄像和记录解释材料，部分或完全学会这种语言，让它"起死回生"。

语档语言学的突出特征主要有：关注原生态语料的采录，强调语料的充分标注、翻译、解释和数据的可证性，注重原始语料的数字化立档和永久保存，重视语言资源的社会利用和技术服务，构建工作团队多学科、跨

① Himmelmann, Nikolaus P. Documentary and Descriptive Linguistics [J]. Linguistics36, 1998. de Gruyter, Berlin.

② Woodbury, Tony. Defining Documentary Linguistics [A]. Peter K. Austin. Language Documentation and Description, Vol. 1 [C]. London: SOAS, 2003.

③ Gippert, Himmelmann and Mosel. Essentials of Language Documentation [M]. Mouton de Gruyter, Berlin-New York, 2006.

领域的协作机制，与语言群体/社团的密切合作或直接参与。①

语档语言学的理论体系可以概括为"一条主线、一个中心、一个目标、四大领域"，即以及时、全面地采集有声语料为主线，语料的采集、记录和保存应以话语为中心，以建立有广泛社会共享价值、可供语言恢复振兴、语言资源开发利用的永久性活态语料档案为最终目标。其四大研究领域为：活态有声语料的采录、原始语料的标注和描写、语料资源的立档和信息化、记录和立档的技术服务。②

传统的描写语言学可能是通过记录语音、词汇、话语材料来较全面地描写分析语言结构，也可能是描写分析语言的某一组成部分，如语音或句法等，往往具有比较明确的目的性或预设性，而纪录语言学的记录研究更注重语言资料的真实性、完整性、客观性、综合性，既要有基本语言结构的描写，更要有各种语言材料的全面记录描写、解释，包括语言与族群、社会文化背景关系的说明等，尽可能地反映语言及其文化背景的全貌，而且强调记录研究手段的技术化、数字化、现代化，以便于信息资料的长久保存、广泛传播和开发利用。

纪录语言学其实就是综合运用语言学的多个分支学科以及人类学、民族学、社会学、档案学的理论方法，结合现代科技手段，对濒危语言及其相关文化背景展开全面、系统、详尽的记录，以保存其活态语料，为后世提供、还原真实、客观的语言风貌。为此，纪录语言学一方面要记录、描写语言本体结构的基本面貌、基本信息，另一方面也要多角度、忠实地记录"语言作品"，其中大多为口头作品，有的是世代相传，形式、语句较固定的作品，包括神话、传说、故事、史诗、歌谣、祭祀辞、祈祷辞、俗语等，有的是随机口头作品，如即兴民歌、会话、讲唱、俚语等。既要有大量的书面记录分析，又要有录音录像记录材料。

纪录语言学的调查研究成果最终要利用现代科技手段尤其是数字化信息技术建立语档语音库或语料库，以便长期保存珍贵的濒危语言资料，传承语言文化遗产，维护语言多样性，服务于语言维持、语言使用、语言教

---

① 范俊军，张帆. 面向少数民族濒危语言的语档语言学［J］. 西北民族大学学报，2011（6）：48－49.

② 范俊军，张帆. 面向少数民族濒危语言的语档语言学［J］. 西北民族大学学报，2011（6）：48－49.

学、语言文化开发、语言恢复振兴等工作。其最高目标是将来相关语言消亡后，能够借助已记录研究的资料来复兴语言。①

二　建立濒危语言档案馆

在联合国教科文组织、濒危语言研究者及相关社会组织的呼吁下，一些国家和地区还建立了专门的濒危语言资源档案馆或濒危语言数字档案馆，持续采录和不断积累、保存了大量珍贵的原始有声影像语料、精语料和其他语言资源。这类档案馆主要有以下几个。

英国伦敦大学亚非学院的濒危语言档案馆是当今世界规模最大、范围最广、语种最多、内容最丰富的濒危语言档案馆之一，已采用高科技数字化手段保存全球各地的极度濒危语言 500 多种，内容涵盖语言、手势、祭祀、民歌、植物等。

法国国家科学研究中心档案馆（Civilisation et Traditions Orale，LACITO）。

荷兰麦克斯·普朗克心理语言学研究所（The Max Plank Institute for Psycholinguistics in Nijmegen）的"语言档案馆"收藏和保存了 200 多种语言资料，其中包括德国大众汽车基金会资助的"濒危语言记录计划"（Dokumentation Bedrohter Sprachen，DoBeS）形成的 60 多种语言录音录像资料。

美国夏威夷大学国立外语资源中心典藏了环太平洋岛屿的少数族群濒危语言，阿拉斯加费尔班克大学和当地档案馆共建的"阿拉斯加本土语言档案馆"（ANLA）收录和典藏了当地土著族群的 20 种本土语言（主要是印第安人的濒危语言）文献、音像和数字资源，其中还有 20 世纪初印第安人语言的蜡筒录音转录资料。此外，由俄勒冈州塞勒姆濒危语言研究所的大卫·哈里森和格雷戈里·安德森建立的在线字典则典藏了 8 种濒临消亡的语言，收录了 3.2 万余个词语，2.4 万余段音频资料。

加拿大的斯夸米什人语档案馆（Archive for the Squamish Nation in Canada），旨在抢救加拿大不列颠哥伦比亚省北美印第安人（斯夸米什人）的语言，该馆资源仅供该族人使用。

---

① 郑玉彤，李锦芳.濒危语言的调查记录方法 ［J］.云南师范大学学报，2012（7）：8.

拉丁美洲土著语言档案馆（Archive of the Indigenous of Latin American，AILLA）主要接收来自中美洲和南美洲的濒危语言。

澳大利亚墨尔本大学、悉尼大学、澳大利亚国立大学、戈罗卡大学和国家档案馆联合建立的"环太平洋地区濒危文化数字化资源档案馆"（Pacific and Regional Archive for Digital Sources in Endangered Cultures，PARADISEC），保存了澳大利亚和巴布亚新几内亚两个国家几所大学与美国暑期语言学院（SIL）联合开展的 BOLD：PNG 项目记录的 100 多种本土语言数字音视频语料以及口传文学资料，为面临失传危机的文化资料提供以数码形式进行保存和利用的解决方案。澳大利亚原住民和托雷斯海峡岛民研究会的"土著研究电子档案"（ASEDA），收藏和保存了数百种澳大利亚土著语言研究文献和音像记录资料。

日本东京大学于 1994 年成立的国际濒危语言资料交流中心重点开展濒危语言资料的收集，储存的资料有：《濒危语言红皮书》亚太地区部分语言资料；世界其他地区的各种语言资料（包括文本、实地调查笔记和语音资料等）；文本加工资料；各种不同语言的排版及印刷设施等。①

三 建立数字化活态语言档案

一些民间组织和社会相关机构在建立数字化活态语言档案、推动濒危语言档案典藏方面做出了积极努力，并取得了显著成绩。其中最具代表性的有如下几个。

美国《国家地理杂志》的"不朽的声音"计划，采用录音录像技术全面记录美洲原住民的口传文化和语言。旨在记录世界各地的濒危语言，建立在线字典，收录了数万条濒危语言词汇、语段和语篇音频资料。在意识到印第安文化是美国的重要财富之后，美国在抢救和记录印第安语方面做了大量工作。虽然如今使用印第安语的人寥寥无几，但是详尽的音频资料已永久保存在博物馆中。

英国濒危语言基金会（Foundation for Endangered Languages，FEL）的濒危语言档案馆（Endangered Languages Archive Programme，ELAR）。濒危语言档案馆由英国伦敦大学亚非学院（SOAS，University of London）管理，

---

① 王智红，刘汝山. 国外濒危语言研究一瞥 [J]. 青岛海洋大学学报，2002（4）：56.

为汉斯·罗森濒危语言记录工程（Hans Rausing Endangered Languages Documentation Project，HRELDP）的子项目之一。该档案馆于 2005 年 9 月建成并投入使用，定位为研究数字化语言档案的最主要信息来源，并始终致力于濒危语言资源的长期保存，确保濒危语言电子文件的安全性，研发相关标准和工具，开展培训以及语档资源的公布、开发和利用等工作。

2006 年，ELAR 建成后第一年就成功为 11 项濒危语言典藏项目（ELDP）进行了数字化建档。2007 年 2 月 ELAR 发布了网站的分类目录，并接收了 36 个收藏或存档者（deposits），共计 0.9TB 的数据，其中包含 6300 份音频文件、900 份视频文件、2000 多份文本文件。2008 年底，ELAR 又进一步推动了网站公共访问目录的形成并接收 50 多个收藏或存档者，共计 4TB 的数据。2009 年，ELAR 为相关工作人员、学生和研究者提供了 5 个工作站和专业的软、硬件设备，并多次召开学术会议、讲座和培训，为濒危语言建档工作的进一步推广打下良好的基础。2010 年，ELAR 发布了基于 Web 2.0 的新版归档系统，实现了对语档资源的安全访问和相关工具的使用。2011 年，ELAR 成为第一个能提供数据访问、工具下载、与用户互动、响应用户反馈等具有网络社交功能的濒危语言数字档案馆。2012 年，ELAR 的注册用户接近 800 个，同比增长超过 50%。其中，濒危语言的使用族群仍占绝大部分，同时也不乏各国的语言学家、历史学家、人类学家、民俗学者、档案学者、图书管理员、语言活动人士、艺术家、民族音乐学者、制片人、教师、诗人和学生等。2013 年，ELAR 接收了来自 85 个国家超过 1050 个用户注册，并加入了开放语档联盟（Open Language Archives Community，OLAC）。2014 年，ELAR 完成了后台系统的升级，使得用户不仅能上传他们收集的语料数据，还能持续对其管理和更新。自成立以来，ELAR 已经对 140 多种濒危语言进行了数字化建档，成为全球最具影响力的濒危语言数字档案馆。

荷兰麦克斯·普朗克心理语言学研究所典藏着德国大众汽车基金会资助的"濒危语言记录计划"（DoBeS）产生的档案。

DoBeS 既是研究项目，也有管理平台。DoBeS 档案馆建成于 2000 年，由位于荷兰奈梅根市（Nijmegen）的麦克斯·普朗克心理语言学研究所管理，德国大众汽车基金濒危语言记录资助计划（DoBeS Projects）为其提供资金支持，属于该研究所语言档案项目（The Language Archive，TLA）的一部分。TLA 为语言记录和其他类型数据提供专业的档案管理和长期保存，并同时研发与语言和档案管理相关的各种工具。DoBeS 档案馆主要为濒危语言资源提供存储处理，为用户提供语档资源，保护语言资源免受未授权的使用，为语言资源数字化处理、捕获和分类提供帮助，研发与语言记录和档案管理相关的工具等。该档案馆包含了来自世界各地濒临灭绝的各种语言的文档数据，其门户网站可访问档案中的资料，并提供有关 DoBeS 濒危语言文档计划的信息。用户和研究人员可以使用 LAMUS 工具上传数据存档。同时，DoBeS 把工作人员分成不同团队来完成以上工作，如：负责档案管理的团队、负责数字化工作的团队、负责田野调查设备的团队等。2005 年，DoBeS 档案馆承诺濒危语言档案资源的保存期限为至少 50 年，这远远超过了大多数类似的机构。DoBeS 每五年就更新一次存储技术并进行档案数据的迁移，采用分层存储管理系统（Hierarchical Storage Management system，HSM），使数据不仅保存在硬盘设备中，也保存在数据磁带上，通过设定大量的参数使得数据在二者之间实现动态转移。与此同时，为确保数据的安全性，DoBeS 对所有的数据都采用 7 份数据备份，分别保存在麦克斯·普朗克心理语言学研究所、位于德国哥廷根和慕尼黑的两个大型计算机中心以及位于莱比锡的莱比锡大学进化人类学研究所。目前，DoBeS 档案馆已经对全球 68 种濒危语言建立了数字多媒体档案，包括电子档案 23613 份、音频档案 54301 份、视频档案 9923 份、注释文件 10393 份、图片文件 13936 份。

法国国家科学研究中心的 LACITO 数字档案。

德国莱比锡大学进化人类学研究所的莱比锡濒危语言记录档案馆（Leipzig Endangered Languages Archive，LELA）。

自 20 世纪 70 年代以来，澳大利亚陆续建立了 20 多个覆盖全国的少数民族语言档案数据库，如澳大利亚土著研究电子档案（ASEDA）、澳大利亚听觉视觉档案（AIATSIS）、澳大利亚环太平洋地区濒危文化数字化档案馆（PARADISEC）等。随着技术的发展，这些数据库也在不断拓展创新，整合了大量影像资料，并与手机客户端连接，以方便用户访问。

澳大利亚、巴布亚新几内亚开展了巴布亚新几内亚土著民族濒危语言和知识的记录工程。

四　设立基金项目和专业

"世界语言地图"项目起源于 1993 年联合国教科文组织设立的"世界濒危语言计划",在过去的二十多年中,联合国教科文组织成立全球语言委员会,与各国政府合作、深入当地社区,对 2000 余种语言的活跃状态进行评估和记录。随着近年来"互联网＋"技术的飞速发展,联合国意识到只有致力于打造一个全球互动、合作、开放的在线平台,才能使这项议题被更多人看到并加入进来,让每个人都成为"守护母语大使"。

许多国家的基金会或高校、研究所都重视濒危语言的调查和记录,研究使用人数较少的濒危语言。自 1996 年以来,有大量来自政府和民间的资助用于支持濒危语言记录的研究。

英国利斯贝特·罗森慈善基金会(The Lisbet Rausing charitable Fund,现更名为 Arcadia)捐助 2000 万英镑,其中 1700 万英镑用于资助濒危语言记录项目,为期 10 年,每年的资助金额有 140 多万英镑,是目前世界上濒危语言记录研究最大的基金来源,2003 年至今已资助 250 多种濒危语言 100 多个记录项目,收集了全球 100 多种濒危语言的多媒体语料。

美国国家科学基金会(National Science Foundation,NSF)和国家人文基金会(National Endowment for the Humanities,NEH)从 2004 年开始设立"记录濒危语言"(DEL)项目,2004～2006 年共投入约 1000 万美元资助 60 个研究项目,并与 Smithsonian Institution 合作,把已记录的语言多媒体数字档案存放在 Smithsonian Institution。鉴于资助濒危语言记录项目取得巨大成功,2007 年美国国家科学基金会提出将永久资助濒危语言记录。2013 年12 月,美国国家科学基金会和国家人文基金会又宣布提供 370 万美元用于"记录濒危语言"(DEL)项目,这笔经费将用于该项目的第九轮启动。[①]

德国大众汽车基金会(The Volkswagen Foundation)濒危语言记录计划(Dokumentation bedrohter Sprachen,DoBeS)从 2000 年开始资助,截至2011 年,已资助全球 50 多种濒危语言的记录和保护。

澳大利亚国家研究会每年资助一批博士后项目从事为期三年的语言

① 建立濒危语言电子档案刻不容缓 [EB/OL].[2013 - 12 - 13].cssn. cn/yyx/yyx-yyxsdt/201312/t20131213_906645. shtml.

记录。

英国伦敦大学亚非学院以濒危语言典藏项目基金为依托，开设了数位化语言典藏（Language Documentation）硕士学位课程，每年"对获得项目资助的人员进行培训"，培训内容包括如何使用数码摄像机、便携式数码录音机、数码相机以及相关的电脑音频、视频编辑软件等现代数码技术。

美国夏威夷大学语言学系从 2003 年开始，结合自身优势和国际上语言学研究的发展趋势，设立了"语言记录与保护"（Language Documentation and Conservation）专业，成为开设这一专业的极少数大学之一。

五 成立专门研究机构

从 1990 年起，美国教育部根据《高等教育法案》的规定，先后向一些大学和研究机构拨款资助建立语言资源中心。到 2015 年，总共建立了 16 个国立语言资源中心（Language Resource Centers，LRCs）。其中夏威夷大学马诺阿分校（University of Hawaii at Manoa，UHM）国立语言资源中心是首批组建的 3 个国立语言资源中心之一。该中心面向东亚、东南亚和太平洋地区的语言，开展一系列语言教学科研以及语言资源的抢救、保护和利用工作，并为当地少数民族培训本族语的记录人才，2007 年还创办了有关濒危语言问题的专业期刊《语言记录与保存》（*Language Documentation & Conservation*），这是一份具有国际影响力和权威性的反映语言记录和保存学科理论和应用实践的学术刊物，对于当代全球濒危语言抢救和保护工作的开展具有重要理论和实践价值。[①]

美国加州大学圣芭芭拉分校语言学系于 2008 年组建田野语言学与语言记录研究所，负责记录并培训年轻学者从事语言记录。

六 成立开放语档联盟

2000 年成立的"开放语档联盟"（OLAC，也称"开放性语言数字化档案社团"）负责创建一个全球性语言资源虚拟档案库，为语言资源数字化立档提供指导，同时提供语言资源存储器和其他服务，并制定了一系列有关

① 张帆，范俊军. 夏威夷大学在线期刊《语言记录与保存》评介［J］. 外国语言文学（季刊），2010（3）：212.

语言资源数字化立档、存储、传播和网络信息共享利用的技术规范和标准。

2000 年 12 月，由美国国家科学基金会发起，在宾夕法尼亚大学召开了"基于网络的语言记录与描述研讨会"，来自全球的近百位语言学家、语言技术研发人员、语料库和图书档案学家参会。与会专家围绕语言资源记录与描写、语言资源数字化立档与网络共享、语言资源的有效传播与利用、语言资源技术规范等问题展开充分讨论，一致同意成立一个开放的联席组织，负责将 OAI 协议应用于创建一个全球性语言资源虚拟档案库。会议确定联席组织的名称为"The Open Language Archives Community"，简称 OLAC，目前国内没有一致的译名，有的译作"开放语档联盟"，有的称为"开放性语言数字化档案社团"。这里的"Archives"并不限于通常理解的档案、档案室（馆），在开放语档联盟（OLAC）的目标陈述中，它有更广泛的含义，泛指包含各种语言资源以及资源存储、传播、利用的信息库。"Open"的意思是任何档案室（馆）都可以加入，任何个人都可以访问该组织的语言资源档案元数据记录。它的另一层意思是，任何加入该联盟的机构或个人，都可以使用该组织拟定的技术规范和标准，相互提供、发布、传送、交换不同结构数据库的语言资源。

开放语档联盟（OLAC）提出了两大目标。

第一，为语言资源的数字化立档创建一套全球统一的最优通用实践方案。

第二，为全球语言资源的存取建立一个能相互操作的存储器和全球网络服务中心。

经过十多年的发展，全球已有 57 家语言资源机构或语言资源计划项目加入了 OLAC，其中包括许多著名的语言资源机构或组织，如 LDC、ELRA、SIL、DFKI、CBOLD、ANLC、HRELP 等。开放语档联盟（OLAC）制定了一系列用于语言资源数字化立档的技术标准和实践规程，得到了众多语言资源机构、语言资源记录者和语言技术研发者的认可，它的工作大大推动了语言资源及资源信息的数字化、网络化，为全球语言资源的开发利用搭建了一个开放共享的平台。[①]

---

① 范俊军. 少数民族濒危语言有声语档建设再论——OLAC 技术规范及其适应性［J］. 西北民族大学学报，2010（6）：91.

开放语档联盟（OLAC）定义的语言资源包括以下三类。

（1）数据/材料（data）。即任何记录和描写语言的资料。数据可能以各种形式或载体存在，如论文、著作、辞典、计算机数据文件、录音磁带、语言光盘、手稿、笔记、卡片等。内容也多种多样，从自然话语录音到音标转写、文字注释或语法描写等。

（2）工具（tool）。指有助于创建、浏览、查询或使用语言材料的计算机资源，如软件程序、字库、模板、文件类型定义标准等。

（3）建议（advice）。有助于创建、使用上述语言资料和工具的各种建议，即帮助指南。

为了促进语言资源的数字化，使之在网络空间得到充分描述和呈现，开放语档联盟（OLAC）制定了一套基于网络的语言资源数字化立档和实际操作的标准或准则文件。主要有以下三类。

1. 标准类文件（standards）

这是所有加盟机构和个人必须遵循的技术标准，有以下三个。

（1）《开放语档联盟元数据标准》（OLAC Metada V1.1）。它规定了描写语言资源和提供相关服务的元数据构成、元数据格式、元数据扩展的使用、第三方扩展的定义、扩展的文档化等。《开放语档联盟元数据集》（OLAC Metadata Set）根据《都柏林核心元数据术语》（Dublin Core Meta-data Terms，DCMT）的 15 个元素拟定；元数据描述采用扩展标记语言（XLM）格式，遵循《以扩展标记语言实现都柏林核心元素指要》（Guide-lines for Implementing Dublin Core in XML，DCXML）标准。

（2）《开放语档联盟工作规程》（OLAC Process）。文件阐述了开放语档联盟的管理理念，规定了组织架构和运行机制，以及规范和标准的制定与发布规程。

（3）《开放语档联盟资源存储标准》（OLAC Repositories）。文件确立了加入开放语档联盟的机构和服务中心应遵循的资源存储准则。如 OAI 标识码、档案资源的描写、静态存储器和动态存储器的要求等。

2. 提议或建议类文件（recommendations）

它主要针对语言资源立档某些方面取得最佳实践经验的一致性建议，有以下 8 个。

（1）《语言资源描述最佳实践建议》（Best Practice Recommendations for

Language Resource Description)。文件陈述了开放语档联盟就使用元数据描写语言资源的最佳实践建议。

（2）《开放语档联盟话语类型词表》（OLAC Discourse Type Vocabulary)。文件指定了话语类型代码词汇。

（3）《开放语档联盟语言代码扩充集》（OLAC Language Extension)。文件指定用来识别各种语言的代码扩充集，采用国际标准 ISO 639 来定义语言代码。

（4）《开放语档联盟语言学数据类型词表》（OLAC Linguistic Data Type Vocabulary)。文件指定了从语言学角度对资源数据分类的术语词汇。

（5）《开放语档联盟语言学科词表》（OLAC Linguistic Subject Vocabulary)。文件列出了语言学分支学科的术语词汇。

（6）《开放语档联盟参与人角色词表》（OLAC Role Vocabulary)。文件规定了语言资源创建、加工、存储、发布等工作中参与者不同角色的代码词汇。

（7）《开放语档联盟元数据扩展方案》（OLAC Metadata Extension)。文件规定了在扩展标记语言（XLM）中使用扩充元数据的代码和描写格式。

（8）《建议的元数据扩展集》（Recommended Metadata Extension)。文件规定了用于进一步描述基本元素意义的扩展元素代码。①

3. 解释类文件（notes）

补充性的诠释和说明。解释起到两个作用：一是就标准的实施做延伸性的讨论，或就实施细节进行说明，以确保标准和提议不会背离相关准则；二是某些试验性的、非正式或操作层面上的建议，还不能成为标准或提议的，也以解释性文件的形式发布。解释性文件比较灵活，内容也很广泛。如：《开放语档联盟元数据质量评估办法》（OLAC Metadata Metrics)，《开放语档联盟元数据使用指南》（OLAC Metadata Usage Guidelines)，《关于开放语档联盟元数据显示格式以及 OAI 协议互通的说明》等。

以上文件构成了一个完整的语言资源数字化立档的理论规范和实践规

---

① 范俊军. 少数民族濒危语言有声语档建设再论——OLAC 技术规范及其适应性 ［J］. 西北民族大学学报，2010（6）：92.

程，它对我国少数民族濒危语言有声语档建设有重要的理论和实践指导意义。①

七 召开国际会议

自 20 世纪 90 年代起，联合国教科文组织以及国际社会召开了一系列重要会议，引发了各国的广泛关注。如：1992 年 8 月，在加拿大魁北克市举行了"第 15 届国际语言学家大会"，大会围绕"濒临消失的语言"（Endangered Languages）和"当代语言学的理论见解"（Theoretical Positions in Current Linguistics）两个中心议题展开讨论，大会期间分别举办了全体会议、分组会议、专题会议（圆桌会议）和论文展示会等学术活动，并达成以下共识："鉴于任何一种语言的消失对人类都是不可弥补和挽回的损失，联合国教科文组织面对这样的形势，应该加紧促进或发起相关语言学研究机构对尚未研究或无充分文献记载的濒危语言用语法、词典、文本和教科书以及口头文学等形式进行记录。"此次会议提高了公众对濒危语言的认识，有力地推动了语言的研究、抢救和保护工作。

1993 年，联合国教科文组织正式把下属的国际哲学与人文科学理事会（CIPSH）提出的"濒危语言项目"（《濒危语言红皮书》）纳入直接管理项目，并于 1994 年在日本东京成立了"国际濒危语言情报交流中心"。2003年，联合国教科文组织在巴黎总部召开了保护濒危语言规划项目国际专家会议，提交了《语言活力与语言濒危》报告，并制定了抢救和保护濒危语言的行动纲领《行动计划建议案》。在《行动计划建议案》中，联合国教科文组织向各成员国提出了几点建议：积极调查和记录已发现处于濒危的语言；积极推进对各自国家濒危语言的认定工作；鼓励对濒危语言进行记录立档；为语言的主动使用及利用创造便利条件；培养语言使用族群对本族语言的认同感和文化自豪感，确保国家之间所有语言的地位平等；维护语言文化的多样性，开发语言的经济和社会效益，并把它作为促进可持续发展的要素；在条件允许和得到国际组织援助的范围内，尽可能为濒危语言的记录、复兴和促进计划等项目提供资助。

---

① 范俊军. 少数民族濒危语言有声语档建设再论——OLAC 技术规范及其适应性［J］. 西北民族大学学报，2010（6）：92 - 93.

如今，这些文件中的诸多条款已成为各国制定语言政策，开展濒危语言档案资源建设的重要依据。

2003 年 7 月，在美国斯坦福大学举行了"全球语言档案会议"，来自各国的语言学、计算机、网络专家等 30 多人出席，会议探讨了如何在全球范围内开展语言档案工作以保存濒危语言的问题。该会议是由美国朗诺基金会罗塞塔（Rosetta）项目发起的。罗塞塔项目利用镍金属制成小碟片来保存不同时空的 1400 种濒危语言，其中的一个光盘安放在欧洲的一个彗星探测器上。该项目已在计算机系统上完成 1000 多种语言资料的收集和整理，建立了一个包括文字系统、语音、语法、长篇语料、核心词表、数词系统、地图、录音、人口统计、历史描述等 10 个方面约 3 万多页的语料库。①

2006 年 4 月，美国夏威夷州檀香山"东西方文化中心"召开了一次国际语言学术会议，来自日本国立民族学博物馆和澳大利亚、加拿大以及美国本土高校的几十位田野语言学家、语言资源档案学家、语言教育专家出席了会议。与会学者指出，在全世界数千种语言中，真正被记录和立档的语言，即有详细的语法描写、字典或词典、教材或其他书面材料，以及音像多媒体产品的语言，还不足 10%。许多语言面临消亡的危险，没有得到充分记录，或根本就没有记录。当务之急是开展抢救性的记录，因而迫切需要对田野工作者和语言族群提供语言记录和保存专业理论、实践技术的支持。②

美国夏威夷大学语言学系已连续举办两届数位化语言典藏的国际会议。2011 年的会议有 300 人以上，来自世界各地的语言学、民族学、人类学、计算机语言、多媒体文化等不同领域的研究人员参加。

2015 年联合国教科文组织召开了"网络空间的多语现象：为土著语言赋权"国际会议，这次会议强调了很多土著语言正面临濒危的事实，提醒人们要增强网络空间土著社区接触信息的能力，鼓励濒危土著语言社区在语言学的支持下对口头传统进行数字化记录，并上传到互联网让公众了解。

---

① 禹岩. 全球语言档案会议在美国斯坦福大学举行 [J]. 民族语文，2003（5）：32.

② 张帆，范俊军. 夏威夷大学在线期刊《语言记录与保存》评介 [J]. 外国语言文学（季刊），2010（3）：212.

第二节　国内少数民族濒危语言建档研究成果

一　少数民族濒危语言建档的成果形式

（一）学术专著

学术专著有《语言调查语料记录与立档规范》《濒危语言有声语档建设研究》《数字纽带：中国少数民族语言电子文件集成管理的体系架构研究》等。

1.《语言调查语料记录与立档规范》（范俊军主编，暨南大学出版社2011年版）

本书为"南方语言学丛书"之一。内容包括普通语言描述主题条目、语料描述与立档元数据术语、中国语言标准代码等内容。制定了语言调查记录的词汇集、句子集、话语主题集、话语转写文本规范、语料数据格式及采录设备技术要求，拟定了汉语方言标准代码、少数民族语言标准代码和语言资源立档元数据。本规范适用于中国语言调查、语料采录、语档建设、语言教学与研究、濒危语言资源保存、语言工程以及语言资源开发利用。

2.《濒危语言有声语档建设研究》（范俊军著，广东人民出版社2018年版）

该书是一本科学的濒危语言有声语档建设指南。全书共分6章26节，作者在回顾国内外对濒危语言的关注、简述语言濒危基本理论问题的基础上，阐明了濒危语言有声语档的内容资源、相关权益以及建设的基本原则，分析了语言数字遗产与濒危语言有声语档保护的关系，制定了濒危语言有声语档规则规范，包括元数据规范、代码表、数据规则、转写规则、标注规则等，提出了濒危语言有声语档建设的实践操作规程和技术实现路径。

3.《数字纽带：中国少数民族语言电子文件集成管理的体系架构研究》（赵生辉著，陕西师范大学出版社2014年版）

本书是作者在其博士学位论文的基础上出版的专著。全书共分为战略构想、架构模型、生命周期、支持体系、实施策略五个部分。指出中国少数民族语言电子文件集成管理体系的核心理念为"多元一体"，集成管理模式整体上分为民族地区（事务）电子文件管理和少数民族语言电子文件两个不同的阶段；架构建模整体上分为价值分析、基本增值活动、支持性活动三个部分，其中基本增值活动包括前端控制、单元归档、集成归档、集成服务四个环节，这四个环节是少数民族语言电子文件集成管理的"生命周期"；支持性活动有基础设施、制度体系、组织架构、管理流程四个方面。实施策略提出规划先行、分类管理、阶段推进的具体对策。

（二）期刊论文

1. 研究"语档语言学"的《文献记录语言学研究述介》（2010）、《纪录语言学：一门新兴交叉学科》（2011）、《面向少数民族濒危语言的语档语言学》（2011）。

2. 研究濒危语言有声语档建设的《少数民族濒危语言有声语档建设初探》（2011）、《少数民族濒危语言有声语档建设再论——OLAC 技术规范及其适应性》（2010）、《少数民族濒危语言有声语档建设三论》（2011）、《少数民族濒危语言有声语档建设四论——关于语料采录和加工、技术培训等问题》（2015）、《云南省濒危民族语言有声语档的建设方法探讨》（2012）、《少数民族濒危语言有声档案建设的可行性探讨》（2015）、《中国濒危语言有声语档数据规则》（2016）、《中国濒危语言自然话语转写规则（试行）》（2016）。

3. 研究中国濒危语言档案馆构建的《中国少数民族语言数字档案馆的建设构想》（2012）、《中国濒危语言数字档案馆建设初探》（2014）。

4. 研究少数民族濒危语言档案资源建设、管理和开发利用的《少数民族濒危语言的建档问题》（2014）、《论濒危语言语档的大众化、现代化和产品化》（2016）、《中国少数民族语言档案资源协作管理的战略构想》（2016）、《我国少数民族濒危语言建档的几点思考》（2016）、《濒危少数民族语言的档案编制工作探究——以濒危语言贵琼语为例》（2017）、《少数民族濒危语言建档开发研究》（2019）、《少数民族濒危语档资源开发利用的思考》（2019）。研究濒危语言档案的期刊论文详见表 2 – 1。

表 2 – 1 研究濒危语言档案的期刊论文

序号	论文名称	作者	发表刊物名称/出版社	发表年度	期号
1	云南少数民族语言数据库	陈锡周	云南民族学院学报	2003 年	第 1 期
2	关于中国少数民族濒危语言语音语料库的设计	刘岩	中央民族大学学报	2006 年	第 4 期
3	少数民族语言与文化的记录和保护	孙宏开	中国民族	2006 年	第 5 期
4	中国濒危少数民族语言的抢救与保护	孙宏开	暨南学报	2006 年	第 5 期
5	濒危语言资料的记录和留存	徐世璇	广西民族学院学报	2006 年	第 5 期
6	论濒危语言的文献记录	徐世璇	当代语言学	2007 年	第 1 期
7	文献记录语言学研究述介	滕延江、苗兴伟	外语教学与研究	2010 年	第 2 期
8	少数民族濒危语言有声语档建设再论——OLAC 技术规范及其适应性	范俊军	西北民族大学学报	2010 年	第 6 期
9	少数民族濒危语言有声语档建设初探	范俊军	中央民族大学学报	2011 年	第 1 期
10	纪录语言学：一门新兴交叉学科	黄成龙、李云兵、王锋	语言科学	2011 年	第 3 期
11	少数民族濒危语言有声语档建设三论	范俊军	北方民族大学学报	2011 年	第 3 期
12	面向少数民族濒危语言的语档语言学	范俊军、张帆	西北民族大学学报	2011 年	第 6 期
13	中国少数民族语言数字档案馆的建设构想	赵生辉	档案学通讯	2012 年	第 4 期
14	濒危语言的调查记录方法	郑玉彤、李锦芳	云南师范大学学报	2012 年	第 4 期
15	云南省濒危民族语言有声语档的建设方法探讨	李素琴、杨炳钧	大理学院学报	2012 年	第 11 期
16	中国少数民族语言电子文件统一归档的战略构想	赵生辉、鲁汉蓉	兰台世界	2012 年	第 14 期
17	构建民族语言有声数据库档案，保护各民族传统文化遗产	程靖	百色学院学报	2013 年	第 3 期
18	中国濒危语言数字档案馆建设初探	赵生辉	云南档案	2014 年	第 1 期

续表

序号	论文名称	作者	发表刊物名称/出版社	发表年度	期号
19	少数民族濒危语言的建档问题	陈子丹、范泽龙	云南档案	2014 年	第 8 期
20	少数民族濒危语言有声语档建设四论——关于语料采录和加工、技术培训等问题	范俊军	西北民族大学学报	2015 年	第 1 期
21	少数民族濒危语言有声档案建设的可行性探讨	许红花	贵州民族研究	2015 年	第 10 期
22	我国方言档案式保护的 SWOT 分析	张芳霖、汤晓良、谢雨菲	北京档案	2016 年	第 2 期
23	基于价值链的少数民族语言电子文件集成管理模型研究	赵生辉	云南档案	2016 年	第 2 期
24	布依族古歌有声语档建设初探	占升平	黔南民族师范学院学报	2016 年	第 3 期
25	中国濒危语言有声语档数据规则	范俊军	西北民族大学学报	2016 年	第 3 期
26	论濒危语言语档的大众化、现代化和产品化	肖自辉、彭婧	西北民族大学学报	2016 年	第 3 期
27	基于格局理论的多模态语言档案数据库建设研究	彭飞	北京档案	2017 年	第 3 期
28	濒危少数民族语言的档案编制工作探究——以濒危语言贵琼语为例	饶敏	科教导刊	2017 年	第 2 期
29	中国少数民族语言语义电子文件初探	赵生辉	云南档案	2017 年	第 5 期
30	我国少数民族濒危语言建档的几点思考	陈子丹、郑宇、武泽淼	档案学通讯	2016 年	第 4 期
31	我国濒危方言语料档案建设研究	姜晓娜	山西档案	2018 年	第 3 期
32	少数民族濒危语言建档开发研究	陈子丹、黄燕玲	云南档案	2019 年	第 8 期
33	少数民族濒危档资源开发利用的思考	陈子丹、杨霞、黄洛锋	档案管理	2019 年	第 6 期
34	信息时代的南岛语语料库述评——以台湾大学南岛语多媒体语料库为例	张立	信息系统工程	2019 年	第 11 期

续表

序号	论文名称	作者	发表刊物名称/出版社	发表年度	期号
35	澳大利亚少数民族语言档案数据库建设现状及启示	彭飞	中国档案	2019 年	第 11 期
36	国外濒危语言建档保护实践与启示	黄玉婧、周耀林、姬荣伟	浙江档案	2020 年	第 6 期

（三）学位论文

学位论文有赵生辉的《中国少数民族语言电子文件集成管理的体系架构研究》（武汉大学博士学位论文，2012）、郑宇的《我国少数民族濒危语档资源建设研究》（云南大学博士学位论文，2017）、张帆的《中国少数民族濒危语言数字化记录与立档个案研究——以畲语为例》（暨南大学硕士学位论文，2012）、沐华的《彝语峨山方言山苏话有声语档建设》（暨南大学硕士学位论文，2016）。

1. 博士学位论文

赵生辉的博士学位论文《中国少数民族语言电子文件集成管理的体系架构研究》（武汉大学，2012）从战略构想、架构模型、生命周期、支持体系、实施策略五个方面论述了中国少数民族语言电子文件集成管理的体系架构问题。认为集成管理在战略层面对中国少数民族语言电子文件集成管理中的各类因素做出了统筹安排，在战术层面对数字时代"中华民族多元一体格局"实现形式做了分析和探索，在实施层面提出了立足现实，推进集成管理体系建设的若干策略。集"多元性"和"一体性"于一身的中国少数民族语言电子文件集成管理技术和管理架构将成为中华民族文化沟通的"数字纽带"。

郑宇的博士学位论文《我国少数民族濒危语档资源建设研究》（云南大学，2017）在明确濒危语言、少数民族濒危语言、少数民族濒危语言档案概念、种类、特点、价值的基础上，介绍了国内外少数民族濒危语档资源建设的成果及启示，阐述了我国少数民族濒危语档资源建设现状及存在的主要问题，提出了我国构建少数民族濒危语档资源建设的有效机制和具体措施，是国内首篇全面、系统论述少数民族濒危语言档案资源建设问题的博士学位论文。

2. 硕士学位论文

沐华的硕士学位论文《彝语峨山方言山苏话有声语档建设》（暨南大学，2016）主要对云南省峨山县彝族山苏话进行概述和描写，对有声语料进行采录和加工处理，探讨建立一个能共享的、可移植的山苏话有声语档。全文分为三章：第一章是彝语峨山土语区的人文地理情况概述，梳理了国内对彝语峨山方言的研究状况，简要介绍国内外的语言有声资源档案建设情况，并阐述了创建有声资源档案的意义和价值。第二章从语音、词汇和语法三个方面对彝语峨山方言山苏话进行了描写。补正了此前调查记录的一些错漏，如韵母的遗漏，并制作了山苏话声韵调配合表，对4000余条山苏话词汇按音节进行逐一核对，编制了音节－词汇表，弥补了此前研究者调查分析的空缺。第三章对创建彝语峨山方言山苏话有声语档的基本思路、工作流程和相关的基本规则规范、技术处理等问题进行了分析和叙述。如：语料采录、数据文件结构、数据类别和构成、元数据、媒体网页输出和制作，等等。最后呈现了网页语档的页面样本。附录包含语档必需的各种转写和描述文本。

（四）科研项目

台湾中研院语言研究所开发了"闽客语数位典藏"和"南岛语数位典藏"。

南开大学文学院意西微萨·阿错博士主持了2004年英国濒危语言项目（IPF）"藏区两种濒危语言——五屯话、倒话纪录与比较研究"。

中国社会科学院民族学与人类学研究所徐世璇主持了2004年英国濒危语言纪录项目（MDP）"中国南部土家语资料存档"。

中央民族大学李锦芳教授主持了2006年英国濒危语言纪录项目（MDP）"中国西南柔勒、阿欧亿佬语方言记录研究"。郑玉彤副教授主持了2008年度教育部人文社科研究项目"中国少数民族濒危语言语料数据库的规范化设计及开发"。

中国社会科学院民族学与人类学研究所黄成龙主持了2010年国家社科基金重点项目"数字多媒体记录汶川县羌语资料库的开发与应用研究"，旨在利用现代数码技术和手段对四川省汶川县的羌语进行全方位的记录。

除记录羌语语音、词汇外，还记录作为羌语载体的羌族物质与非物质文化遗产。同时，用 ELAN（EUDICO Linguistic Annotator）软件编辑音频和视频，用 Toolbox 软件创建和编辑文本材料，从而创建汶川县龙溪、萝卜寨羌语的有声多媒体资源库，这项研究是在记录语言学指导下对少数民族语言多媒体进行开发利用的一次有益尝试。①

黄成龙主持了 2008 年英国濒危语言典藏项目（IPF）"纳木依语纪录"。该项目已经记录的纳木依语多媒体档案（2008～2010）包括两大部分。其一，以物质形态与非物质形态为基础，进行详细的语义分类。记录4000～5000 条纳木依语词汇。物质形态采用录像（MPGE－2）、录音（WAV）、图片（JPG）存储格式，具体如纳木依语的农作物、花草树木、菌类等植物、微生物，纳木依语的上、下、前、后、里、外、左、右等空间布局。非物质形态采用录音（WAV）存储格式，如纳木依语的形容词、副词等。其二，记录作为纳木依语载体的纳木依藏族文化：①对纳木依藏族的周边环境、村落、山川分布及传统民居、生产生活用具、动植物、服饰、宗教法器、宗教法事、歌谣等进行了录像（MPEG－2）、图片（JPG）存储；②对纳木依藏族的历法、祭牛王菩萨、巫师唱开路经、婚俗、葬俗、舞蹈等进行了录像（MPEG－2）、录音（WAV）存储；③对纳木依藏族的族源、族谱、祖谱、日常对话、特殊句型、神话、传说、故事、谚语等进行了录音（WAV）存储。②

暨南大学汉语方言研究中心研究员范俊军主持了 2007 年广东省普通高校人文社科重点研究基地重大项目"岭南方言资源监测及资源库建设"、2010 年广州市社科规划基金项目"广州及邻近地区畲语有声语档基础库建设"、国家语委 2011 年度"十二五"科研规划项目"中国濒危语言有声资源采集、传输和集成技术研究"、2011 年暨南大学学术创新团队重点项目"中国濒危语言有声语档建设的理论与实践"、2012 年国家社科基金重点项目"濒危语言有声语档建设的理论体系、实践规程和技术准则研究""中国语言生态监测理论及信息平台建设研究——以岭南地区为中心"、2014

① 黄成龙，李云兵，王锋．纪录语言学：一门新兴交叉学科［J］．语言科学，2011（3）：266.

② 黄成龙，李云兵，王锋．纪录语言学：一门新兴交叉学科［J］．语言科学，2011（3）：266.

年国家社科基金重大项目"中国濒危语言数字博物馆建设的理论与实践研究"、2015 年国家语言保护工程项目"中国濒危语言资源采集、传输、立档技术研究""中国濒危语言调查·畲语""中国濒危语言调查·仙岛语"以及英国伦敦大学濒危语言记录项目"Documentation of Two Dialects of Minority She Language in South China"。

西藏民族大学赵生辉教授主持了 2011 年度教育部人文社科研究西藏项目"中国少数民族语言电子文件统一归档研究"、2013 年西藏自治区高校人文社科基金项目"涉藏多语言复杂网络舆情分析方法初步研究"、2014 年国家社科基金项目"多民族语言信息资源跨语种共享策略研究"、2014 年中国博士后科学基金面上项目"多民族语言信息共享域的架构模型与规划方法研究"、2015 年中国博士后科学基金特别资助项目"中国少数民族语言信息资源辅助阅读系统架构设计与验证研究"。

云南大学陈子丹教授主持了 2017 年度教育部人文社科研究西部和边疆地区项目"云南少数民族濒危语言档案化建设与开发研究"。该项目在国家语言文字方针政策和"语档语言学"理论的指导下,以云南省实施"云南少数民族语言资料有声数据库"建设工程和"云南少数民族语言文字资源库"建设项目为例,总结少数民族濒危语言有声语档建设工作的现状、成就和不足,借鉴国内外濒危语言建档保护的做法和经验,探索少数民族濒危语言数字化建档方法和技术,提出成立"云南濒危语言数字档案馆"的设想和建议,展望"后语保"时代少数民族濒危语言档案资源建设与开发前景。研究的重要内容有以下四个方面。

第一,少数民族濒危语言主动建档理论与实践。明确濒危语言文化遗产的概念和特点;少数民族濒危语言档案的价值和作用;主动建档的必要性、可行性、紧迫性;主动建档的原则(坚持优先发掘利用少小、边境、跨境民族濒危语档资源的原则)、机制(建立档案部门主导、跨学科人员合作、语言族群全面参与的合作机制)和模式;云南濒危语言有声语档建设的进展。

第二,少数民族濒危语言抢录保存现状及不足。指出目前存在的主要问题和不足。如:缺乏相应的规范和标准;工作散乱、各行其是、互不交流,研究成果无法分享;缺乏立法、政策、技术、人才、资金的支持;现有声像存储和保护技术不能满足濒危语言声像档案、电子文件、数字遗产长期有效存取的要求。

第三，少数民族濒危语言档案化建设方法和技术。探讨云南少数民族濒危语言声像档案、电子文件、数字遗产管理和利用的方法；语料采录、整理、分类、编目以及数字化立档和永久性保存的技术；收集社会、民间、个人散存的濒危语言零散语料；建立濒危语言资源档案馆、特藏室、资料库（或多媒体数据库、数字资源库、电子文献中心）。

第四，少数民族濒危语言档案资源开发和利用。提出少数民族濒危语言档案资源的开发策略（如举办主题展览、成立语音实验室、建立专门网站，开展濒危语言文献记录的编纂、公布、出版活动，研发多样化濒危语言档案文化产品，集中举办濒危语言档案宣传活动和文化活动等）；构建少数民族濒危语言档案利用服务体系；搭建濒危语言语档信息网络平台，实现濒危语言数字档案的跨媒体、跨语种共享。

（五）工具软件、语料库（数据库）

国内研发的几种语言调查采录软件有以下四种。

（1）北京语言大学发布的 byly（北语录音）软件是基于 Excel 格式的调查表录音工具。

（2）上海师范大学发布的斐风软件也是基于 Excel 格式的调查表录音工具。

（3）语保工程中心开发的"语保摄录机"，可以对调查表条目进行录像。

（4）暨南大学的范俊军教授与计算机专家合作，研发了语言调查录音和分析软件"田野之声"（Fieldsound v3.5），并获得专利授权。近年来结合濒危语言有声语档建设的需要，又对原"田野之声"重新设计，开发了新的语言调查记录和建档工具 Sonicfield_ V1.0（"声飞"有声语料采集软件）。① 此外还建有"濒危语言多媒体语料自媒体静态网页档案""中国语言有声资源联盟"信息平台。

少数民族语音语料数据库建设取得空前进展。如云南民族大学的"云南少数民族语言数据库"项目，收集到十多种濒危语言资料，研发了数据

---

① 范俊军. 濒危语言有声语档建设研究［M］. 广州：广东人民出版社，2018：296.

库软件[①]；中央民族大学的"中国少数民族濒危语言语音语料库"计划，进行了几种濒危语言录音语料的转写和标注，出版了一套《中国少数民族语言音档》，包括《中国少数民族语言词汇录音》和《中国少数民族语言音系录像》两大系列。[②] 2008 年国家语委启动了"中国语言资源有声数据库建设"工程，内蒙古、湖南、广西、贵州、云南、海南等省区也建立了少数民族语言语料库。2012 年广西正式启动区域内少数民族语言资源有声数据库建设，"采用现代技术手段，通过真人朗读单词、词组、讲故事、日常对话等形式，实地采集并建立真实语音及其转写文本的语料库"。[③] 将少数民族濒危语言录入语料库长期保存。2013 年内蒙古自治区建成一个有4000 万词级、时长达 3826 小时的蒙古语自然口语语料库。由档案文件、检索界面和资源系统组成，资源库可检索、可视听、可复制。[④] 2005 年实施的"蒙古语语料库建设工程"是"一次规划，多年实施"的中国首个蒙古语、达斡尔语、鄂温克语、鄂伦春语大型综合性语料库，也是内蒙古自治区民族文化大区建设重点项目，预计 20 年完成。它涵盖言语语料和文献语料两部分，总字数将达到 2 亿词。一期工程言语语料库（2005—2014）已于 2014 年 11 月验收，二期工程文献语料库（2015—2024）正在实施中。[⑤]

　　北京大学孔江平教授、西南民族大学苏连科教授等运用语言学、语音学、生理学和计算机科学等交叉科技，采用电子设备和实验仪器等数字化手段，以科学、合理、适用的原则对彝语口传文化——毕摩诵经、苏尼诵经、阿都高腔、口弦等生理信号、语音信号进行数据采集，提取文化演述人的嗓音、声道、呼吸、心率、指电压等信号参数，建立声学和生理模型，并以数字化的形式建立彝语口传文化语音数据库、彝语口传文化嗓音数据库、彝语口传文化 EGG 数据库、彝语音节和口传文化电子腭位数据

① 陈锡周. 云南少数民族语言数据库［J］. 云南民族学院学报，2003（1）：114.

② 刘也.《中国少数民族语言音档》（修订版）即将出版［J］. 中央民族大学学报，2009（3）：130.

③ 广西抢救保护少数民族濒危语言［EB/OL］.［2017 - 02 - 22］. chinanews. com/cul/2017/02 - 22/8156890. shtml.

④ 阿斯钢. 中国建成 4000 万词级蒙古语自然口语语料库［EB/OL］.［2013 - 02 - 20］. chinanews. com/edu/2013/02 - 20/4579712. shtml.

⑤ 李爱平."蒙古语语料库"二期工程：填补互联网上无蒙古文文献空白［EB/OL］.［2018 - 11 - 26］. chinanews. com/cul/2018/11 - 26/8685643. shtml.

库、基于呼吸信号的彝语口传文化韵律数据库、彝语口传文化视频信号数据库等。结合彝语口传文化数字化分析平台，把采集到的信号进行分析和处理，得出各种信号的参数图，用反映频率、振幅和时间三维关系的频谱，把一个音段的声学特性全面表现出来，从而达到最大限度保护和传承彝族语言资源、保留口传文化信息的目的。①

西南民族大学的陈顺强采用声学、生理学、心理学等研究方法，建立基于动态电子腭位彝语语音参数数据库，对看不见、摸不着的彝语语音的产生、传播和感知及其协同发音等方面进行深入研究。采用实验语音学的方法，最大限度地保留彝族口传文化如尔比、克智、原声态民歌、史诗等语音的生理信息、物理信息和文化信息，即使将来这些口传文化消亡，也能借助这些语音信息恢复原样。②

二 少数民族濒危语言建档的研究内容

（一）文献记录语言学（语档语言学）研究

徐世璇的论文《论濒危语言的文献记录》从调查记录的目的、对象、内容、要求和方法等方面，系统论述了濒危语言文献记录的特点，并阐述了文献记录理论和方法的现实意义和学术价值。他认为濒危语言文献记录与以往的语言调查研究有所不同，这些不同既体现在理论原则和基本方法上的特殊性，也表现为在具体工作中同以往语言调查相比存在种种差异。

滕延江、苗兴伟的论文《文献记录语言学研究述介》分析了文献记录语言学与描写语言学的区别，阐述了语言文献记录的特征、基本模式、过程、局限与面临的挑战，并对该学科的发展进行了展望。他们认为语言文献记录最显著的特征是对原始数据的重视，核心是原始数据的收集，过程可分为 5 个阶段，该学科不仅能给当前或未来的语言学家提供研究的实证数据，而且能为人类学家、历史学家提供当地语言社团独特的历史与文化信息。

黄成龙、李云兵、王锋的论文《纪录语言学：一门新兴交叉学科》简

---

① 陈顺强，苏连科 . 彝语口传文化数字化采集方法及其保护与传承研究——以毕摩、苏尼、口弦、阿都高腔为例 [J] . 西南民族大学学报，2012（11）：47 - 51.
② 陈顺强，普忠良，郭利芳 . 彝族优秀口传文化的包容性发展与传承保护 [J] . 贵州民族研究，2020（6）：81.

要介绍了纪录语言学的定位、意义、宗旨、方法、与描写语言学的区别以及最新进展，并对其发展前景做了展望。他们认为纪录语言学以其理论、方法的综合性特点，多学科、多领域交叉融合研究的范式，充分体现了中国语言学发展的趋势。文末还附了纪录语言学的相关文献网址。

范俊军、张帆的论文《面向少数民族濒危语言的语档语言学》阐明了濒危语言调查记录的目标、任务和要求，分析了当前濒危语言调查和记录面临的问题，提出当前的任务是语档语言学的实践应用。他们认为面向少数民族濒危语言的语档语言学，应以服务语言族群和语言资源利用为目的，注重全面采录原声态语料，对语料的充分标注和解释，强调语料数字化立档和永久保存，重视语言资源社会利用和技术服务，这些特点凸显了学科的实践性，顺应了时代的需求。我国濒危语言调查记录，应充分借鉴语档语言学的理论成果和实践经验，从个人纯学术研究转向适应社会需要的实践应用。

（二）少数民族濒危语言有声语档建设研究

李素琴、杨炳钧的论文《云南省濒危民族语言有声语档的建设方法探讨》在简要介绍我国和云南省有声语档建设背景和现状的基础上，探讨了云南省濒危民族语言有声语言建设的方法，认为应以纪录语言学理论为指导制定建设方法，借鉴汉语方言有声语档建设经验，探索云南省语档建设的特点，并兼顾语言的系属特点，关注语言接触，规划建设流程，使用先进便携设备。

许红花的论文《少数民族濒危语言有声档案建设的可行性探讨》首先分析了少数民族濒危语言有声档案建设的必要性和可行条件，然后从语料采集、语档信息处理、对外服务规划三个方面探讨了少数民族濒危语言有声档案建设的理论依据和实践途径，认为打造少数民族濒危语言的语档信息网络平台需要稳定的语料采集、可安全依赖的信息处理技术以及实现有声语言档案使用价值的现实渠道。

（三）少数民族语言信息资源研究

西藏民族大学的赵生辉教授围绕多民族语言信息共享空间的构建策略探讨了体系架构、实现策略、评价体系、规划模型等问题，在少数民族语言信息资源研究领域取得了突出成绩，发表了一系列专题学术论文。主要有：《中国少数民族语言网络信息资源的保存体系研究》《中国少数民族语言信息资源跨语种共享策略研究》《中国少数民族语言政府网站建设的战略思考》《多民族语言信息共享空间的体系架构与构建策略研究》《少数民族语言信息资源计算机辅助阅读系统架构设计》。

（四）少数民族语言电子文件研究

赵生辉教授围绕中国少数民族语言电子文件集成管理研究了双语著录、二次归档、集成共享等问题，在少数民族语言电子文件研究方面进行了开拓性探索，发表了多篇专题研究论文，主要有：《中国少数民族语言电子文件管理初探》《中国少数民族语言电子文件的信息编码标准研究》《中国少数民族语言电子文件跨媒体共享策略研究》《少数民族语言电子文件的分类研究》《中国少数民族语言电子文件双语著录研究》《中国少数民族语言电子文件集成共享的体系架构研究》《基于"多元一体"架构的少数民族语言电子文件管理体系》《中国少数民族语言电子文件统一归档的战略构想》《基于价值链的少数民族语言电子文件集成管理模型研究》《中国少数民族语言语义电子文件初探》等。

以下介绍其中3篇论文的观点。

《中国少数民族语言电子文件管理初探》一文在探讨中国少数民族语言电子文件管理的复杂性（综合性、异构性、分布性、支撑技术的不成熟性）基础上，分析了中国少数民族语言电子文件的管理需求（多元性、一体化），提出了中国少数民族语言电子文件管理的"多元一体"架构。认为以"多元一体"思想管理中国少数民族语言电子文件，以建设"中国少数民族语言电子文件统一归档平台"为核心内容，通过信息技术和数字化手段增强中华民族凝聚力是处理民族问题的一种新思路。

《中国少数民族语言电子文件统一归档的战略构想》一文在分析少数民族语言电子文件管理多重矛盾的基础上，提出了少数民族语言电子文件统一归档的管理模式。认为少数民族语言电子文件管理过程中存在"少数民族语言"与"国家通用语言"、"语言多元"与"信息共享"、"资源分散"与"便捷获取"、"技术异构"与"长期可读"、"局部自治"与"整体绩效"之间的矛盾，"少数民族语言电子文件统一归档"是从国家整体视角对少数民族语言电子文件管理进行宏观规划和统筹之后提出的一种新模式，既含有按照统一标准管理的含义，也含有一体化共享的含义，其理想模式是建立以国家通用语言文字为核心的多语种电子文件共享体系。

《中国少数民族语言语义电子文件初探》一文参照语义网（Semantic Web）思想，提出了"中国少数民族语言语义电子文件"的概念，构建了少数民族语言语义电子文件的逻辑模型，分析了作为核心技术的多民族语言通用语义本体模型的构建原理，并对这一领域需要关注的重点研究方向进行了梳理。作者认为，中国少数民族语言电子文件是以我国境内现存的或者曾经存在过的少数民族语言文字或语音符号作为信息记录形式的电子文件。中国少数民族语言语义电子文件就是通过标注语义符号支持多语言信息交流的少数民族语言电子文件，是语义网思想在电子文件管理领域的应用。少数民族语言语义电子文件的逻辑模型整体上可分为编码层、内容层、语义层、元数据层、检索层和应用层六个层次，关键在于构建可供多种语言语义映射的"通用语义参照体系"。"通用语义参照体系"的主流实现方式是多语言通用本体模型，其建立是一项非常艰巨的任务，需要相关研究机构共同协作设计与开发。中国少数民族语言语义电子文件研究领域需要关注的问题主要有中国多民族语言文字通用语义本体模型的协同构建、中国少数民族语言电子文件语义信息标注和质量控制规范、基于领域本体的少数民族语言语义电子文件管理实践、少数民族语言语义电子文件管理需求的嵌入与生命周期控制、基于通用语义代码的少数民族语言语义电子文件利用模式等方面。

（五）中国濒危语言档案馆建设研究

赵生辉的论文《中国少数民族语言数字档案馆的建设构想》在阐明中国少数民族语言数字档案馆概念和定位的基础上，对中国少数民族语言数字档案馆进行了架构设计和体系规划。认为中国少数民族语言数字档案馆整体上可分为少数民族语言电子文件的来源系统和少数民族语言电子文件统一归档平台两大部分，为了保证统一归档后的信息共享需求，必须制定统一的管理和技术标准体系，还需要组织、人员、技术和资金方面的支持（保障体系）；中国少数民族语言数字档案馆基于分布式网络建设，需要对架构中涉及的分布式网络各节点的地理分布进行分析和规划。

赵生辉的论文《中国濒危语言数字档案馆建设初探》在简要介绍中国濒危语言数字档案馆建设背景的基础上，对中国濒危语言数字档案馆的学科属性、体系架构、建设策略等问题进行了探讨，认为中国濒危语言数字档案馆是语言学和档案学的交叉领域，本质上属于档案学问题，需要在多学科和各相关机构协同合作的基础上，建立濒危语言数字化档案全生命周期管理体系，参照开放档案信息系统（Open Archival Information System, OAIS）模型以及国外同类系统进行技术方案设计，从而应对由此带来的一系列挑战和问题。濒危语言档案建设过程中的采集机构和保存机构，要建立类似于"文件来源机构"和"档案馆"之间的关系，通过前端控制和全生命周期管理，确保濒危语言档案的安全保管，使之真正成为濒危语言的"数字方舟"。

（六）少数民族濒危语言档案资源建设、管理和开发利用研究

赵生辉的论文《中国少数民族语言档案资源协作管理的战略构想》从客体、主体、协作三个方面对构建中国少数民族语言档案资源协作管理的战略框架提出了设想。认为中国少数民族语言档案资源是一个内涵丰富的术语，根据少数民族语言和档案资源之间语法关系的不同，可以有历史档案和语言档案两种相互联系又相互区分的理解视角。中国少数民族语言档案资源管理主要涉及民族事务管理机构、民族地区档案管理机构和民族语言文字工作机构三类定位、优势和需求各不相同的机构，中国少数民族语言档案资源协作管理就是在现代信息技术的支撑下，以互助、合作、共赢为核心理念，整合相关机构的优势和力量，协作共建"中国少数民族语言数字档案馆"，按照"一个门户，一个管理中心、七个分中心"的分布式架构统筹协调协作管理中的各类要素，实现少数民族语言档案资源管理体系优化配置的过程，其研究结论对于民族地区档案资源协同管理和创新具有启示和参考意义。

陈子丹、范泽龙的论文《少数民族濒危语言的建档问题》阐述了少数民族濒危语言的定义及现状、濒危语言采集记录及数据库建设、少数民族濒危语言建档的目的和任务等问题，指出我国档案界对此还缺乏足够的认识，行动上也没有采取切实有效的措施来采集、记录和立档，因此有必要加强少数民族濒危语言建档问题的研究，以指导这项工作尽快开展。

　　饶敏的论文《濒危少数民族语言的档案编制工作探究——以濒危语言贵琼语为例》基于作者长期的语言调查实践，以四川省甘孜州康定麦崩乡的少数民族濒危语言——藏缅语族贵琼语为例，结合濒危语言研究的最新理论，探讨濒危少数民族语言的档案编制工作。将濒危语言档案编制工作划分为五个步骤，即口语语料的录制、数字化、分析、留存及传播，并探究这五个步骤中涉及的问题及应对措施。

　　陈子丹、郑宇、武泽森的论文《我国少数民族濒危语言建档的几点思考》论述了我国少数民族濒危语言建档现状及不足、主体和思路、对策和措施等内容，认为我国有声语档建设还处于初始阶段，存在诸多问题。有必要进一步明确建档主体和思路，在语档语言学指导下开展资源整合和规范化、数字化立档实践，力求做到语档留存与语档留全。

　　陈子丹、黄燕玲的论文《少数民族濒危语言建档开发研究》阐述了少数民族濒危语言建档开发的现状、目标任务、战略构想等，认为我国濒危语言有声语档建设已取得了初步进展，研究成果不断涌现，但也面临诸多困难和挑战。新形势下加强少数民族濒危语言建档开发工作，需要在明确目标任务的基础上，从原则、方法、思路、措施等方面提出系统的战略构想。

　　姜晓娜的论文《我国濒危方言语料档案建设研究》认为目前方言语料档案资源的保护状况不容乐观，主要存在语言档案管理机构建设不健全、原始语音信息缺乏、音质保真度低、语料资源非共享等问题。为此，应当借鉴档案学及语言学的理论，从规范语料采集程序、构建专业化档案信息处理体系、采用多模态语料档案保存路径等方面入手，延伸与补充文献档案功能，监测区域语言生态，延长方言的生命周期。

　　肖自辉、彭婧的论文《论濒危语言语档的大众化、现代化和产品化》基于"语言资源记录工作、濒危语言语档建设，必须从单纯的保存和典藏转移到以语言资源利用的语言服务轨道上来"这一思想，提出濒危语言语档建设应走向大众化、现代化和产品化。认为濒危语言语档不是调查记录者的个人资源，而是语言族群的资源、民族资源、社会资源、国家资源。因此，濒危语言有声语档的建设要防范陷入"重藏轻用"的误区。语档资源要想共享和服务社会，就必须走大众化、现代化和产品化之路，只有这样才能真正实现语档资源的社会价值。

陈子丹、杨霞、黄洛锋的论文《少数民族濒危语档资源开发利用的思考》从成果、不足、思路、措施四个方面探讨了少数民族濒危语言档案资源的开发利用问题。认为我国少数民族濒危语言的建档保护虽已取得了初步成效，但濒危语档资源开发利用工作尚未开展起来，存在诸多问题。有必要进一步明确开发利用现状和不足，积极探索少数民族濒危语档开发利用的方法和技术，研发形式多样的少数民族濒危语档文化产品，创新少数民族濒危语档开发利用机制，构建少数民族濒危语档社会服务体系，实现少数民族濒危语档信息资源共享。

综上所述，少数民族濒危语言档案研究的成果主要有学术专著、期刊论文、学位论文、科研项目、软件工具、语料库（数据库）等，研究内容主要涉及文献记录语言学（语档语言学）、少数民族濒危语言有声语档建设、少数民族语言信息资源、少数民族语言电子文件、中国濒危语言档案馆构建以及少数民族濒危语言档案资源建设、管理、开发利用等方面。从目前的状况来看，虽然少数民族濒危语言档案资源建设与开发利用已取得了初步成果，但这些工作还停留在学术研究层面，缺乏案例分析和实证研究。国内学界对于濒危语言有声语料的采集、记录和建档，从理论到实践尚未达成共识，也没有开展真正意义上的濒危语言有声资源记录和保存工作。

语言流失是语言濒危的主要成因，研究濒危语言档案化建设与开发问题，不仅有助于濒危语言资源的保护和语言文化遗产的传承，而且有助于正确认识濒危语言档案的珍贵价值及社会功能，为制定语言保护政策、语言发展规划、语言工作计划提供参考。目前我国围绕濒危语言科学保护和语档资源建设开发的研究已初步展开，但相关的高质量成果还较少，在当前濒危语言迅速消亡、少数民族濒危语言危重程度不断加剧的语言生态环境下，亟须多学科、多领域、多主体的交叉融合协作，加大科研攻关的力度，以产出更多更好的理论成果来指导实践工作的开展。

三 代表性学者和机构的科研成果

（一）范俊军的学术贡献

范俊军先生是我国新生代的语言学者，他在长期从事汉语方言及南方少数民族语言、现代语言技术的教学科研工作中，时刻关注濒危语言资源的规范、整合、共享、服务，特别是濒危语言有声语档建设问题。十分重视理论与实践的有机结合，从实践中求真知，从真知中出灼见，在少数民族濒危语言立档开发方面多有建树，为我国少数民族语言文化遗产的保护和传承做出了持续的努力。

1. 学术简历

范俊军（1963— ），男，湖南省郴州市桂阳县人，博士，曾任《暨南学报》副主编，现任暨南大学文学院中国语言文学系汉语方言研究中心研究员、博士生导师、中国民族语言学会副会长、暨南大学城镇民族社区语言服务与教育研究中心主任、"一带一路语言工程联合研究所"所长等职。主要研究方向为五岭地区汉语土话及南方少数民族语言、现代语言技术。迄今已发表论文（译文）50余篇，出版专著、译著、词典、教材10部。主持完成国家社科基金重大、重点项目，国家语委项目、国家民委项目、广东省社科规划项目、广东省人文社科重点研究基地重大项目、广州市社科规划基金项目、暨南大学学术创新团队重点项目、英国伦敦大学委托项目等多项。

2. 相关研究领域的学术实践

范俊军是我国较早进行岭南土话调查研究的学者。21世纪初开始关注汉语方言土话和少数民族语言濒危问题，在国内率先提出引进和创立语档语言学，致力于以服务语言族群和语言资源利用为目标的语档语言学实践活动，注重全面采录原声态语料，强调语料数字化立档和永久保存，重视语言资源社会利用和技术服务。

关注语言濒危生态环境以及数字多媒体、移动通信技术下的语言生态监测、濒危语言抢救和保护、语言资源的技术开发和推广利用等问题，提出语言生态监测和少数民族语言数字遗产保护学说，建立濒危语言记录的数据规则和立档规范，参与拟定濒危语言有声资源采录、立档的标准和规范，现已完成《濒危语言基本情况描述主题词表》、《濒危语言有声资源立档元数据》、《濒危语言有声语料通用调查表》（词汇调查表、语法例句调查表、日常用句表、话语主题表）、《话语转写标注规范》、《有声语料数据及采录技术规范》、《中国少数民族濒危语言有声资源记录与立档规范》，还建立了分布于岭南四省区的方言资源监测站，并提供数字网络的方言资源存储器服务。① 研发语言技术工具，主持设计并与技术专家合作研制有声语料采录的软件工具，如 Fieldsoud（田野之声）、Sonicfield、Sonifbook、Sonifdictionary 等系列软件，获得计算机软件著作权。

关注濒危语言资源的保护利用，特别是少数民族濒危语言有声语档建设问题，首次提出濒危语言有声语档建设的观点，即运用多媒体技术记录濒危语言，建立永久性有声语档，并发表一系列专题论文，如《少数民族濒危语言有声语档建设初探》《少数民族濒危语言有声语档建设再论——OLAC 技术规范及其适应性》《少数民族濒危语言有声语档建设三论》《少数民族濒危语言有声语档建设四论——关于语料采录和加工、技术培训等问题》《面向少数民族濒危语言的语档语言学》《少数民族语言数字遗产的保护》，编（译）著《联合国教科文组织关于保护语言与文化多样性文件汇编》（民族出版社，2006）、《语言调查语料记录与立档规范》（暨南大学出版社，2011）、《濒危语言有声语档建设研究》（广东人民出版社，2015）等，在语言学界产生了很大影响。

关注濒危语言调查记录的理论方法以及抢救保护实践，致力于跨学科合作，开展濒危语言保护技术研究，促进民族语言文字工作现代化、大众化、社会化。开展濒危语言资源开发和社会服务，作为首席专家主持完成广东省文化产业基金项目“广东方言文化多态传播教育工程”（2015）、“海上丝绸之路语言服务工程”（2016），主编《广东方言大众学习丛书》（10 种）、《一带一路大众语言学习（数字）丛书》（10 种）、《畲语课本》（2 册）、《广东博罗畲语 800 句》、《濒危语言多媒体数字博物馆丛书》（10 种，将出）、《少数民族语言大众学习丛书》（10 种，将出）。

编写出版高等学校语言学教材《中国田野语言学概论》《多媒体语料转写标注教程》。

3. 有声语档建设的主要成果

（1）《少数民族濒危语言有声语档建设初探》一文对语档建设的基本原则、有关规范、相关权益做了初步探讨，认为语档建设的目的在于满足语言族群保持和恢复语言的愿望和要求，适应社会对语言资源的开发利用

---

① 范俊军. 少数民族濒危语言有声语档建设再论——OLAC 技术规范及其适应性［J］. 西北民族大学学报，2010（6）：109.

需求。语档建设应遵循大众化原则、全面性原则、标准化原则、以话语为中心的原则和持续性原则。当前，应就语档语料的构成，有声语料的转写、翻译和标注，语档体系框架和元数据，语档产品及质量等问题进行研究，并拟定相应规范和标准。此外，应充分关注濒危语言族群对语档资源的知识产权诉求。

（2）《少数民族濒危语言有声语档建设再论——OLAC 技术规范及其适应性》一文对国外"开放语档联盟"及其标准和规范进行介绍，进而分析其对濒危语言有声语档建设的适应性问题。作者认为 OLAC 基于语言资源数字网络化立档制定的一套技术规范和建议性文件，对于制定我国濒危语言有声语档建设的语料类型标准、语言编码标准、数据格式标准和内容描述规范，有重要的参考价值。应充分吸收借鉴这些标准和规范，结合语言国情，进一步补充和完善。少数民族濒危语言田野调查者应破除本位主义观念，依照统一的理论规范和实践规程，进行有声资源的采录与立档，把语言资源无私地奉献给社会。

（3）《少数民族濒危语言有声语档建设三论》一文从语料采录问题及其解决途径、语档信息网络平台的构建、濒危语言有声语档的产品开发三个方面论及濒危语言有声语档建设问题。认为应将制定拼音文字方案和书写符号系统、编制音节表以及建立音节发音库和词音库作为语档建设的主要内容。濒危语言语档要建设成为一种语言资源服务体系，在实践层面需要解决如下问题：有声语料的持续采录和积累、语言产品开发、信息网络平台及其服务类型和服务方式的构建等。

（4）《少数民族濒危语言有声语档建设四论——关于语料采录和加工、技术培训等问题》一文从濒危语言活态口语的采录、濒危语言口语的转写和标注、开展濒危语言语档建设的技术培训三个方面探讨濒危语言有声语档建设问题。认为活态口语的采录应在遵守田野伦理的前提下，围绕现存活态话语事件，采用多种方法，录制题材和体裁多样的口语语料，并确保录音质量符合国际二级标准。转写和标注应能较好地反映语言系统特征，并尽可能体现传统环境知识。目前应尽快制定濒危语言口语标注规则，对国内外转写标注软件进行测评和优选，同时还要积极开展濒危语言口语采录和立档方面的专门技能培训，在濒危语言调查研究领域推广语言资源记录和立档方面的知识和技能。

（5）《中国濒危语言有声语档数据规则》一文从濒危语言语档的数据构成、语料数据文件格式、语档音像数据质量标准、语料采录和数据处理工具、音像语料采录环境和设备匹配规范五个方面阐述了中国濒危语言有声语档的数据规则。该规范适用于中国濒危语言的记录和建档，也可作为中国语言田野调查记录和语料处理的参考准则。

4. 关于濒危语言保存保护的核心观点

（1）语言记录和语料保存：面向知识—交际的语料模式

面向知识—交际的语料模式包括知识—交际语料记录模式（简称"知识交际记录模式"）和知识—交际语料罗列模式，前者是以母语人为本位的模式，它围绕濒危语言社群的本土知识和现实生活交际来采集语料；后者既是语料集成和呈现方式，也是语料呈现形态，还是语言描写观。濒危语言的保存和保护，重要的是语料罗列，而不是描写和分析。保存了原态语料，才可能进行多用途开发和价值拓展。

（2）语言服务和语言产品：创新应用研究

能否为语言社群提供语言服务，是衡量濒危语言保存和保护实践的重要标准。对濒危语言研究者来说，什么研究和实践才算语言服务？服务方向在哪里？这是理论和实践的首要问题。濒危语言的纯语言学研究（历史比较、类型学研究、生成语法分析、实验语音分析等）都不是语言服务，只有真正的应用研究才是语言服务，而真正意义上的应用研究就是研究成果能转化为语言产品，或成果本身就是语言产品形态。面向濒危语言社群的语言服务就是为濒危语言社群的语言学习和传承服务，为濒危语言在当下生活中的运用服务，为公众学习、了解和传播濒危语言及其文化知识服务，而最好、最有效和最直接的语言服务就是为濒危语言社群创作、创造和研发系列语言产品，如语言教育资料、多媒体学习用品、信息生活产品、文化娱乐作品等。

（3）正视现实和共享资源：面向保护实践

应特别关注民族社区多语消长的现实和潜在态势，而不是从一时多语并用或兼用的"语言和谐"表象误判其发展。认识到这一点非常重要，因为对语言濒危状况的误判可能造成学界和社会对语言濒危意识的淡化，导致濒危语言调查研究的迟滞，语言资源的闲置或废弃，以及濒危语言保存和保护工作的延误。

资源共享不是濒危语言研究者个人之间的资料交换、传递和参阅，也不是在语言学小圈子里发布，而是面向语言社群和公众的自由获取、便捷访问、广泛传播和有效利用。濒危语言社群和公众必须拿得到、听得懂、看得明、用得着，这才是真正的资源共享。要真正实现资源共享，濒危语言研究者需要对自己惯常的思维方法和研究框架有所抛弃，绝不能以濒危语言的语言学研究取代濒危语言的保存保护研究，绝不能把惯常的描写分析当作濒危语言的保存保护实践。

濒危语言资源不是部门或个人的私有资产，而是国家资源、社会资源、大众资源，语言学界相关机构和个人，尤其是少数民族濒危语言田野调查者，应破除文本主义思想，打破个人版权所有的错误观念，从保护民族语言资源的战略高度出发，加强无私合作，将濒危语言记录资源交给公共文化服务机构，并依照统一的理论规范和实践规程，搞好有声语档资源的采录与立档，把各自的语言资源无偿地奉献给社会。

（4）学术责任和道德良知：回报语言族群

单纯为语言学研究而调查研究濒危语言，背离了学术的责任和伦理。换句话说，调查和研究濒危语言是为了濒危语言社群的人民。我们因调查研究濒危语言而获得学术利益，就应该回报濒危语言社群，这是之所以要特别关注濒危语言的唯一伦理阐释。不仅濒危语言研究者应有受惠良知和学术责任，所有语保人在受惠于语保工程的同时，都应努力将这种普惠分享和传递给语言社群，而不是完成项目之后置身于事外。

（5）理论创新和实践转向：应对挑战的唯一出路

国内少数民族濒危语言调查记录，总体上仍然沿着惯常的工作路线，使用惯常的方法和手段，有的方法和手段甚至成为濒危语言调查研究的思维定式和工作习惯，因此，濒危语言调查记录的方法和手段应当创新。应对挑战的唯一出路，就是摆脱惯常的学术思维定式和工作习惯的桎梏，推动濒危语言调查记录的理论创新和实践转向。

（二）白碧波、许鲜明的学术贡献

云南玉溪师范学院的白碧波、许鲜明两位教授依托云南丰富的少数民族语言资源，大力开展保护和传承濒危语言及衰退语言的教学科研工作，坚持不懈地到边远少数民族村寨采录原始语言材料，编写出版了多部专著和合著，如《元江县因远镇语言使用现状及其演变》《哈尼语话语分析》《搓梭语研究》《撒都语研究》《语言资源的保护与传承》《云南玉溪撒都语》等。

许鲜明教授从 2009 年开始从事少数民族语言文化、濒危语言研究和语言应用软件开发与应用工作，培养了一批少数民族语言研究和语言软件使用人才。迄今已在国内外出版个人专著、合作、编著等 10 余部，在国内外学术期刊上发表学术论文 30 多篇。2000 年以来，她与澳大利亚拉筹伯大学语言学系大卫·布莱德雷教授合作，开展联合国教科文组织濒危语言遗产保护项目。2010～2013 年主持英国伦敦大学亚非学院汉斯·罗森濒危语言记录基金"濒危语言文献资料保存"（The Endangered Languages Documentation Programme，ELDP）大型项目"中国云南濒危撒都语言文化记录"（项目编号：MDP0209），2010～2012 年主持完成教育部人文社科研究项目"云南彝族山苏语研究"（项目编号：10YJA7401110），2004～2009 年参与完成国家社科基金项目"民族杂居区的语言关系研究"，参与完成的学术专著《元江县因远镇语言使用现状及其演变》获云南省哲学社会科学优秀成果（专著类）二等奖。2012 年被玉溪师范学院授予 2008～2012 年度"科研标兵"，是云南省第一批哲学社会科学创新团队"云南濒危语言记录与研究"创新团队的主要成员之一。①

在人才培养方面，两位教授通过社会集资方式，在玉溪师范学院和哈尼族村寨举办了多期哈尼文培训班，并在红河州绿春县阿倮那村建立了哈尼语文培训中心，亲自上讲堂授课，教会当地农民使用电脑，自编哈尼文教材，编辑汉文－哈尼文双语读物，培养出一批既有汉语文化功底，又能熟练使用哈尼文写作、能记录和翻译汉文和哈尼文双语文献的人员。2003～2013 年，白碧波和许鲜明举办了 4 期哈尼文和电脑应用技术培训班；2010 年在玉溪市红塔区洛河彝族乡梅冲村、红塔区灵秀村建立了"中国云南濒危语言遗产保护研究基地"；2014 年在元江县因远镇建立了"云南濒危语言典藏基地"和"民族语言抢救与文化体验培训学校"，前者主要用于云南濒危语言遗产保护与传承和云南濒危语言有声语档建设与研

---

① 刘云卿. 拯救濒危语言　保护语言文化的多样性——记"云南濒危语言记录与研究"创新团队 [N]. 玉溪师范学院报，2013－04－05（3）.

究，以及开展语言档案编制和语言复兴，后者依托云南丰富的少数民族语言及东南亚湄公河次区域民族语言文化多样性的资源优势，对国内外高校师生和研究人员进行语言资源保护、研究、记录与典藏技术培训，开展少数民族语言与文化调查、教学实训等活动。① 这是他们坚守在这个领域并付出辛勤汗水取得的成绩。

在学术交流与合作方面，两位教授利用他们在美国、英国、波兰、澳大利亚、泰国讲学时结识的同行人脉，以及与国内外高校联系多的有利条件，经常讨论切磋学术研究中遇到的问题，积极为玉溪师范学院与国内外高校搭建起学术合作的桥梁，举办各种有特色的国际学术研讨会，开展广泛的学术交流和合作研究。2005 年 12 月，玉溪师范学院与泰国清莱皇家大学共同主办了首届湄公河次区域民族研究—民族文化与区域发展国际学术研讨会，建立了湄公河次区域高校联盟，发表了《玉溪宣言》。2005 年、2006 年、2010 年 6 月、2014 年 10 月、2015 年 10 月，玉溪师范学院与澳大利亚拉特罗布大学合作，成功举办了五届"中国·云南濒危语言遗产保护国际学术研讨会"，来自国内外的多名知名专家学者出席会议，共同探讨中国云南少数民族濒危语言遗产保护与可持续发展问题，会后出版了 4 本会议论文集。

多年来，两位教授一直坚守在抢救保护濒危语言的岗位上，不计得失、不计报酬、甘于奉献、默默无闻地辛勤耕耘、努力工作，其精神令后学感动。期望他们挚爱的濒危语言保护事业在经济大潮、社会大融合中得到社会更大的关注和支持，并在维护语言文化多样性中绽放光彩。

（三）玉溪师范学院濒危语言研究中心

在全球化、城市化的进程中，少数民族语言正快速衰退，有的面临濒危和消亡。据联合国统计显示，世界上的 6000 多种语言中，有一半多已处于高度濒危或消亡状态，平均每年有 24 种语言消失。其中，很多语言从未被系统深入地记录研究过。

云南地处我国西南边陲，与越南、老挝、缅甸三国接壤，多种文化在

---

① 孙贵升. 抢救传承少数民族语言——元江县民族语言抢救与文化体验培训学校的探索与实践 [N]. 民族时报，2020－04－15 (3).

此交融叠合，有十分丰富的语言资源，是我国语言资源的"富矿"地区。但从云南目前的情况看，大部分少数民族语言存在不同程度的衰退，有的甚至濒危严重。因此，对云南濒危语言的记录与保存迫在眉睫。

玉溪师范学院领导认识到高校抢救保护濒危语言文化责无旁贷。近二十年来，积极支持开展濒危语言文化保护研究工作。在机构设置方面，不仅成立了专门的语言文化研究机构——濒危语言研究中心，还建立起"云南濒危语言有声语档建设重点实验室"，主要采录云南的濒危语言。学校花大力气建立这个实验室的目的是按照国际标准采录濒危语言，以确保濒危语言有声语档永久保存。目前我国濒危语言研究中的数字化手段应用还不能与国际接轨，存在典藏技术标准既不规范也不统一、大多数典藏质量达不到永久保存的要求以及典藏数量严重不足等问题。

2010 年，许鲜明教授和团队人员专门去英国伦敦大学接受了相关培训。在各方力量的支持下，重点实验室购买了先进的语言存档设备，拥有一支由 4 名专职人员和 20 多名学生组成的研究队伍，并通过各类课题实践，逐渐掌握了一套融语言采录、转写、翻译、标注，文本、音视频同步数字化处理为一体的濒危语言有声存档专业技术。

目前，重点实验室已具备从事以下工作的基础：采录云南濒危少数民族语言，进行同步标注；建立有声语言材料库；开发濒危语言记录与标注软件；开展濒危语言记录与保存技术标准研究。

实验室采用的语言存档国际标准技术包括 7 个层面，分别为：序号、国际音标、拼音方案、汉语字义、英语字义、汉语意译和英语意译。

现在实验室已经完成了 9 种云南濒危语言的存档工作，这 9 种濒危语言的使用人数都不到 500 人，有的使用人数只有七八十人。实验室还采录到已流失国外现存于法国国家图书馆的古彝文，并进行数字化的有声存档。已记录保存的这些语言材料，不仅承载着许多文化信息，还呈现出一些生理物理方面的信息，比如发音、表情、动作等，这些信息可为专家、学者提供基于生理声学的语音数字化的研究资料。今后，实验室还将开展设计濒危语言拼音方案，编写同步有声教材、工具书，开展濒危语言双语教学师资培训等工作。

在学术团队建设方面，2011 年白碧波研究员领衔的"云南濒危语言记录与研究"创新团队（团队成员有白碧波、许鲜明、杨艳、刘艳、杨文学、季红丽、石常艳、陈飔等）获云南省首届哲学社会科学创新团队立项资助，标志着该团队以"十年磨一剑"的精神，在不断磨炼中凸显有云南特色的研究领域。团队成立后，立足云南本土，依托云南丰富的少数民族语言、方言资源以及东南亚湄公河次区域民族语言文化多样性的独特优势，以高度的责任感和使命感，积极开展云南濒危小语种的调查和记录工作，独立完成边境地区少小民族的濒危族群语言的采录、整理、存档和有声语料数据库建设，为推动云南濒危少数民族语言的抢救与保护，维持语言文化的多样性做出了突出贡献。在学术发展中，该团队逐渐在社会语言学、描写语言学、记录语言学等方面形成具有区域特色的学科优势，受到国内外学术界关注。

在科学研究方面，参与完成国家社科基金项目"民族杂居区的语言关系研究"、教育部人文社科研究项目"山苏彝语研究"、云南省教育厅项目"玉溪辖区哈尼族语言文化研究"和"哈尼语话语分析"等，其研究成果丰硕、成绩斐然。他们承担的英国伦敦大学亚非学院濒危语言典藏项目——"中国云南玉溪濒危撒都语言文化记录"（Linguistics and Cultural Documentation of Urgently Endangered Sadu Language in Yuxi City, Yunnan Province, China）有声语档保存，不仅获得评审专家组的高度评价，而且其所掌握的录音技术、方法、软件标注等，目前处于国内领先水平，并引起了国内外媒体的关注。团队成员先后接受了《香港文汇报》（《濒危语言如"阳光下的酥油茶"》）、《环球时报》（《通用语不能吃掉少数民族语》）、《香港商报》（《拯救濒危语言 留住祖先的声音》）的在线采访。《中国民族报》刊登《为了让濒危语言留存 500 年》。《云南日报》刊登《濒危语言的守护者》一文，介绍了"云南濒危语言记录与研究"创新团队的工作情况。新发现语言系列丛书《撒都语研究》的出版，标志着玉溪师范学院的少数民族语言本体研究有了一定深度，同时也向学术界提供了一些鲜为人知的重要学术信息。

在人才培养方面，自 2012 年以来，玉溪师范学院多次开展了面向全校师生的"云南濒危语言有声资源采录技术"培训，邀请国内外著名语言学家戴庆厦、孙宏开、黄行、范俊军等教授到校内进行学术指导。学术交流不仅打开了学术视野，而且使学员的理论知识和实践技能得到不断提高。通过项目实践不仅培养了一支开展少数民族语言调查研究的团队，而且建立起一支强大的教学科研团队，团队成员杨艳、刘艳、季红丽、石常艳、曹冰雪等一批青年教师已成为抢救濒危语言的骨干分子，并多次与澳大利亚拉特罗布大学、墨尔本大学，泰国清莱皇家大学、程逸皇家大学、南邦皇家大学、蒙福学院开展友好合作和学术交流活动。2012 年团队成员杨艳考取上海师范大学博士研究生，跟随潘悟云教授学习。2008 年以来，她参与了中央民族大学戴庆厦教授主持的国家 985 语言国情调查、跨境语言调查以及白碧波、许鲜明主持的各类项目，从项目参与到主持云南省教育厅重点项目"语言接触后少数民族学生的中介语研究"，教育部人文社科研究西部项目"汉、英、彝语支语言差比句语序对比与少数民族学生三语习得研究"，一步一个脚印向学术高峰迈进。沐华是峨山县大西彝族山苏人，是彝族山苏人中的第一个大学本科毕业生。读本科期间，他就表现出对民族语言文化研究的浓厚兴趣，其组队申请的大学生科研项目"峨山大西彝族山苏人穆克玛仪式的调查研究"获得立项，他还参与了张雅音博士主持的"彝语方言通解度研究"项目，在参与英国伦敦大学项目和教育部项目过程中也得到了很好的锻炼。2012 年，他考取暨南大学文学院硕士研究生，攻读中国少数民族语言文学专业，成为彝族山苏人中的第一个硕士研究生。

第三节　少数民族濒危语言建档开发的构想

濒危语言建档开发是保护和传承语言文化遗产的有效手段之一。近年来，我国濒危语言有声语档建设已取得了初步进展，研究成果不断涌现，但也面临诸多困难和挑战。新形势下加强少数民族濒危语言建档开发工作，需要在明确目标任务的基础上，从原则、方法、思路、措施等方面提出系统的战略构想。

少数民族濒危语言的建档开发是指基于国家语言文字事业发展规划和语档语言学的理论、方法，运用现代信息技术对其进行全方位的记录和永久的保存，以满足少数民族濒危语言使用民族/族群进行语言恢复振兴、语言学习研究及其他相关方面的需要。除了具有主动性、专业性和复合性特点外，少数民族濒危语言的建档开发更强调尊重语言使用民族/族群的意愿，以他们的现实和长远需求为立足点开展工作。由于当今语言生态环境的日益恶化，少数民族语言的濒危程度和范围不断增大，建档开发的紧迫性显得尤为突出。

一　少数民族濒危语言建档开发的意义

（一）为学术研究提供第一手资料

少数民族濒危语言资源库的用户大多是科研人员，他们利用大数据分析工具对资源和利用情况进行统计和聚类分析，可以总结和挖掘大数据背后的规律，为语言学、民族学、历史学、文化学等学科的学术研究提供第一手资料。通过分析用户检索词的学科属性来拓展研究领域，统计资源中时间和事件的对应规律，可以总结少数民族历史发展过程中文化创新的规律，挖掘用户访问的热点知识，可以为学术研究指明方向。

（二）使少数民族语言的保护和传承更加科学化

对数据结构和用户行为的分析，可以指导少数民族语言文化遗产的保护和传承工作。以彝族濒危语言资源为例，一是根据大数据分析结果，可以优选采录对象，筛选出重点保护语种、保护族群和保护区域进行抢救性采集，比如找出访问量最大的专题模块，检索频率最高的关键词、热点资源和发音人进行重点采录，从而指导数据库建设中的数据采集工作。比如分析资源的主题和地域及数量情况，可以发现资源的分布规律，指导资源的采集和更新，使数据库的资源体系不断优化。

（三）为馆藏资源的智慧化利用打下基础

首先，根据用户访问数据统计，可以得出访问的流量情况和受访情况。利用这些数据，可以完善数据库服务平台，优化检索策略。比如通过数据找出用户访问量最多的栏目、数据条目或字段，完善检索库和索引库，自动推送热门资源，发现数据之间的关联，完善语义检索策略。其次，大数据也是资源，是智慧化利用的基础。运用大数据思维开启智慧化利用，可以创新服务方式，提高资源利用率。比如利用各种大数据统计分析的结果支持少数民族濒危语言资源和语言文化的智慧化宣传展示，为其提供数据支持。

二 少数民族濒危语言建档开发的现状

(一) 取得的成就

我国少数民族语言调查工作始于 20 世纪五六十年代在全国范围内开展的大规模少数民族语言调查，编写了"中国少数民族语言简志丛书"，抢救了一批濒危语言文化遗产，保存了一些少数民族语言材料。[①]

20 世纪 90 年代后，录音、录像技术的普及和应用有力地推动了传统语言调查记录的发展，我国民族语言学界也开始关注语言濒危问题，先后编写出版了《中国的语言》"中国新发现语言研究丛书"《中国语言生活状况报告》等书。

在几代语言学家的努力下，少数民族语言的调查成果已极为可观，把这批珍贵的资料纳入中国语言资源库（该资源库也可视为语言数字博物馆），使之发挥更大的作用，是当前乃至今后一段时期的重大任务。

1. 成立相关机构和网站

大陆研究机构和语言资源网站有：中国语言资源保护工程网站、暨南大学汉语方言研究中心、中国语言有声资源联盟、中国民族语言研究网、中国社会科学院民族学与人类学研究所。台湾数位语言典藏网站："中央研究院"数位典藏资源网—语言典藏、台湾南岛语数位典藏计划、（高山族）达悟语数位典藏。

2. 开展科研项目研究

由"欧中研究协调机制"（CO‐REACH）三方合作机构，即中国社会科学院民族文学研究所、荷兰莱顿大学莱顿地区研究所、芬兰文学学会民俗学档案馆共同发起的"中欧社会科学合作研究项目（CO‐REACH‐SSR）·口头传统的记录与建档：跨学科研讨"于 2009 年 8 月启动，属于"中欧社会科学合作研究项目"框架下支持的研究主题——文化遗产——领域。项目阐释中明确指出："对物质文化遗产、非物质文化遗产的保护和了解在中国与欧洲都极为重要。关于文化遗产保护、展示和利用方面存在一些共同问题……共同研究开发有利于档案资料和其他历史纪录的保存

---

① 陈子丹，郑宇，武泽森. 我国少数民族濒危语言建档的几点思考 [J]. 档案学通讯，2016
（4）：93.

和传播……"中国、芬兰、荷兰三方合作研究者围绕口头传统田野采录和数字化建档这一课题，分别于 2009 年、2010 年、2011 年在荷兰莱顿、芬兰赫尔辛基和中国北京举办了 3 次研讨活动。这些联合开展的学术实践充分体现了知识共享理念，旨在促进口头传统文化的搜集和建档等问题的对话和交流，以探索建立国际档案化标准的可行性和工作模型，从学术创新层面为相关国家建立口头传统档案库集思广益，为民俗学的田野研究提供新的方法和跨学科的理论视野，为当下文化遗产的保护、研究、利用和传播拓展国际合作的有效路径。

云南省民语委于 2013 年开展了"云南少数民族语言文化保护与社区发展"项目工作。旨在通过开展少数民族语言文化保护传承、政策宣传、科普知识宣传等活动，达到建设、促进民族社区发展的目的。

3. 建设少数民族语言资源

截至目前，针对少数民族地区的需求，文化共享工程已完成少数民族语言资源 14487 个小时，涉及维吾尔语，哈萨克语，朝鲜语，蒙古语，藏语安多、卫藏、康巴方言。其中维吾尔语视频资源 3370 小时，哈萨克语视频资源 2633 小时，朝鲜语视频资源 1470 小时，蒙古语视频资源 1721 小时，藏语安多方言视频资源 1659 小时，藏语卫藏方言视频资源 2464 小时，藏语康巴方言视频资源 1170 小时。成立了新疆、西藏、内蒙古 3 个少数民族语言资源建设中心。①

4. 建立濒危语言数字博物馆

2015 年 5 月启动的"中国语言资源保护工程"（以下简称"语保工程"）对收集记录的少数民族语言和口头语言文化的实态语料进行科学整理和加工，以建成大规模、可持续增长的多媒体语言资源库；对已有的珍贵语言资源进行电子化、规范化加工并入库，逐步建成国内规模最大、技术最先进的中国语言资源大数据博物馆和语言资源采录展示系统。② 暨南大学文学院与广东省博物馆合作共建的"中国濒危语言数字博物馆"项目已正式启动。云南民族大学也建立了民族语言文字博物馆。

---

① 李宏. 公共数字文化体系建设与服务 ［J］. 图书馆研究与工作，2017（1）：6，10.
② 曹志耘. 中国语言资源保护工程的定位、目标与任务 ［J］. 语言文字应用，2015（4）：12 - 19.

5. 举办专门的技能培训

自 2013 年起，中国民族语言学会与暨南大学汉语方言研究中心联合主办了 5 期"中国濒危语言有声资源采录和立档技术高级研习班"，并计划用 3 年时间举办 6 期；云南玉溪师范学院也开办了"中国云南濒危语言有声资源采录技术培训班"。

（二）存在的问题

从上述可知，虽然我国濒危语言有声语档建设已开始起步，各项工作取得了初步进展，研究成果不断涌现。但少数民族濒危语档的建档开发工作尚未进入正轨，对涉及的开放开发、资源共享、长期可读性保障等问题考虑较少；民族语言文字工作机构在语言档案集中管理和长期安全保存方面，还缺乏较为有力的制度和设施保障；档案界对少数民族语言电子文件的管理和利用也缺乏足够的认识，也没有采取切实有效的措施来应对。

1. 资源建设基础还比较薄弱

资源建设是开发利用的基础和前提，如果没有资源，开发利用就无从谈起。虽然目前已有部分相关机构开展了少数民族濒危语言资料的收集整理及语料库建设工作，但总体上少数民族濒危语言资源还比较匮乏，大数据资源建设的基础比较薄弱，且现有的资源大多没有经过标准化和规范化的整理。少数民族濒危语言资源一般以音频文件为主，著录标引是其数据库建设过程中最耗时耗力的工作，大量处于零散状态的资源无法进行大数据分析。各类资源保存机构之间没有形成共建共享机制，无法开展不同机构之间数字资源的区域性整合，这就极大地限制了资源的外围拓展，最终会使得大数据分析结果的普遍性和代表性降低。

2. 开发的内容和形式创新不足

一方面，少数民族濒危语言资源的传统开发模式是以编辑出版图书和音像资料为主，内容偏重于字音、词汇、语法例句和长篇话语，对于其他内容和形式的开发成果很少，比如传统环境知识和现代新兴词语等主题。另一方面，目前的开发形式不符合现代用户的使用习惯，无法满足他们的需求。传统开发模式的信息服务方式比较单一，没有充分利用现代信息技术，数据库资源是以在网站上公布的形式呈现且更新不及时，检索体验和展示效果差，没有考虑移动终端的利用需求，缺乏良好的用户体验，资源利用效益低。

3. 开发利用的智慧化程度不高

首先，传统的利用平台缺乏个性化服务，无法满足利用者多元化的需求。资源保存机构一般以网站的形式提供资源检索和下载，用户获取资源是盲目被动的，无法参与资源建设，资源建设和利用主体之间没有形成良好的互动；其次，资源提供机构未能充分挖掘和利用数据。资源与用户之间没有建立关联信息库，无法提炼和开发利用者的潜在需求，无法充分体现资源的价值；最后，没有实现资源的智慧化管理，利用服务的人文智慧程度不高。比如用户遇到的问题难以及时反馈和解决，资源空间和物理空间没有实现对接，缺乏直观形象的资源宣传和展示。

三　少数民族濒危语言建档开发的目标和任务

（一）目标

以云南省开展少数民族语言资料有声数据库建设工程和实施"云南少数民族语言文字资源库"建设项目为例，通过以点带面的示范性方法，为我国少数民族濒危语言文化遗产的数字化建档与开发利用提供理论参考和业务指导。

将理论分析与案例研究相结合，吸收民族语言研究者、语言文化传承人的研究成果，借鉴国内外濒危语言文献记录存档工作的理论方法与成功经验，整合资源、交换信息、沟通合作，逐渐形成少数民族濒危语言档案化建设及其利用服务的理论特色，用于指导实际工作。

（二）任务

在国家语言文字方针政策和"语档语言学"理论的指导下，以云南省实施"云南少数民族语言资料有声数据库"建设工程和"云南少数民族语言文字资源库"建设项目为例，总结少数民族濒危语言有声语档建设的现状、成就和不足，借鉴国内外濒危语言建档保护的做法和经验，探索少数民族濒危语言数字化建档方法和技术，提出成立"中国濒危语言数字档案馆"的设想和建议，展望"后语保时代"少数民族濒危语言档案价值的开发前景。

1. 调查了解少数民族濒危语言抢录保存现状及不足

分析目前存在的主要困难、问题和不足。如：缺乏相应的规范和标准；工作散乱、各行其是、互不交流，研究成果无法共享；缺乏立法、政策、技术、人才、资金的支持；现有声像存储和保护技术不能满足濒危语言声像档案、电子文件、数字遗产长期有效存取的要求。

2. 研究少数民族濒危语言主动建档理论与实践

明确濒危语言文化遗产的概念和特点；少数民族濒危语言的档案价值和作用；主动建档的必要性、可行性、紧迫性；主动建档的原则（坚持优先发掘利用少小民族、边境民族、跨境民族濒危语档资源的原则）、机制（建立档案部门主导、跨学科人员合作、语言民族/族群全面参与的合作机制）和模式；濒危语言有声语档建设的进展。

3. 探索少数民族濒危语言建档开发方法和技术

探索主动建档与资源整合相结合，建档保护与整合性保护、开发性保护相结合的方法；探讨少数民族濒危语言声像档案、电子文件、数字遗产管理和利用的方法；研发语料采录、整理、分类、编目以及数字化立档和永久性保存的技术；收集社会、民间、个人散存的濒危语言零散语料；建立濒危语言资源档案馆、特藏室、资料库（或多媒体数据库、数字资源库、电子文献中心）。

4. 实现少数民族濒危语言档案价值开发和利用

提出少数民族濒危语言档案价值的开发策略（如举办主题展览、成立语音实验室、建立专门网站，开展濒危语言文献记录的编纂、公布、出版，开发多样化濒危语言档案文化产品，集中举办濒危语言档案宣传活动和文化活动等）；构建少数民族濒危语言档案利用服务体系；搭建濒危语言语档信息网络平台，实现濒危语言数字档案的跨媒体、跨语种共享。

四　少数民族濒危语言建档开发的战略构想

（一）原则

坚持五项基本原则：真实性、完整性、可用性原则；大众化、标准化、规范化原则；全面性、系统性、可持续性原则；"以族群为单元，以话语为中心"的原则；优先抢救保护使用人数少、边境、跨境民族濒危语言档案资源的原则。

（二）方法

（1）调查分析法。调查了解我国少数民族濒危语言档案资源的数量、种类、分布及保存状况，分析少数民族濒危语言文化遗产的损毁原因、保护现状及存在的困难和问题。

（2）吸收借鉴法。学习借鉴国内外开展濒危语言调查记录和有声语档建设的成功经验和做法，包括吸收国外语档语言学的理论体系和学术成果、开放语档联盟（OLAC）制定的立档规范和标准、抢录保存计划和项目、濒危语言档案馆的建立、数字化立档、有声语料库建设、语言档案编制等；借鉴国内一些高校、研究机构建设濒危语言有声语档及语音语料库的实践经验。

（3）交叉融合法。梳理整合语料库语言学、计算语言学、纪录语言学、声像档案管理、档案保护技术的理论方法和研究成果，结合我国语言国情提出科学合理、切实有效的少数民族濒危语档资源建设与开发策略。

（三）思路

（1）理论分析。在前人研究的基础上，通过调查分析、学习借鉴、交叉融合等方法收集相关的研究资料，学习和借鉴云南省在建设"云南少数民族语言资料有声数据库"中取得的初步成果和构建"云南少数民族语言文字资源库"方面的成功经验和做法，从档案化视角对少数民族濒危语言档案资源建设与开发问题进行理论思考。

（2）实证研究。以云南少数民族濒危语言——撒都语档案化建设为例，通过个案研究的方式，探讨少数民族濒危语言档案资源数字化建设的方法和措施，探讨建立少数民族濒危语言文化遗产档案数据库系统的技术和手段，探索少数民族濒危语言档案价值开发利用的机制和模式。

（3）总结论证。对我国少数民族濒危语言有声语档建设工作进行回顾和总结，对扎实推进少数民族濒危语言档案抢救保护的方案和规划进行科学论证；探索少数民族濒危语言档案采集整理、建档保护与开发利用的运作模式，展望少数民族濒危语言档案资源共建共享的发展前景，开创少数民族语言文化遗产保护与传承的新局面。

（四）措施

（1）借助档案部门的优势进行专业化指导，建立起地方政府、语言文字工作部门、档案管理机构和其他相关单位优势互补、协作共赢的工作机制，应用现代信息技术和手段为少数民族濒危语言打造"数字方舟"。[①] 加强理论研究，结合对濒危语言记录资源的调查，构建由科研院所、高等院校、各级民语委参与的理论研究机制，摸清资源现状、掌握前沿动态、明确发展方向。

（2）征集社会上散存的濒危语言记录材料。国内许多语言学、文化学、人类学、民族学研究者和民族语文工作者，在各自的研究工作中都不同程度地采集记录了一大批有价值的语言材料，包括手写文本和音像、视频资料等。这些研究者的录音录像资料不仅数量庞大，而且有可能是唯一留存下来的原始记录。然而大量有声语料散存于并无保管条件的民间个人手中，大多数没有经过有效处理，有的被闲置或废弃，有的已流失或损毁，现在已很难或无法进行数字化处理和再次利用；而且这些珍贵素材大多为私人收藏，很少有人愿意向外界无偿公布个人的录音语料，他人无法获取和利用；加之标准化、规范化意识淡薄，很少有人会对语料进行剪辑，并做完整详细的同步文本转写、翻译、注释和分析，现在已很难开展收集、整理和归档，濒危语言的语音资源流失现象普遍存在。针对当前原始语料保存分散、流失严重、保管无序等问题，当务之急是加强对社会上散存濒危语言资源的整合性保护，开展民间散存记录材料的收集和数字化建档工作，即对民间个人散存的濒危语言材料进行整理归档和数字化转换处理，使其得到永久性保存，并提供更广泛的利用。已经着手或计划建立濒危语言语料库的机构，应当把接收民间濒危语言零散语料及其数字化立档纳入工作内容。

（3）加强少数民族濒危语言的数字化立档。明确数字化立档目的和意义；拟定工作规范和技术标准；采取法规先行、政策支持、技术指导、人才培养、资金投入的保障措施；解决知识产权诉求、信息安全风险、异质异地备份、长期有效存取、专业技术培训等问题；扎实推进少数民族濒危

---

① 赵生辉. 中国濒危语言数字档案馆建设初探［J］. 云南档案，2014（1）：47－48.

语言档案资源数字化建设和少数民族濒危语言文化遗产档案数据库系统建设。

（4）将少数民族濒危语档资源建设与少数民族口述历史、口传文化的抢救保护紧密结合起来，在多元化、多学科领域形成一个研究、保护、开发、利用少数民族濒危语档的合作、交流、互动机制，以便产出更多、更好的研究成果用于指导中国濒危语言有声语档建设工程的实施。

（5）构建濒危语言建档开发的理论基础。一是现有的基本理论、方法和技术不成熟、不完善、不系统，过于偏重语言学方面的研究，缺少档案学研究视角和档案学专业知识的支撑；二是可以借鉴的经验和做法太少，相关的研究成果和资料匮乏，跨地区、跨部门、跨学科的合作交流不够。因此迫切需要建立和完善少数民族濒危语言建档与开发的理论体系，从理论和方法上实现濒危语言建档开发的三大转变：一是濒危语言的调查记录应充分借鉴"语档语言学"的理论成果和实践经验，从个人纯学术性研究转向适应社会多元需要的实践应用；二是语言资源的采集记录、濒危语言语档建设必须从单纯的以保存和典藏为主转移到以语言资源传播利用为主的语言社会化服务轨道上来；三是濒危语言的学术研究应从传统的语言学描写转向有声资源的记录和立档保存，并提供更广泛的利用。

（6）加强少数民族语言电子文件管理和利用研究

强化中国少数民族语言电子文件集成管理的体系架构、中国少数民族语言电子文件管理、少数民族语言电子文件的分类编码问题、中国少数民族语言电子文件双语著录、中国少数民族语言电子文件跨媒体共享策略、基于"多元一体"架构的少数民族语言电子文件管理体系、中国少数民族语言数字档案馆的建设构想、中国少数民族语言档案资源协作管理战略构想等一系列专题研究。

第四节　赫哲族语言文化遗产建档研究的设想

赫哲族是我国人口较少民族之一。"赫哲"一词在赫哲语中有"下游"和"东方"之含义，世居松花江、黑龙江和乌苏里江流域，其中绝大部分居住在黑龙江省，主要聚居区有黑龙江省同江市街津口赫哲族乡、八岔赫哲族乡，饶河县四排赫哲族乡和佳木斯市郊区敖其民族村。赫哲族只有语言没有文字。赫哲语主要靠老人口头传承，靠伊玛堪歌手的说唱传承。另外，在长期与相邻民族的交往中，受其影响，赫哲语中带有从其他民族借入的词汇。自 20 世纪 80 年代以来，由于受诸多社会因素的制约，赫哲语的使用人数减少、使用范围缩小、使用功能降低、语言结构特点发生变化，目前已处于濒危状态，属于 E 类（极度濒危型）。赫哲人日常通用汉语，说本民族语的赫哲人已不多见，只有少数几位伊玛堪歌手还在用赫哲语传唱伊玛堪。本节以赫哲语为个案，对赫哲族语言文化遗产的建档研究进行初步设想。

一 赫哲族文化遗产保护和传承的研究现状

在中国知网（CNKI）上以"赫哲族"为主题进行搜索（时间不限），共检索到 1381 篇文献，相关论文呈现逐年递增的趋势，这说明赫哲族研究不断受到关注和重视，通过对这些文献的研读和筛选，可以发现相关研究主题多以赫哲族的各类文化遗产为主，另外赫哲族文化与旅游开发有密切的联系，也成为赫哲族研究的热点。但不难看出，在现有的研究中没有形成固定的研究群体，研究的主题也较为分散，研究的深度不足，多数研究停留在就现象谈想法的层面。对此，有必要从赫哲族语言文化遗产建档保护的角度探讨赫哲族历史文化的传承和发展问题。

语言是一个国家或民族的文化载体，是民族自我认同的秘密武器，也是民族标记的第一特征。语言文化遗产是优秀传统文化中的重要非物质文化遗产。当今世界上现存的语言虽有 6000 多种，但其中超过 5000 种都是没有文字形式的口语，一旦消亡将永远不可再生。有学者指出，按照现今的语言消亡速度，到 22 世纪末全世界将只剩下 3 种语言：汉语、英语和乌尔都语。联合国大会于 1993 年正式通过了《濒危语言法案》，并将 1993 年确定为"抢救濒危语言年"。① 国内外都非常重视对濒危语言的保护和开发利用。采用"建档"的办法，也是国内外认可且具有法律依据的有效方式。前期通过实地走访同江八岔赫哲族乡，看到这里已建立起赫哲族博物

---

① 复旦文化遗产保护系列讲座 05：语音文化与语言遗产［EB/OL］．（2017 - 03 - 16）．www. chm. fudan. edu. cn/ba/6f/c11432a113263/page. htm.

馆、赫哲族文化风情园，但民族文化保护的效果不是特别明显，加之赫哲族没有文字，导致本民族语言随着老人的离世而逐渐面临消失的危险。据了解，同江市、佳木斯市档案局（馆）历史上留存下来的文字记录、档案资料非常少，民族古语几千年来仅靠一代代人口口相传才得以延续，如今已濒临消亡，赫哲人也因此缺少民族的根基和自信心。

　　基于此，本研究将深入赫哲族聚居地区——同江市、佳木斯市开展赫哲族文化保护和传承工作，使赫哲族最具代表性的、优秀的民族文化——语音文化和语言遗产得到应有的重视和保护，让活态的、易逝的社会历史记忆固化为语言档案进行管理和利用；深入八岔赫哲族乡了解语言调查工作开展的现状以及存在的现实问题，不断改进赫哲族文化遗产保护的对策和措施，最终使赫哲族通过语言资源的数字化，以及文创产品的开发、语言知识信息的传播等形式，达到保护、传承以及创新发展民族文化，增强民族自信心和认同感，守护赫哲人精神家园的目的。同时将产出的研究成果无偿赠送给当地的民宗局、档案馆以及赫哲族乡，这对于赫哲族语言文化遗产的保护和传承以及可持续发展都有一定的推动作用，同时也为其他少数民族文化遗产的保护路径提供借鉴和参考。

二　学术价值和应用价值

（一）学术价值

　　本研究的主要对象——"赫哲族语音文化和语言遗产"既是语言学、民族学、人类学的研究对象，也是社会学、口述史学、文化遗产学等人文社科领域学科共同的研究课题。本研究将从社会学的社会记忆视角探讨语言文化遗产建档保护的问题，以记忆和文化为研究基点，运用民族档案学理论和方法，建立语言文化遗产档案，最终实现建构民族共同记忆、保护和传承民族文化的学术使命；本研究将立足民族档案学，采用为语言文化遗产主动建档的方法，达到传承和发展民族文化的目的，体现民族档案学的社会价值和理论创新的发展方向；本研究力图对极度濒危的赫哲语进行采集、加工和整理，使赫哲语信息得以开发和利用，使语言遗产和口头文化得到更好的保护和传承，并为相关的分析研究提供语料资源保障，推进新时期濒危语言档案学的创建发展。

（二）应用价值

1. 保护和传承民族传统文化，增强民族文化自觉

赫哲族作为人口较少民族，其重要的文化象征和身份认同集中体现在语言文化中，语言文化遗产作为民族文化深层次结构中的精髓，是民族生存发展不可替代的信息载体，维系着民族的认同感和归属，让人们知道自己是谁，来自哪里，以及生存和发展的意义。因此，有必要通过建立赫哲族语言档案的方式保护赫哲族语言文化，从而达到保护赫哲族民族文化的目的，进而获得可持续发展的动力。另外，在语言档案的数字化开发、利用、传播环节中运用现代技术手段、多媒体技术、"互联网＋"平台等方法，创新语言发展的路径，让语言文化遗产"活"起来，实现赫哲族民族文化的传承和发展。

2. 为档案部门参与濒危语言保护实践提供指导

探索档案部门如何在社会发展和时代变革的背景下，更好地实现其历史使命和专业价值，有意识地参与和融入民族记忆的建构和保护，在有声语档建设中发挥积极作用。本研究通过分析赫哲族语言建档保护的整体过程，认为"建档"不只是一个具体的管理环节，也不仅是一项静态的管理工作，而是将其视为动态的管理过程，即用信息资源和档案学理论、技术手段、档案工作方法指导语言文化遗产保护工作，帮助语言文化遗产实现物化、固化以及实施科学管理，也为少数民族濒危语言建档式保护实践工作提供可以参考的范式。

三　研究对象、总体框架、重点难点、主要目标

（一）研究对象

本研究的对象是赫哲族语言文化遗产，通过对赫哲族语言文化遗产采取"主动建档"式的保护方法，将活态的语音文化固化为赫哲族语言档案，建立赫哲族语言档案全宗，并对其实施科学保管和利用，实现语言资源的数字化存储、开发、传播和共享。

（二）总体框架

本研究立足于民族档案学，以习近平总书记提出"要重视少数民族文

化遗产的保护传承"的指示精神为指导，以国内外积极响应的口头与非物质文化遗产保护热潮为契机，以民族学的"民族记忆视角"去思考语言文化遗产保护的意义和方法，围绕什么是民族记忆——如何保护民族记忆——如何构建民族记忆传承和发展机制这一基本思路展开研究，将语言文化遗产视为人类重要的民族记忆（族群记忆），在新时代重新定义和诠释档案的社会功能与价值作用，将档案作为一种记忆载体，基于档案记忆的特性和价值、功能——档案作为民族记忆的承载物，以及具有解释和建构民族记忆的新功能，一方面通过语言文化遗产"建档"（固化存储）的方式，建立赫哲族语言档案全宗（赫哲族发音人档案、语音语料档案、语言文化遗产档案等），另一方面做好语言记录资源的数字化——建立濒危语言档案资源知识本体库，便于国内外共同关注赫哲族文化，共同研究、共建共享赫哲族语言记录资源。另外，建设赫哲族网站平台，优化网站信息，运用现代技术，采用多媒体手段，开发新的赫哲族语档文化产品，最终实现少数民族文化保护、传承以及创新发展的目标。

（三）重点难点

1. 重点

本研究的重点是对赫哲族濒危语言资源建档流程中各个环节内容的确定和把握，以及对数字技术和多媒体手段的运用，以实现赫哲族文化的创新发展。赫哲族历史上没有文字，只有语言，因此在社会发展进程中没有留存第一手的原始档案，多数语言记录是我们今天的语言工作者"有意识"建构的。为此，对于赫哲族文化的保护和传承必须通过专业性采录，形成语言文本记录，以及建立音频、视频的方法，这就需要进行专业的采录和拍摄，采录前做好充分的前期准备，只有对每一种语言档案内容有深入的了解和把握，才能真正解读和建构语言文化的深厚底蕴，也才能保证语言文化的"原汁原味"。

2. 难点

难点是在保护、开发、传播赫哲族语言文化的过程中，如何科学合理地运用现代化技术和多媒体手段，以及借助"互联网＋"平台，更好地实现赫哲族文化的广泛传播和利用。找到能够使语言文化真实生动、"原汁原味"地呈现出来，再现语言生活情境的方法，并科学合理地开发语言文化数字产品，选择当代人易于接受的语言文化传播方式，让语言文化走进大众生活，近距离感受和体验语言文化，搭建了解民族文化发展过程的重要平台，保证赫哲族文化的可持续发展。

（四）主要目标

（1）总目标是从民族记忆视角入手，从赫哲族语言整体观出发，以赫哲族语言记录资源科学管理为着眼点，通过调查、记录、建档、数字化保护等工作的开展，真正实现保护赫哲族语言文化的目的，形成科学的赫哲族语言记录资源存储—组织—检索—利用—传播的模式，最终达到保护和传承赫哲族文化的目的。

（2）分目标包括赫哲族语言档案全宗的构建、赫哲族语言档案资源数字化存储和传播、运用知识本体技术构建赫哲族语言知识本体库，实现语言知识信息的共享和传播。

濒危语言建档的过程同时也是对语言文化保护传承的过程。通过对每一个具体工作环节内容的确定，拟定相关标准和规范、目标和措施，最终根据现实的需要，采用合适的存储载体，将其物化成各种介质的语言档案，包括纸质档案、声像档案、电子档案、数字档案等。

四 思路方法

（一）基本思路

本研究拟按照"理论—视角—方法—实证"的技术路线逐步展开。

依据档案学基础理论，基于民族学的民族记忆视角，运用知识本体和语义关联等现代技术，以赫哲族语言文化遗产为实例，开展赫哲族文化保护、传承以及民族文化发展研究。

首先，在民族记忆视角下厘清本研究中各要素之间的基本关系。包括档案与语言文化遗产的关系；民族记忆与档案、语言数字遗产的联系；档案管理利用工作与语言文化遗产保护传承工作的关系等。

其次，依据档案学理论建立虚实结合的赫哲族语言档案全宗。

最后，做好语言文化遗产档案的数字化存储与传播利用，建立赫哲族语言资源知识本体库，使分散、异构、复杂的语言记录资源能够超越时空限制实现开发与利用，并结合当下社会公众的需求，优化赫哲族网站建设，不断更新相关信息，不断推出公众喜闻乐见的语言文化产品，通过建立网站和"三微一端"等方式宣传赫哲族文化，达到传承、创新和发展赫哲族文化的目的。

（二）研究方法

（1）文献与案例调研法。通过国内外相关数据库、专著、报刊、电子文献、网络资源和 Web 搜索引擎搜集有关赫哲族语言文化遗产、有声语档建设、语言记录资源数字化的相关文献，通过对文献的研读、分析、比较、归纳，把握国内外关于语言文化遗产建档研究的理论动态和技术方法，及时跟踪最新进展和研究趋势，形成对濒危语言建档保护科学认识的方法，全面了解濒危语言建档方面的国内外现状及存在的问题，形成濒危语言建档保护的整体思路。

（2）实证研究法。以赫哲族语言作为分析案例，探讨其濒危语言建档保护的必要性和可行性，建立赫哲族语言档案全宗，构建赫哲族语言文化遗产资源本体知识库，为保护民族社会记忆和优秀传统文化进行有益的探索和尝试，并将以此为范式，为其他民族的语言文化遗产保护提供借鉴。

（3）跨学科研究法。语言文化遗产建档开发是一个交叉性研究课题，需要借助语言学、档案学、民族学、人类学、社会学、文化遗产学、文博学等学科的理论、方法和技术，吸收借鉴各相关领域学科的研究成果对语言文化遗产建档保护进行深入探讨。

（三）可行性

笔者在少数民族濒危语言建档、少数民族濒危语言档案资源建设和开发利用、民族档案学基础理论方面发表过一定数量的文章，有一定的研究基础和资料储备，同时也主持过两项教育部人文社科研究一般项目（其中一项已经结项），因此可以保证此课题顺利按时完成。

五　创新之处

第一，从民族记忆视角研究赫哲族语言文化遗产保护问题。将档案学与民族学相结合，依据档案资源观、档案记忆观理论，挖掘民族记忆建构和传承的属性和功能，为语言文化遗产的建档保护提供理论支撑。

第二，站在档案学科的立场上看待赫哲族文化传承问题。通过主动建档方式，将活态易逝的语言文化遗产物化、固化并加以存储和保管，并且运用民族档案学的基本理论和方法指导语言文化遗产建档开发各个环节的工作，实现语言文化遗产档案规范有序、科学管理，拓宽民族档案学研究的范围，为濒危语言文化遗产保护工作提供业务指导。

第三，本研究将濒危语言文化遗产定位为"人类文化基因、传统知识结构、民族历史记忆"，从保护赫哲族"基因""知识""记忆"的高度去认识濒危语言文化遗产保护工作的重要意义，避免从"语言""文化""遗产"原有的特征出发去开展研究，这给本研究带来一定的新意，但由于相关的研究成果较少，也给本研究带来一定的困难。

第三章　少数民族濒危语言建档理论与实践

第一节　少数民族濒危语言建档理论

一　语档语言学理论

（一）概念

伴随着保护全球濒危语言的迫切需要，语档语言学已经有近 30 年的发展历程。相较于其他语言类学科来说，语档语言学至今仍未形成一个较为成熟的学科体系。尽管这门学科尚未成熟，但它标志着濒危语言调查记录工作的实践转向和理论创新，标志着原始的声像语料和文字材料开始转化为档案资源并被有效地加以开发利用。

语档语言学的建立与发展不仅受语言使用者持续使用该语言的迫切需要的影响，也取决于信息技术、多媒体技术和档案管理技术的发展，该学科使得语言记录文档的收集、分析、保存和传播成为可能。从根本上来讲，语档语言学同样关注语言使用者的权利和需要。尼古拉斯·希默尔曼定义了语档语言学的五大重要特征。

（1）关注原始语料数据。语档语言学的目标就是对原始语料数据进行大批量的收集和分析，以满足更多用户使用数据资源的需求。

（2）强调数据的可证性。可以对原始语料数据的质量进行评价，表明数据录制的透明性，记录数据收集的全过程及其当时的场景。

（3）关注原始语料数据的长期保存。语档语言学聚焦于语料的建档问题，以确保在遥远的未来，潜在用户能够获取相关的语言文献材料。

（4）跨学科的团队工作。真正全面的语档建设除了需要语言学者进行文字转录与转录后加工外，还需要不同学科专业的知识投入和专家合作才能完成。

（5）与语言社区的密切合作和直接接触。作为语料的来源者和共同研究者，语档语言学需要语言社区成员的积极参与、互利合作。本族语使用者是决定记录项目整体目标与结果的重要力量。

Peter K. Austin 同时也指出对语档语言学的理解，还应注意以下几点。

仅有语料的收集，未对语料数据进行分析，则不属于语档语言学的范畴。尼古拉斯·希默尔曼指出语档语言学应该致力于为特定的语言社区提供关于语言实践特征的一个全面综合的记录。不难看出，要做到这一点就需要相应的分析理论和技术来支撑，才能去转录、翻译、注释和传播这些记录的文献。

语档语言学不是语言描写和技术的叠加。20 世纪早期的一些学者认为语档语言学是指语言的描写加上技术的运用，如数字音频和视频技术，这样的观念无法解释语档语言学与描述语言学的区别，显然是不准确的。

（1）语档语言学不限于对濒危语言的记录。语档语言学的原则和实践可以运用于所有的语言，虽然这一领域的发展主要是应对濒危语言面临的困境，但从根本上说，它并不局限于濒危语言，非濒危语言也同样适用。

（2）语档语言学的发展并不是一时的狂热，而是呈现阶段性发展的特征。因为语档语言学作为语言学的一个分支，其发展不是在语言学内短期的越轨，而是在一个学科领域内的范式转变。目前，越来越多的研究人员被吸引到这一领域，包括博士后、研究员和更高级别的研究者。语档语言学这一主题的学术会议、科研项目以及相关出版物也显著增加。与此同时，关于语档语言学理论、实践的研究成果数量也在明显上升。

以下几点原因解释了语档语言学近 30 年的蓬勃发展。

（1）面对全球化背景下母语危机和语言多样性的威胁，语言学家和其他学者的担忧日益增大。据统计，当今现存的 6000 多种语言中的 50% ~ 90% 到 21 世纪末将不再被传递给后代或他人使用。

（2）学者们愈加展现出了对语档语言学理论研究的兴趣，从多种视角展开更深入的研究，尽可能确保人类的语言和语言能力不受区域性和主观偏见的影响，而是真正代表人类语言能力的多样性。

（3）在大量资金和项目的推动下，基于记录文档的视角去处理分析语料数据已经成为具有广泛影响力的研究主题。同时，技术手段的进步，如数字录音设备、便携式设备（包括笔记本电脑和移动手机）、软件工具和存储设备使得记录和分析海量语料数据、访问和链接相关资源成为可能。

（二）语档语言学是语言文献的记录

尼古拉斯·希默尔曼在对语档语言学的初次阐述中指出：语档语言学的目的就是连同语言使用者的元语言知识一起，记录整个语言社区的语言实践和习俗。这就包括了系统地记录、转录、翻译和分析各式各样的在其相应社会和文化背景下形成的口语和书面语言的样本。同时，分析文档旨在使语档资源能够供更广泛的潜在用户使用，这些用户不仅指语言学家，而且包括其他学科的研究人员、语言社区成员等，尤其包括那些往往接触不到记录语言第一手资料的需求者。显然，这样的记录也是为了子孙后代考虑，所以对语档进行某种程度的分析是必要的。

语言文献记录的核心通常被认为是包含音频和视频教材的语料库。伍德伯利认为语料库将涵盖多种多样的语言类型和背景，它应是容量大、可扩展、可便携、易弄懂，符合伦理道德并能长期保存的。因此，越来越多的语言文献记录工作是由团队完成的。语言文献记录包括了以下五个步骤。

（1）记录。对媒体和文本，包括元数据进行连贯完整的记录。

（2）捕捉。把记录的成果转移到数据管理环境中。这样的转移就是把电子文件从诸如闪存卡等存储介质转移到一个数据管理系统的计算机硬盘上存储。

（3）分析。对记录的语言文献进行转录、翻译、注释并与元数据链接。目前类似的工作越来越多依靠计算机软件完成，如 ELAN 和 Toolbox。

（4）归档。建立电子档案的对象并分配它们的访问和使用权限。

（5）利用。以多样化的形式出版发行相应的成果，以便于不同使用者以及具有不同使用需求的人员利用。

下面的一个案例可以帮助我们理解语档语言学是语言文献的记录。

在伦敦大学亚非学院的资助下，斯图亚特·麦吉尔（Stuart McGill）负责一个为期四年的博士研究项目。该项目是与一些参与母语研究的人员合作，对位于尼日利亚西北部的尼日尔刚果族的口头语言西西普语（Cicipu）进行语言文献记录和语言描述研究。斯图亚特·麦吉尔是对西西普语进行系统记录的第一人，项目在尼日利亚进行了两次田野调查，第一阶段的田野调查是在项目开始后的第二年，为期 8 个月，第二阶段是从第三年开始，为期 4 个月。在第一阶段的田野调查中，主要工作是创建音频和文本记录，并进行初步分析；第二阶段主要是录制视频，包括日常会话视频和反映该语言社区文化的视频材料，最终形成该项目的研究成果：①一个涵盖音频、视频和文本材料的语料库，并使用 ELAN 和 Toolbox 软件对这些语料进行翻译和注释；②用豪萨语和英语注释的 2000 多个词语，存储在 Toolbox 软件提供的定向标准格式 field-oriented standard format（FOSF）中；③50G 的数字档案，其中包括 956 个电子文件，保存在伦敦大学亚非学院的濒危语言档案馆（ELAR）；④西西普语口头协议的系统分析；⑤包含所有记录材料和音频注释文本的网站（www. cicipu. org）、记录文本材料和当地民歌的录音带、民间故事书、正字法的建议和一个关于正确拼音和拼字的研究会。

（三）语档语言学与描述语言学

在学科目标、研究领域、研究方法和研究成果等方面，语档语言学和描述语言学都不尽相同。语言描述"关心的是语法和词典编纂的最终成果，其主要受众是语言学工作者，语言数据的基本功能体现在为语言学者的分析研究提供范例或证据支持。这些例句通常不标注其来源出处，是删除了不相关信息并经过编辑后的句子"。① 与之不同的是，语档语言学以话语为中心，数据处于工作的中心地位。伍德伯利认为：对自然发生的语篇进行直接的表征是语档语言学的首要任务，而描述语言作为一个语言系统的元素成分、规则与结构，在更抽象的层次上对语言进行理解，而这样的描述和分析则是建立在原始文献记录基础上的副产品，具有可变性与寄生性的特点，并随着时间的推移而变化和发展。就语言文献记录而言，数据的收集、表征与传播是其主要研究目标，而语法、词典是对语言文献语料

---

① 滕延江，苗兴伟. 文献记录语言学研究述介［J］. 外语教学与研究，2010（2）：139.

库进行注解及评论后的产品。① 在研究方法上，语言描写的重点是进行语音、音系、词法、句法及语义的分析，给出特定的语法术语，确保分析的准确性，而语档语言学涉及如何启发讲话人谈话、录制、文字转录、文本翻译等工作，保证采集数据的真实、自然、可信和有代表性。②

不难看出，语档语言学是对语言进行全方位的记录，描述语言学则是在文献记录的基础之上进行语言分析而最终形成语法、词典等相关编纂成果，二者是有本质区别的。但与此同时，语档语言学又有助于降低语言描述过程中的不可预测性和不透明性，对语料进行长期保存并支持未来的语言实践活动（如语言复兴）。语言文献记录项目必须依靠描述语言学的技术和理论的应用，才能确保项目的完整性和可用性。只有通过语言分析，才能发现文献记录中的某些重要的关键语言体裁、词汇、语法范式或句子的结构是处于丢失状态或是不具有代表性。没有好的分析，记录的音频和视频材料就不能为潜在用户提供可靠的数据。换句话说，就目标和结果而言，语档语言学和描述语言学又是互补的。

（四）语档语言学面临的挑战

语档语言学目前仍然存在许多没有解决的理论和实践方面的问题。其中又以语言文献记录的质量和数量、跨学科合作、元数据以及人才招聘、培训和可持续发展这四个方面的问题尤为突出。

1. 语言文献记录的质量和数量

一些研究人员有一种倾向，把语言文献记录的结果等同于归档对象的属性，数字音频或视频记录文件和相关音标及注释的数量。显然，语言文献记录的数量并不能说明其质量问题。③ 也有一些学者认为对语言维护和复兴做出的贡献才是衡量语言文献记录质量的有效标准。同时，随着研究学者对语料库建设的兴趣日益浓厚，确实也有相关的专业机构采取了一定的措施，如美国语言学会通过决议督促相关部门采取措施构建高质量的语料库，并把它作为部门晋升和考核的重要参考因素。但遗憾的是，到目前为止，仍不清楚采用什么样的参数来评估一个文献语料库的质量。

---

① 滕延江，苗兴伟. 文献记录语言学研究述介［J］. 外语教学与研究，2010（2）：139.
② 滕延江，苗兴伟. 文献记录语言学研究述介［J］. 外语教学与研究，2010（2）：139.
③ 滕延江，苗兴伟. 文献记录语言学研究述介［J］. 外语教学与研究，2010（2）：139.

Peter K. Austin 指出要建设高质量的语料库，可以从以下几点进行大胆设想。

（1）遵循和采用一些广泛认同的标准数据和元数据表示的方法。目前的 Unicode 字符编码和 XML（Extensible Markup Language，可扩展标记语言）文本编码已成为这一领域公认的标准。

（2）利用数据结构理论和知识领域的模型，使语档数据的表示方法遵循已有的数据模型，显示其内部结构的严谨和一致。

（3）考虑原始语料及对语料分析的深度和广度。

（4）考虑项目的伦理道德因素，项目成果中要包含对母语使用者的培训及其参与情况的描述。

此外，2007 年美国语言学会濒危语言和保护委员（CELP）提出的如何评估"充足的文档"的建议也值得借鉴。它提出一个充足的语料库应包括以下几方面。

（1）所有基本的语音，包含低层次的和形态音位。

（2）所有基本的句法结构。

（3）所有基本形态。

（4）一部词典，其中不仅涵盖了所有的基本词汇和特殊专业知识文化的重要领域，而且还要提供语料库中所有词和词素的注释。

（5）所有的文本类型。

显然，就正确评估语言文献记录的质量与数量问题，语档语言学研究者还需要不懈的努力。

2. 跨学科性

Himmelmann 等人认为，语言建档从根本上需要一个多学科的视角，可能涉及的理论和方法以及研究人员来自更为广泛的领域，如民族学、人类学、口述史学、口述档案学、音乐学、心理学、生态学、应用语言学、计算语言学、语料库语言学等。但是 Austin 和 Grenoble 也指出在实践经验中，真正跨学科的研究是困难的，特别是研究团队在偏远地区进行田野调查时，时常出现理论取向的不同和实践方法的差异，而这些理论和实践上的差异可以用适当的方式来解决。不幸的是，过去 70 年的主流语言学倾向于远离其他学科，强调其"独立"地研究理论问题。语言学应当为多学科合作打开新的大门，才有利于帮助我们解决语档语言学的相关问题。

3. 元数据

语档语言学的学者一致认为，与语料数据一样，对元数据的记录也是必不可少的。只有这样，才能确保记录语料数据的连贯、真实和可用。戴维·内森指出，元数据有助于更好地管理、识别、检索和认识语料资源。元数据不仅能解释语料数据的出处，也是收集和表示数据的方法。文件的命名方式和结构的文件夹本身就是一种类型的元数据，并且任何添加到记录上的数据（包括转录、翻译、注释等）应被视为"厚元数据"（thick metadata）。还有一些学者认为元数据就是一种元文件，是数据本身和产生条件（语言、社会、自然、技术、历史、生态环境等）的文件。这样的元文件作为文档材料本身应该是丰富的、恰当的。如果将元文件的概念进一步扩展，那么至少应该涵盖以下几方面的内容。

（1）在语言文献记录过程中，谁是利益相关者及他们扮演的角色。

（2）语言顾问对本族语言和该语档项目的态度。

（3）研究人员的方法体系。该体系包括研究的方法、研究的工具和相应的理论假设，与语言顾问和语言社区的关系。

（4）项目的简介。包括背景知识、研究者和主要顾问的经验等。例如：在项目开始的时候，研究者在什么条件下做了什么程度的田野调查，以及培训者和语言顾问的相关情况。对于有基金资助的研究项目，在项目简介中还应包括最初的授予申请书、研究报告、电子邮件通信信息和如何建档的有关讨论意见。

（5）正式的或非正式的相关协议，如谅解备忘录、付款安排以及承诺书等。

显然，不论是对项目的研究者和其他参与人员而言，还是对未来更深更广地延续该项目的研究来说，这样的信息都是非常有价值的。不幸的是，语言学家往往并不擅长记录和编码这样的信息。这就意味着元数据处理非常困难，因此被称为"遗失的数据"。在语档语言学中，对元数据方面的理论和实践探索还需要今后不断的努力。

4. 可持续性

正因为语言学家对世界语言多样性受到威胁的强烈关注，推动着语档语言学成为一个研究的热点。目前，关于濒危语言的复兴已经做出了一些积极的努力。如一些理论和实践已被用来帮助巩固濒危语言和垂死语言的存在，并强调对其进行开发利用。但对如何长期保存濒危语言，维持其可持续发展却做得相当不够。为确保语档语言学可持续发展，接下来从人力资源管理角度谈几点看法。

（1）如何有效地招募新的研究人员参与到这个领域？因为我们面临大量的语言需要记录。诸如 SOAS、UH Manoa 和 UT Austin 实施的研究生项目现已吸引了越来越多的学生参与到这一领域，但显然还是不够的，语档语言学需要更多不同领域的贡献者。

（2）如何培养语档研究人员，使他们精通该领域的理论和实践？在这方面已经开展了一些实验，但更多更好的培训仍是十分必要的。

（3）如何才能留住这些招募的新成员？虽然越来越多的学生进入这个领域，但在大学或研究机构并没有足够的博士后奖学金或研究项目来雇用他们，在此条件下就极易失去这些忠诚和热心的参与者。同样的，作为语言记录项目的一部分，当地的参与者，包括语言社区的母语者，有越来越多的人被雇用和培训，然而这些项目通常只有 3～4 年，如何长期维持他们的兴趣和参与热情仍是要解决的难题。

总之，近 30 年来伴随着语档语言学的逐步发展，许多专业机构、基金项目、社团组织都投入到语言文献记录的工作中，从事语言的维护、退化衰变语言的发掘保护及其各种语言变体的工作。对濒危语言研究的重点也转移到一个新的领域，即记录、分析、维护和使用语言文档，并提供更广泛的社会利用。在语言文献记录的收集与归档工作方面已经取得了较大进步，但针对规模较小语言社区中的罕见语言研究，尤其是采用多媒体信息化的方式进行开发利用还没有积累太多成熟的经验。语档语言学要进一步发展，在未来成为一个成熟的学科还将面临更多更大的挑战。

二　濒危语言典藏理论和实践

我国是一个多语种国家，语言资源极其丰富，但是当前弱势语言和方言快速衰退的现象十分严重。虽然在过去的 20 年中，濒危语言的调查、研究和记录取得了很大的进展，但是相对于我国众多语言及其语言衰退和濒危的趋势，相对于国际相关领域的理论技术水平，还十分不够，我国濒危语言的记录和研究前景广阔、任重道远。

随着对濒危语言现象的重视和记录濒危语言资料工作的开展，数位化语言典藏理论和方法的探讨成为语言学界的新任务。与过去传统语言学者收集资料是为了分析描写语言不同，典藏语言学是在传统语言学的基础上，让收集记录的语言资料，未来能有更多元且可持续的功能。

濒危语言数位典藏以完整记录、永久保存濒危语言这一非物质文化遗产为目的，要求通过高质量、全保真的技术手段客观真实地再现原声态语言的完整面貌和内涵的文化信息，以达到全球共享的愿景。依据这一理论原则，相对于国际的规范和实践，我国的濒危语言领域还存在很大差距和不足之处。加强理论建设，增强理性认识，重视理论原则的实践，针对我国相关领域的现状，解决目前存在的问题和不足，是促进我国濒危语言典藏良性有序发展的当务之急。

（一）建立规范

目前的语言调查记录尚未完全突破传统观念和方法的局限，具体操作上各行其是，随意性很大，缺乏高质量、全保真记录语言的理性认识和操作技能，没有确立统一的规范标准和指导原则，在记录的内容和方法上，语料的数量和质量上，都不能保证达到语言记录的标准。因此，认真总结经验，客观分析现状，理性地认识现存的不足和缺陷，重视同国外学术界的沟通交流，建立必要的规范，十分必要和重要。

（二）进行规划

我国语言众多，语言生态复杂，对于当前的濒危语言现状还缺乏全面、细致的了解。从全局出发进行整体规划，明确掌握语言或方言濒危程度，避免重复立项，将人力、物力、财力的投入，集中到濒危程度最为严重、濒临消失的一些语言或方言上，以加快我国濒危语言典藏工作切实有效开展。

（三）实现共享

濒危语言记录特别强调资料的共享，在过去的 20 年中，我们已经对不少濒危语言研究项目批准立项，对几十种语言进行记录，有的虽已出版了纸质文献成果，但更多的少数民族语音语料库、文献库、有声资料库和翻译词典、研究专著等成果还没有面世。当前以多媒体、大数据、人工智能为主要形式的成果为实现更大范围内的信息资源共享提供了前所未有的便利条件，同时也是对传统思想观念和技术手段的巨大挑战。改变以往各自封闭、各行其是的做法，重视濒危语言资料的管理、保存和共享，是当前应引起学界充分重视的一个重要问题。

（四） 加强交流

濒危语言记录是一个全新的领域，我们面临理论方法的探索，尤其与现代科学技术的结合，是语言学者的一个新课题。重视合作、加强交流、开放技术、整合资源，是推动濒危语言记录进一步发展的正确途径。

三 "少数民族语言数字遗产保护"学说

近 20 年来，我国民族语言研究者、语言文化工作者和相关机构记录或留存了大量民族语言数字语料等数字遗产，其数量巨大、保管分散、介质庞杂、格式老化、数据参差、无法互用。之所以造成这种状况，除了设备和软件更新、操作系统升级换代等客观因素外，主要原因是少数民族语言文化界在语言数字遗产保护方面的观念落后、行动迟缓、技能欠缺。

首先是认识上不到位，其次是行动上不作为，最后是进展上相对滞后。主要有以下两方面原因。一是语言数字资源主要是民族语言和地域语言，语言数字遗产的产生和保护主要在民族聚居区和乡村方言区，这些地区不仅信息化建设进程滞后，而且数字资源创建、保存、利用的观念和技术普及传播迟缓。因此，在民族地区和乡村方言区的文化界，宣传保护语言文化数字遗产的理念，提高认识，显得极为必要和迫切。二是国内语言学教学课程中并未将语言资源知识纳入学科内容，学界未形成语言资源加工利用的治学习惯和工作惯性，因此要在语言学界宣传和倡导保护语言数字资源的思想，促进学术意识的形成。①

除了倡导保护语言数字遗产的理念，还应建立科学保护语言数字遗产的学术规范，以指导语言数字遗产保护的实践。少数民族语言专业的教师和研究生、地方民族语文工作者应积极行动起来，与相关学科展开合作，调查了解少数民族语言数字遗产现状，建立切实可行的语言数字遗产鉴别

---

① 范俊军．少数民族语言数字遗产的保护［J］．西北民族大学学报，2018（3）：136–137.

评估准则，使语言数字遗产调研和收集有章可循、有据可依。①

　　此外要大力促进语言数字遗产技术工具的运用。虽然民族语言学领域在吸收国内外前沿理论、先进田野调查经验、数字信息技术手段方面成效显著，但总体发展仍不平衡。例如，用数字设备采集语料，用软件工具加工语料，这方面的技能普及得还不够。再如，采集和处理数字语料大多限于通用文字处理软件，对语料管理工具、转写工具、传播发布工具还普遍陌生。一些研究机构和个人不了解语言存档应该使用哪些专业工具，有些仅仅用录音笔来采录原始语言材料。用这种方式采录的原始语言材料过十几年就会出现失真，而采用专业设备采录的原始语言材料能达到 500 年不失真，这也是语言存档国际技术标准所要求的。

　　保护和利用语言数字遗产的基础工作是集成、加工、建档，个人或机构产生的数字语料都应进行集成，研发语言数字资源库，生成适合 PC 端和手机端的网络资源。有志于保护民族语言数字遗产的人士，学习掌握两三种数字语料技术工具是十分必要的。尤其是民族语言学界的青年教师和学生，应把语言数字技能作为专业能力的组成部分，养成运用语言技术工具的治学习惯。②

　　保护语言数字遗产还涉及以下几个问题。

（一）政策法律问题

　　虽然联合国教科文组织在 2002 年、2003 年就分别发布了两份数字遗产的重要文件（《数字文化遗产保护指导方针》《数字遗产保护宪章》），但我国目前还没有专门的"数字文化遗产"法律，作为数字遗产的民族语言数字语料，究竟属于哪一类遗产？适用哪部法律？如果属于文化遗产，它适用哪部法律？如果属于其他数字遗产，又适用哪部法律？从实践上看，科学保护少数民族语言数字遗产，需要有明确的政策和相关法律支持。③

（二）实施主体问题

　　在现实情况下，民族地区的图书馆、博物馆、档案馆等公共文化服务

①　范俊军．少数民族语言数字遗产的保护［J］．西北民族大学学报，2018（3）：137.
②　范俊军．少数民族语言数字遗产的保护［J］．西北民族大学学报，2018（3）：138.
③　范俊军．少数民族语言数字遗产的保护［J］．西北民族大学学报，2018（3）：138.

机构，作为民族语言数字遗产保护的主体，应主动承担相应的社会义务，可以利用民族语言数字遗产，开展大众化、社会化和市场化的语言资源数据服务，吸纳社会力量和资金，解决民族语言遗产保护亟须的人力、物力和财力支持问题。民族语言专业教师、学生、语文工作者应无私地与这些公共服务机构合作，在语言数字资源产学研转化方面付出努力。①

（三）技术工具问题

语言数字遗产的保护，除了数字语料集成外，还要建成数据库，实现网络化。集成化和数据库化是过程和方法，网络化才是目标和结果。从语言数字遗产加工技能的普及来看，目前应选用规模集成媒体文件，文本数据，特定词汇、句子、语篇文本/多媒体数据三种数据的工具，这种工具要能便捷地生成适合 PC 端和手机端的数字语料网页文件，如词表（含音系表、词汇对照、音节词汇等）网页文件、句表网页文件、话语网页文件，从而快速实现语言数字遗产的网络传输和利用，满足语言族群、社会大众的学习和利用需求。②

第二节　少数民族濒危语言建档实践

一　内蒙古抢救保护少数民族濒危语言

鄂伦春族、达斡尔族、鄂温克族人口少，只有语言没有文字，语言世代靠口头传承，因此语言流失情况严重，如今会说这 3 种民族语言的人已寥寥无几。

为了更好地抢救、挖掘和保护鄂伦春族、达斡尔族、鄂温克族等 3 个人口较少民族濒临失传的语言，内蒙古自治区组织专家学者策划编写了集实用性、直观性、趣味性和知识性于一体的图解词典。词典以图解的形式编排内容，每个词条配有图片，帮助查阅者准确理解词义，不仅形象直观，而且增强了查阅词典的趣味性。目前，《达斡尔语图解词典》已编写出版，《鄂伦春语图解词典》《鄂温克语图解词典》两个语种的图解词典正

① 范俊军. 少数民族语言数字遗产的保护 [J]. 西北民族大学学报，2018 (3)：138.
② 范俊军. 少数民族语言数字遗产的保护 [J]. 西北民族大学学报，2018 (3)：139.

在筹备出版中。

以《达斡尔语图解词典》为例，词典采用彩色照片、卡通、绘画插图等形式，围绕达斡尔族历史、文化、经济、风俗、宗教、日常生活等 30 个主题进行分类，重点讲解 3000 多个常见单词和词组。每一词条的文字解释部分使用普及度较高的达斡尔语记音符号和汉文标记，读音以达斡尔布特哈方言为标准。书后附有索引，方便读者查阅。

通过现代科技手段录制鄂伦春族、达斡尔族、鄂温克族语言的会话影像资料，还将早期的录音资料转化为数字资料。发挥广播电视的作用，举办广播电视会话讲座，普及这些濒临失传的语言。

同时，内蒙古自治区拨付专项经费，组织相关专家在鄂伦春族、鄂温克族、达斡尔族聚居区开展田野调查，广泛收集这些民族使用的词汇，并标注语言发音，建立 3 种语言的数据库。并发挥鄂温克族研究会、达斡尔族研究会和鄂伦春族研究会的作用，在这些少数民族聚居区举办不同形式的语言会话培训班，鼓励中青年特别是中小学生学习本民族的语言和文化。①

2005 年启动的"蒙古语语料库"建设工程，计划用 20 年建成中国首个 2 亿词级的蒙古语、达斡尔语、鄂温克语、鄂伦春语大型综合性语料库。工程分两期进行，目前一期工程（8000 个小时的语料）已完成，二期工程开始实施。在一期工程实施的 10 年间（2005—2014），开展了大规模的真实语言语料搜集，课题组在使用蒙古语的中国 8 个省区、蒙古国 4 省 1 市、俄罗斯布里亚特共和国和卡尔梅克共和国境内的 97 个采集点，采访了 6725 人，搜集蒙古语、达斡尔语、鄂温克语、鄂伦春语自然口语语料 4192 个小时（相当于 4000 多万个词），同时还完成了 4000 多个小时的书面语语料库。两项共计完成了 8000 多个小时的言语语料，建成了世界上最大的蒙古语自然口语语料库②；二期工程是扫描文件、电子文档、拉丁文转写三位一体的大型蒙古文文献语料库，总字数达 1.2 亿词，填补了互联网上无蒙古文文献的空白。二期工程语料库还有三大特点：第一，穷尽式

---

① 内蒙古抢救保护少数民族濒危语言 [N]. 中国民族报，2019 - 01 - 01（1）.

② 勿日汗. 中国建成 8000 万词级蒙古语语料库 [EB/OL].［2016 - 01 - 22］. cssn. cn/dzyx_jlyhz/201601/t20160122_2839959. shtml.

收集自第一份蒙古文文献"成吉思汗碑"到《蒙古秘史》等中世纪文献，好中选优《黄金史》《甘珠尔经》《御制清文鉴》等木刻板文献，均衡选录社会科学、自然科学、报纸、政治、法律、文学、医学、农牧业、应用、口语等 10 大类文献；第二，遵循文献学原则，即每份文献提供原图、录入文件、拉丁文标音 3 种形式；第三，语料库实现免费在线网络查询检索。①

二 土家语的调查保护

土家语是汉藏语系藏缅语族的一种独立语言，语支未定，分南北两大方言，两者差异较大，相互不能通话。南部方言目前仅存于湖南省泸溪县潭溪镇的少数几个村寨，北部方言通行于湖南省龙山、永顺、保靖、古丈等县的部分乡镇。北部方言又分为龙山和保靖两种土语，龙山土语包括龙山、永顺、古丈等县的土家语，保靖土语包括保靖和龙山岩冲等地的土家语，两种土语之间能相互通话。②

土家族长期受汉族影响，接受汉语、汉文化教育，在分布上与汉族呈"大杂居、小聚居"格局，因而民族意识不强，母语观念淡薄，会土家语的人不到土家族总人口的 3%。土家语受汉语影响的程度较深，一些基本词汇都已经转用汉语借词，有的基本语序也受到汉语影响而发生变化。而且土家语的语言结构不稳定，变读现象比较多，尤其是声调很不稳定，变调情况很普遍，前后音、调不一致，这些都给语言记音、标音、核音工作带来一定难度。③

1999 年，土家族语言专家叶德书在《土家语言研究的回顾与展望》一文中，将土家语的使用现状分为三种类型。

（1）沿用型。即土家族内部与族外人接触都沿用土家语作为交际工具的，目前仅 20 来万人在使用。

（2）兼用型。既用土家语又用汉语作为交际工具的，现有 22 万人在使用。

---

① 李爱平."蒙古语语料库"二期工程：填补互联网上无蒙古文文献空白 [EB/OL]. [2018 - 11 - 26]. chinanews. com/cul/2018/11 - 26/8685643. shtml.

② 鲁美艳. 土家族口头传统文化的数字化保护研究 [J]. 赤峰学院学报，2015（10）：63.

③ 刘岩. 关于中国少数民族濒危语言语音语料库的设计 [J]. 中央民族大学学报，2006（4）：134 - 136.

（3）转用型。指受外来文化的影响，很多土家人都转以汉语作为交际工具，但仍使用部分土家语单词和大量的土家语底层语言的类型。[1]

2005 年，彭司礼在《湘西州土家族辞典》中，对土家族语言使用现状再次进行了统计（截止到 2013 年）：土家语沿用型全国不到 5000 人，兼用型全国仅 6 万人左右，转用型占土家人口的绝大多数。[2]

可见，土家族语言已处于极度濒危状态。为此，我们应深入土家族地区，尤其是湘西龙山县进行实地调研，对会说土家语的人尤其是土家语传承人进行口述访谈，对以下口述内容进行广泛征集。

土家族北部方言，内容包括：①土家语语音，如声母分类、韵母分类、声调分类、语音流变、连续变调、音节结构等；②土家语词汇，如单音节词、双音节词、多音节词等；③土家语词的构成，如单纯词、异音词、叠韵词、拟声词、合成词等；④土家语词义，如单义词、多义词、同义词、反义词等；⑤土家语语法，如土家语词类、形容词、词组、连动词组、句子与句子成分等。

土家语北、南部方言常用词汇，内容包括：①北部方言常用词汇，如亲属称谓、职业称谓、天象地貌名称、动植物名称、生产活动用品称呼等；②南部方言常用词汇，如土家族南部方言语境、语言特点、动植物名称、颜色名称、人体名称、方言名词、形容词、数量词等。

目前对濒危土家语主要采用数字化保护方式，具体实施方案有以下几种：①采用数码相机、摄像机以及数字录音等现代技术设备对土家语进行原始资料的数字化采集；②运用 ELAN、Toolbox 等语言学专业软件对所有资料进行国际音标注音、汉字对译、汉语翻译、英语翻译的语言学处理，形成一个个分离的文本；③将录制的音频、视频文件与经过语言学处理的文本进行合成，形成音、像、文三维合一的立体土家语资料库；④建立网站实现数据库的保存与资源共享。[3]

2013 年 12 月 20 日至 2014 年 1 月 5 日，2014 年 3 月 20 日至 30 日，为实施 2013 年国家社科基金项目"土家语基本词研究"，澳门理工学院的谢

---

① 叶德书. 土家语言研究的回顾与展望 [J]. 湖北民族学院学报，1999（10）：4 - 8.
② 彭司礼. 湘西州土家族辞典 [Z]. 长沙：湖南人民出版社，2015：185.
③ 鲁美艳. 土家族口头传统文化的数字化保护研究 [J]. 赤峰学院学报，2015（10）：63 - 65.

建猷、熊英深入湘西土家族苗族自治州，调查了龙山县原坡脚乡的土家语北部方言，并就记音人、发音人简况，语料收集过程，记录语料进行分析。他们认为：本次调查，以声母、韵母、声调拼合规则产生的音节，作为调查土家语的线索来记录、归纳的土家语音系，与此前刊布的土家语音系略有不同。可从另一个侧面，为深入研究土家语提供语料。

新时期的土家语研究，应该将土家语研究的成果，与土家语教学、土家语口头文化的传承紧密结合起来，将调研中发现的土家语的基本词汇与土家语的基本语法特征写进教材，土家语研究者也应该从土家语传承中不断积累和丰富土家语的语料资源。

三　仡佬语的调查记录

（一）仡佬语调查记录历程

仡佬语主要分布在黔、桂、滇三省区及越南北部地区，地理分布广泛、自然环境恶劣，语言点众多，内部差异大，各方言点的语音比较复杂，词汇差异也较大，多数方言点通话困难，绝大多数语言点濒危状况严重。目前，近 50 万人口中，使用仡佬语的最多不超过 6000 人，仅占仡佬族总人口的 1.2%[①]，语料记录收集十分不易。

中央民族大学中国少数民族语言文学学院教授李锦芳的研究团队从1994 年开始调查濒危语言仡佬语，历经 20 年。1995 年、2006 年他两次亲自调查三冲仡佬语；2003 年 7 月他亲自调查大狗场仡佬语，三年后又派博士生前往；2003 年 8 月他亲自调查居都仡佬语，四年后又三次派博士生前往……至今已重点调查记录了仡佬语四大方言（稿方言、阿欧方言、哈给方言、多罗方言）的 18 个语言点，一部分语言点记录了比较丰富的语篇材料，包括神话、传说、故事、歌谣、祭祀辞等，也有对话，发表论作数十篇（部），还有部分研究成果及大量语料未公开出版。

2003 年 7 月，波及全国的"非典"疫情刚刚解禁，李锦芳便带领他的研究生团队深入贵州省平坝县（今平坝区）大狗场村调查仡佬语。经当地人介绍，他们认识了年近 70 的发音合作人何在仁先生。通过与老人聊天交

---

① 刘岩. 关于中国少数民族濒危语言语音语料库的设计［J］. 中央民族大学学报，2006（4）：134.

谈，李锦芳首先记录下每一个词语的发音，如天、地、日、月等，再经录音后将这些发音转写成国际通用音标。一周后，凭借语言调查的基本训练，李锦芳已掌握几百个字词和简单的例句，可以进行日常交流的基本发音——他把这一方法称为"调查式的学习"。然后，李锦芳请老人唱一些古歌谣，讲一些古老故事或神话传说，把每句话的发音和释义都记录下来，最后进行大量的录音整理、汉英翻译、复核材料等工作，形成一些关于古歌谣和语句的资料，这也就是本民族的语言文献。录音、对音、音标转写分析，从几千个词到语法例句记录，再到自然语篇，为了能收集到丰富的语料，李锦芳带领其团队连续几个月与何老先生吃住在一起，每天工作都在 12 小时以上，劳动强度远高于常态，这也令老人深感钦佩："我也到贵州民族学院合作过，没见过你们这样的干劲！"①

（二）仡佬语调查记录方法创新

运用纪录语言学的理论方法，社会语言学与人类语言学方法互相补充，濒危语言保护研究与非物质文化遗产保护工作相结合，国内规范化与国际化接轨。制定一定的工作规范和技术标准，国内合作与国际交流并重，设法推行双语教学。

（三）仡佬语语料分析应用

语料注释翻译，语法标注、直译和意译，汉译和英译。编写多媒体词典。构建多媒体数据库。编辑语法标注话语材料集，编写参考语法。开展双语教学，建立宣传网站，与仡佬语文化促进会合作。

（四）相关问题思考

保护濒危语言（人口较少民族语言的双语教育与语言维护），要善于通过舆论引起地方政府和社会的广泛关注。响应各级政府的文化建设要求，整合各级语言、民语政府部门，国际母语日，中央和地方媒体，民间网站、民间文化团体等方面的资源。

---

① 郭隆，李锦芳. 与濒危语言赛跑［EB/OL］.［2018－06－04］. www. bjzx. gov. cn/zxqk/bjgc/bjgc201411/fcf201411/201806/t20180604_13276. html.

四 傣族濒危语言的抢救保护

（一）基于语料库的西双版纳新老傣文转换

傣族有四种不同形体的文字，即西双版纳傣文（也称傣仂文）、德宏傣文（也称傣那文）、傣绷文（也叫孟定傣文）和金平傣文。这四种文字都是拼音文字，都是从印度字母体系中衍化而来。在书写方式上，四种文字都是从左到右横书，行序自上而下。但四种傣文的形体却不相同，傣仂文和傣绷文为圆形字母，傣那文为方形字母，金平傣文则有圆有方。四种傣文中，西双版纳傣文创制时间最早，留下的文献数量也最多。基于语料库的西双版纳新老傣文转换分别建立了新傣文语料库和老傣文语料库，从语料库中抽取两者对应的音节并加注国际音标、汉语意译等注释。在此基础上，总结归纳新老傣文字符间和音节对应关系，形成新老傣文字符对应表、特殊字符对应表、音节对应表、新老傣文字符和国际音标对照表。其研究任务分为四个方面：①老傣文转换为新傣文；②新傣文转换为老傣文；③建立新老傣文字符与国际音标之间的关系，自动输出新老傣文和国际音标；④建立模型，进行统计和计算机转换。实现新老傣文转换，不仅对传承傣族文化，整理傣族古籍有重大意义，而且对发挥傣文在信息化时代的功能，促进民族语言的科学保护也有着重要作用。

（二）傣语文本语料库建设

2013 年云南民族大学的刀洁申请到国家社科基金项目"基于数据库的傣语长篇语料语法标注和类型特征提取研究"。在项目实施的 3 年中，课题组对傣语四个方言进行了选点，并深入当地进行实地调查，对不同方言点采用不同的方法进行数据采集，收集到大量弥足珍贵的长篇语料。2015年，刀洁主持了"语保工程"的 3 个一般项目，主要承担了傣语方言中的西双版纳方言、德宏方言和金平方言等 3 个方言点的调研和摄录工作。

在整个研究过程中，课题组主要遵循了以下几个原则。

1. 数据采集的原则

（1）活材料与文献材料并重

这一原则是针对西双版纳和德宏两个有文字的傣语方言。傣文经书浩如烟海，尤其是西双版纳傣文贝叶经，里面的故事内容极其丰富，因而在采集活语言时，也同时收集经书文献。

（2）以活材料为主

这方面主要是针对无文字的方言或者有文字而缺乏文字资料的方言。

2. 语料入库的原则

根据"语保工程"的统一标准，对 3 个方言点的音系、3000 个词语、100 个语法例句以及口头文化等进行了音频、视频的同步摄录，并按要求对口头文化进行语素分析和整句翻译。

与此同时，项目组对傣语四个方言的长篇语料进行了语法标注。

在傣语文本语料库建设中遇到的问题有以下几方面。

1. 文献资料大多是傣文不易查阅

傣语的文献资料基本都是用本民族文字记载的，资料很丰富，但既懂文字又能翻译的人太少，尤其是做语素分析时遇到的问题更为突出。

2. 濒危方言的长篇语料不易收集

对濒危方言中长篇语料的收集比较困难，会讲故事的人太少。

3. 各方言点的材料参差不齐

有的方言语言材料极其丰富，可根据需要任意选择。有的方言则很难收集到所需的资料。

4. 对长篇语料有无必要进行语法标注

项目组参照了中国社会科学院民族学与人类学研究所国家社科基金相关项目的一些做法，对傣语长篇语料进行了语法标注，但这项工作的意义和价值如何体现，还有待进一步的检验。

5. 对入库的资料该如何开发和利用

对入库的资料如何实现共享，也需要进一步思考和探索。

五　"云南少数民族语言文字资源库"建设

《云南省少数民族语言文字工作条例》实施以后，云南省各地从实际出发抢救和保护濒危少数民族语言，重视对以少数民族语言文字为载体的非物质文化遗产的抢救工作，保护少数民族的优秀传统文化。例如，积极推进"中国语言资源有声数据库——云南省少数民族语言资源库"的建设，推出《中国语言资源有声数据库调查手册·少数民族语言》，建立"云南少数民族语言文字资源库"，建设云南少数民族语言文字博物馆，积极举办骨干人才培训班。2017 年，云南省民宗委在昆明举办了 100 多人参加的"云南省少数民族语言文字传承保护骨干人才培训班"，云南省民语委办公室在玉溪市元江县举办了"民族语言记录与典藏田野调查培训"，楚雄州举办了苗文师资培训班，西双版纳州建立了全国双语和谐乡村（社区）示范点。

（一）试点工作

2008 年 10 月，教育部启动了"中国语言资源有声数据库"的建设试点工作，云南省民语委承担了其中的少数民族语言采集试点任务。按照"试点先行，稳步推进"的要求，完成基础设施建设后，在资源数据库架构设计开发的同时，着手进行试点采集工作，目的主要是检验设备、采集词表和制定工作方案等。云南省民语委结合教育部有声语档建设项目在云南开展的试点工作，聘请上海师范大学潘悟云教授对专业人员进行培训。在此基础上，2009 年，由单位组织人员，在上海师范大学潘悟云教授和中国社会科学院民族学与人类学研究所黄行研究员的带领下，邀请广西农业大学等机构的语言学专家，到云南省德宏州陇川县对傣语、景颇语和载瓦语进行试验性录音，主要录音成果是 1300 个词①，即每个语种采集 1300 多个日常词语，并进行分析。到 2010 年 2 月为止，首次采用数字化技术手段采集了 2 个民族 3 种语言的词汇语音库。当然，单纯的词汇语音库建设不足以再现一门语言的使用情况，需要补充对话、语篇和各种形式的有声语言资料。

（二）收集语言文字实物

为充分展示云南丰富的少数民族语言文字资源，考虑在"云南少数民族语言文字资源库"中建设"云南少数民族语言文字资源展示中心"，展示中心以实物展示为主，同时也可将相关展示内容数字化，作为资源库的一个重要组成部分。展示中心建设从收集少数民族语言文字实物开始，根据内容进行分类，融普及和专业为一体，并结合云南民族工作 70 周年成就展，开展布展工作。

---

① 李素琴，杨炳钧. 云南省濒危民族语言有声语档的建设方法探讨［J］. 大理学院学报，2012（11）：32.

（三）网站建设

建设"云南少数民族语言文字资源库"需要通过门户网站将丰富的语言文字资源向社会进行展示，以宣传党和国家关于民族语言文字的政策法规，介绍云南民族语言文字工作情况，交流民族语言文字科研成果，共享民族语言文字资源等。为此，云南省民语委又专门建设了"云南少数民族语言文化网"。该网站以"传承民族语言文化，建设共有精神家园　珍爱语言文字资源，构建和谐语言生活"为宗旨，设有图片信息、工作动态、政策法规、规范标准、应用推广、对外合作、民族语种、年度大事、实物展示、学术交流平台等栏目，内容丰富、信息量大、更新及时。

（四）语音实验室建设

采集可靠的语言资源，是建设语言文字资源库的主要环节。为保证采集质量，在资源库用户中专门建设语音实验室。建设内容包括进行室内装修和购置相关设备，室内装修涉及录音室和控制室两部分。其中录音室面积 24 平方米，控制室面积 16 平方米，共计 40 平方米。

（五）采集工作

共采集濒危语言 19 种，其他语言 6 种。

"云南少数民族语言文字资源库"项目立项后，在上级有关部门的关心支持下，实施工作进展顺利，有力推进了云南少数民族语言信息化建设，取得了初步成效。今后，还将进一步加大"云南少数民族语言文字资源库"项目的实施力度，加快项目建设进度，争取早日建成"云南少数民族语言文字资源库"，为抢救保护少数民族语言文字资源，提高国家文化软实力做出积极贡献。

第三节　"三大工程"的启动与实施

一　中国语言资源保护工程

中国语言资源保护工程由教育部相关部门和国家语言文字工作委员会主管，自 2015 年启动以来，以其空前的规模、先进的理念、现代化技术手段等时代性特征，被誉为迄今为止世界范围内规模最大的语言文化保护项目，到 2019 年底共调查 172 个语言点，覆盖全国各省、区、市和港澳台地区 123 个语种和全国各地方言，调查收集到的原始文件数据超过 1000 万条，其中音频数据超过 560 万条，视频数据超过 500 万条，总物理容量达 100TB，建成了世界上规模最大的语言资源库，建成了大规模、可持续增长的两大多媒体语言资源库——"中国语言资源保护工程采录展示平台"和"中国方言文化典藏多媒体资料库"，持续在线收集和汇聚展示中国语言资源。出版"中国语言文化典藏"（20 卷）和"中国濒危语言志"（30 卷）系列丛书等重大标志性成果。特别是"中国语言资源保护工程采录展示平台"承载了多年来我国语言资源调查工作的成果数据。作为官方资源管理、应用和展示的唯一平台，它为专家学者提供了更精确、更全面、更快速的语言资源分析，提高了语言资源采集、分析和保护工作的效率。这些成果的背后是专业团队的努力：全国共有超过 350 所高校和科研机构参与工程建设，组建的专家团队 1000 多个，投入的专业技术人员有 4500 多人，语言方言发音人 9000 多人，参与工程的机构和人员之多，是我国乃至世界上同类工程中前所未有的。

我国语保工作的成功实践为世界语言资源保护提供了可资借鉴的"中国模式"，其中包含了三大定位（国家工程、社会化、科学性）、三大理念（多语分用、在使用中保护、跨越鸿沟）和三大经验（政府主导、专家实施、社会参与）[①] 等内容。

2021 年启动的二期建设将运用现代化手段，对此前调查收集到的语言资源进行科学系统的整理加工和全面深度的开发应用，建成准确权威、开放共享的语言资源公共服务平台，产出系列标志性成果，全面提升我国语言资源保护和利用水平。值得关注的是，二期建设还将对一些持续濒危的语言方言开展调查保护，编写出版语言资源集、濒危语言志等内容。[②]

---

① 龙军，禹爱华. 保护语言多样性　构建人类命运共同体——首届世界语言资源保护大会侧记 [N]. 光明日报，2018 – 09 – 21（16）.

② 孙竞. 中国语言资源保护工程启动二期建设　将对濒危语言方言开展调查保护 [EB/OL].
［2021 – 04 – 20］. edu. people. com. cn/n1/2021/0420/c1006 – 32082993. html.

二　少数民族濒危语言抢救和保护工程

"少数民族濒危语言抢救和保护工程"由国家民族事务委员会相关部门主管。

中国语言资源保存和少数民族濒危语言抢救工作，主要采取了收集、整理、建库、展示、编典、宣传等措施。

具体说来，就是收集整理汉语方言、少数民族语言和民间口头文化的实态语料和网络语料，建设大规模、可持续开发的多媒体语言资源库，开发语言展示系统，建立当地语言文化资源展示网或体验馆，筹建中国语言文字博物馆，编制和完善中国语言地图集、语言志、濒危语言和方言志等基础性系列成果。宣传语言保护工作，增强全社会的语言资源观念，提高全社会的语言保护意识。

三　语言文化遗产保护工程

"语言文化遗产保护工程"被纳入非物质文化遗产保护传承之中，由文化部相关部门主管。语言文化遗产保护工作应遵循的原则包括"完整性原则、活态原则、固态/标本原则、尊重原则、传承原则"等五大原则。

"语言文化遗产"是指一个民族或族群世代相传的一种非物质文化遗产，是其文化遗产的组成部分，是以人为本，以语言作为主要载体的一种传统口头文学表现形式。[①] 语言文化遗产和其他类型的非物质文化遗产一样，有"一般"和"优秀"之别，优秀语言文化遗产是指体现中华民族优秀传统文化，具有历史、文学、艺术、科学价值的语言文化遗产。国家对一般的"非物质文化遗产采取认定、记录、建档等措施予以保存，对体现中华民族优秀传统文化，具有历史、文学、艺术、科学价值的非物质文化遗产采取传承、传播等措施予以保护"。[②]

保护优秀语言文化遗产，主要采取传承、传播等措施。大致可以分为以下两种情况。

[①] 《中华人民共和国非物质文化遗产法》第二条［EB/OL］．［2011 – 02 – 25］. http://www. gov. cn/flfg/2011 – 02/25/content_1857449. htm.

[②] 《中华人民共和国非物质文化遗产法》第三条［EB/OL］．［2011 – 02 – 25］. http://www. gov. cn/flfg/2011 – 02/25/content_1857449. htm.

对优秀语言文化遗产主要采取入录、入区、传承、传播、宣传、展示等保护措施。

入录，即列入"非物质文化遗产代表性项目名录"。有些优秀的语言文化遗产，经国家或地方政府文化主管部门批准，在"非物质文化遗产代表性项目名录"中公布，可以认定其代表性传承人，设立语言文化遗产展示场所和传承场所，展示和传承语言文化遗产代表性项目，开展各种相关的宣传、教育、媒体、出版等活动。

入区，即纳入国家级文化生态保护区的保护项目。有些优秀语言文化遗产，作为保护项目，设在了国家级文化生态保护区的保护项目中，如2007年设立的闽南文化生态保护实验区，将"闽南方言文学"定为该区的十大保护项目之一。截至2017年1月，国家级文化生态保护实验区已达23个。

一般语言文化遗产也相应采取调查、认定、记录、建档等措施予以保存。由政府相关部门组织调查，收集语言文化遗产组成部分的代表性实物，整理调查获取的资料，建立档案及数据库，妥善保存，防止损毁、流失。

第四章　少数民族濒危语言的记录和保存

第一节　少数民族濒危语言的调查记录

我国 55 个少数民族中，有 40 多个民族的语言没有文字记录，对这些面临危机的语言进行抢救保护有多种方式方法，其中的语言调查和语料整理，主要是通过语言的田野调查，抢救活的语言材料，作为书面材料永久保存，即建立濒危语言档案资料。这项工作要依靠田野语言学工作者的实地考察、沟通交流，需要几代人长期持久地深入下去，尽可能多地录制未经修饰的自然语言语料，将其作为语言文档记录的一部分。

语言的调查记录主要是采用录音、录像的方式采集，并对语言结构变异和功能萎缩的原因进行考察和分析，整理成音像档案资料，编纂出语档研究文集。这是长久以来不断延续的语言学传统做法，也是濒危语言建档的主要模式。

濒危语言的调查记录包括无文字濒危语言调查记录理论和方法的运用、各类语料的记录方法、记录分析语言的文化背景、语料注释翻译方法、声像材料记录的技术手段，以及调查记录者与语言合作人及语言社区互动等方面的特点和相互关联。[①]

少数民族濒危语言调查记录的重点不在于构建博大精深的理论体系，而在于对现存活态口语和言语实践进行全面、充分的记录。同时，所有记录、描写、分析、研究的成果，都要让普通民众特别是语言族群听得懂、看得明、学得会、用得着。

---

① 郑玉彤，李锦芳. 濒危语言的调查记录方法 [J]. 云南师范大学学报，2012 (7)：7.

一　采集记录

濒危语言语料的采集记录既有一般语言调查的规律，也有其自身的特点。总体来说，濒危语言的使用人口较少，有的青少年已不使用，有的仅剩部分老年人还掌握，往往都是双语使用，并且第二语言能力强于母语，日常生活中母语已很少使用，使用者被称为"母语半操用者"（semi-speaker）。母语有时沦为"记忆中的语言"，语言结构不稳定、不同社会群体间的差异较大，有的濒危语言，其传统口头文化遗产流失严重，无法记录成篇语料，受周边强势语言的冲击影响较大。对此，濒危语言的调查记录必须充分注意上述这些特点。①

（一）词汇的记录

少数民族濒危语言因长期受汉语的影响，一些常用概念已逐步被汉语替换，这就引发了濒危语言词汇记录中一个值得注意的问题——要尽量挖掘固有词，时刻提醒发音合作人说出固有词而不是同时使用的汉借词。多数濒危语言一般只能记录两三千个固有词，并且一个概念同时使用固有词和强势语言借词的情况十分普遍。一些濒危情况十分严重的语言，也可能只记到数百个词，但如果此前未得到有效记录，这也是十分有价值、值得珍视的。濒危语言词汇的记录需要反复核对，以避免概念表达的偏差、失误、曲解，避免以汉语词汇来表达，核对的同时查漏补缺，以提高词汇记录的数量和准确性。②

（二）句型句式的记录

句型句式的记录主要是为了提取句法学信息，最可靠的是从自然语篇中提取，但是自然语篇也不一定能反映该语言足够的句法信息，所以根据语言及其所属语族语支特点设定一定的句型句式例句，在记录自然语篇之前进行询问了解，是很有必要的。由于濒危语言结构的不确定性，通常一个句型句式有多种说法，这是很常见的。一方面要询问不同的表达方法，另一方面不要随便听信不同发音人之间的相互否定。这个调查阶段的各种

---

① 郑玉彤，李锦芳.濒危语言的调查记录方法［J］.云南师范大学学报，2012（7）：8.
② 郑玉彤，李锦芳.濒危语言的调查记录方法［J］.云南师范大学学报，2012（7）：8 – 9.

句型句式记录的疑问可先存留备查，待随后开展自然语篇材料的调查记录时，再结合新的材料进行分析判断。[①]

（三）各类语体的口头语言作品（自然语篇）的记录

濒危语言的调查研究工作一方面是要获得、保存其语言和语言学信息，另一方面是采录、保存语言背景和民族文化信息，因此对各类语体的口头语言作品的记录十分必要，而且要放在调查研究工作的主要地位。因为在进行基本的语言结构调查之后，大量的时间便要花在各种自然语篇的记录上。针对濒危语言自然语篇的调查，一般设置如下一些范畴：会话（设定话题，请合作人随意交谈）、神话、传说、故事、寓言、谚语、俚语、谜语、歌谣、戏剧、祭祀辞、祈祷辞、风俗谭（节庆、礼仪、宗教、禁忌、习俗、饮食、服饰、乡规民约等）、用具器皿编制工艺解说、食品制作解说、动植物食用解说、医药传统及动植物药用解说。有的语言濒危程度严重，使用功能长期萎缩，可能记录不到多少常见的传说、故事、歌谣类口头文学作品，但可以用其他方面的记录来弥补自然语篇的不足，尤其是风俗谭、各种生活领域的解说等。[②]

（四）语档采录的现代化

语料的记录和采集是濒危语言保护和保存的主要内容。传统的文本式记录方式已明显不能满足语档资源开发、利用、共享的需求，要想加快实现语档资源采集现代化，需要做到以下几点。

（1）录音录像设备的现代化。除了录音机、录音笔、摄像机、照相机等常用的采录工具外，还可以通过笔记本电脑或台式电脑、iPhone 或 iPad、固定电话或移动电话（智能手机）等进行实时录音、录像和数据传输。

（2）软件工具的现代化。语料采录使用的软件工具也应该与现代科技相结合，实现实时播放录音、分析语图、编辑音频文件（如剪去空白频带、延长或压缩时长）等功能。

（3）采录方式的现代化。需同时具备脱网单机采录和联网多通道采录

---

① 郑玉彤，李锦芳. 濒危语言的调查记录方法 ［J］. 云南师范大学学报，2012（7）：9.

② 郑玉彤，李锦芳. 濒危语言的调查记录方法 ［J］. 云南师范大学学报，2012（7）：9.

两种方式。①

二 整理归档

语料的记录整理是濒危语言记录研究的核心内容。由于缺乏甚至毫无文献记载，口头语料的记录及其注释翻译存留就成了相关濒危语言及其文化遗产存世的主要文献。不管是传统口头文化的萎缩（能讲故事唱山歌的人越来越少），还是该语言真正走向消亡，濒危语言语料尤其是成篇语料都很难再度进行搜集整理。零散的词语、句子材料主要体现语言学价值，成篇语料则兼具文献学和文化价值。

（一）语料的获得

在经过一段时间的边调查边学习，对所调查的语言有所了解之后，就可以开始记录词汇、语法例句等，之后对语言的了解就会进一步加深，可以多找些合作人挖掘成篇语料，但濒危语言社区能胜任这方面工作的人选往往不多。由于数字录音的便利，现在往往是先请合作人讲述语料、录音存贮，以待转写整理。成篇语料如果是故事传说等情节性较强的，或是篇幅较长的歌谣、祭祀辞、祈祷辞等，需要合作人先试讲数遍后再进行正式录音。②

（二）语料的转写

将录音材料转写成书写符号，口头语料就可以转换成文字资料，如此濒危语言遗产才便于存留和传播。书写符号必须是表音体系，可以是广受学界采用、有100多年历史的国际音标符号，如果该语言语音系统比较简单，也可以采用只有26个字母的拉丁字母系统，但往往还会遇到一些超出拉丁字母的读音，可用一些未出现在该语言音系中的字母替代，或者通过两个字母组合表音的办法来替代。直接采用国际音标符号系统的好处是表音符号多、不易混淆，采用拉丁字母的优点是符号简明、易于辨认、易于书写打印。语料的转写可以利用声像材料注释软件 ELAN 等进行，经过输

---

① 肖自辉，彭婧．论濒危语言语档的大众化、现代化和产品化［J］．西北民族大学学报，2016（3）：65.

② 郑玉彤，李锦芳．濒危语言的调查记录方法［J］．云南师范大学学报，2012（7）：10.

入转写符号，可以使声像与转写文本同步显示。

（三）语料的注释翻译

语料的注释翻译可以与录音转写同步进行，亦即一句一句听、边转写边注释边翻译，也可以一段一段地转写之后再注释翻译。一般选择翻译成流行的大语种，如汉语、英语，这样可以让更多的人来查阅利用这些语料。语料的转写和注释翻译，亦即文本化，是其得以被理解、运用的基础，而这又有赖于调查研究者对语言的熟悉程度，没有较长时间的调查研究，就不可能对语言有较深入的了解，进而进行高质量的文本诠释。

美国得克萨斯州达拉斯世界少数民族语文研究院（SIL）开发的 Toolbox 文本注释软件可以进行注释翻译，已经可以兼容汉字，可以根据需要将材料转变成 Word 等常用格式，其多层次注释、词性标注及文本翻译可以使我们较容易地开发语料，如编辑词典和话语材料集，同时该软件也提供了很好的检索功能，还能与 ELAN 等其他软件尤其是声像处理软件兼容，互相导入输出材料，这对大规模处理文本很有帮助。

ELAN 是目前流行的一个对音频、视频数据的标识进行创建、编辑、可视化和搜索的标注软件，由荷兰麦克斯·普朗克心理语言学研究所开发，几经改进升级，现在已经十分简便易用，功能相当强大，用它来处理各种多媒体数据，如音频、视频相当方便。它可以进行声音、影像材料同步显示的注释、翻译，兼容各种国际统一编码字体和不同的字符集，连接注释和匹配的媒体流（音像材料），用户可自定义注解层且层次数量不限，可导出用制表符分隔的各种文本文件。ELAN 可以存贮、排序、分类、检索，其本身就是一个数据库系统，可以运用该软件处理濒危语言的大量录音录像材料，进行语音材料转写、注释、翻译，包括有词汇及各种文体的话语材料，编辑撰写有声词典、话语材料集、参考语法，编辑保存大批使用便利、文化信息浓厚、经过注释翻译、声像与注释文本同步显示的口头传统文化资料，各种民歌、唱词、曲调、神话、传说、故事等都可以一一再现出来。①

---

① 郑玉彤，李锦芳. 濒危语言的调查记录方法［J］. 云南师范大学学报，2012（7）：10.

三 声像材料记录的技术手段

濒危语言调查研究工作十分依赖声像记录，因为只有这样才能保存真实的活态语料，这是该工作优于传统语言调查记录、存留书面材料的地方。声像材料的记录要遵循一定的技术标准，这样才能在相对统一的技术平台上传输、交流，有利于研究资料和成果的传播。如果要保存较好的音质，那么录音要优于录像，但有时语料的文化色彩较浓，则需要录像，以便同时保留文化形象、文化特色。词汇、句子、会话和传说故事等语料可录音，民歌、祭祀辞、生活习俗讲解等可进行录像。录音录像一般在语音社区进行，但是要获得高质量音质还是要到专业录音室进行采录，尤其是仅需要录音的部分，这样后期可以编辑制作出高质量的音档、数据库，供学界及其他方面的运用，同时能保存清晰的语言数据资料。①

（一）录音、录像材料的技术要求

一般专用录音机的录音效果优于录音笔和电脑，不少人习惯用电脑装载录音软件，再通过话筒来录音，这样虽然简便，后期音档处理也不复杂，但还是不如录音机的录制效果好（目前 Marantz、Sony 较受推崇）。此外，高质量的话筒是获得较好录音效果的重要保证。声音文件的录制要遵循一定的格式才有利于后期开发利用，一般来说在 CD 状态下（44 千赫，16 字节）编码为 WAV 或 CD – Audio 的没有经过压缩的数据是最好的。许多人觉得索尼的小型磁带录音机（MD）是一种方便而又容量较大的录音工具，而且声音质量也不错，足够作语言记录之用，但 MD 使用的是典型意义上的版权式压缩格式（ATRAC），容易逐年失真，不适合存档。②

录像材料适宜制作光盘，便于保真、传播，尤其是语言社区自己使用，如用于平时的娱乐活动，甚至双语教学等，这也有助于濒危语言的保护。与录音材料一样，影像材料的录制也要遵循技术标准。目前常用 MPEG – 4、H.264 或者 AVCHD 格式。影像材料占据的数据空间要比录音大得多，因此一般的格式其实都是经过压缩的，使用时会造成一些视频信

---

① 郑玉彤，李锦芳．濒危语言的调查记录方法［J］．云南师范大学学报，2012（7）：10．
② 郑玉彤，李锦芳．濒危语言的调查记录方法［J］．云南师范大学学报，2012（7）：10 – 11．

号永久丢失。虽然这些有损耗的压缩格式不是记录和存档的理想选择，但当下确实无法存储没有经过压缩的数字影像资料。实际上采取这些技术标准录制的影像资料基本上都能满足后期使用 ELAN 等软件编辑和制作 CD、DVD 的需求，效果大都还不错。①

（二）录音录像材料的设备要求

在录音录像前要准备好记录必需的器材、设备等硬件设备。随着计算机技术和数码科技的普及和发展，濒危语言记录所需设备已由过去单一的录音机发展到录音、摄像、照相、后期制作编辑等系统化设备体系。

第一，录音设备。录音设备按功能一般分为拾音设备（话筒）、调音设备（调音台）和记录设备（录音机）。也可以选择一种兼具上述两种甚至全部功能的设备，广播级摄像机也具备基本的调音、录音功能。在录制发音合作人的讲话内容时，应根据实际需要选择合适的录音设备。同时应准备一台录音机或录音笔，作为备份录制工具，这些独立的音频文件，也将为后期进行濒危语言的速录等工作提供方便。另外准备好充足的配件，如防风罩、话筒杆、电池、存储卡等。

第二，照相设备。应选用可更换镜头的专业相机和一套完整焦段的镜头作为照相设备。记录格式应为 RAW 格式，图像尺寸应为该机型所能记录的最大尺寸。预先准备好三脚架、存储卡、滤镜、电池、闪光灯等配件。

第三，摄像设备。应使用高清摄像机进行拍摄，信号应选取 PAL 制，帧速率为 25p，分辨率不低于 1920×1080，采样率应不低于 $4:2:2$（或所用摄像机的最高采样率），码率应不低于 50Mb 每秒（或使用摄像机的最高码率）。目前可供选择的摄像机型号很多，可由采录团队自行决定，但在选择摄像设备时应注意，如使用磁带摄像机，应充分考虑素材带的携带和保存；如使用存储卡摄像机，应准备配套设备（如笔记本电脑、移动硬盘、读卡器等）。考虑到设备匹配和配件通用问题，建议使用相同品牌、相同型号的设备进行多机位拍摄。

第四，后期设备。主要应选择较为通用的剪辑软件，如 Apple Final Cut 和 Adobe Premiere Pro，以便后续的修改和使用。

---

① 郑玉彤，李锦芳.濒危语言的调查记录方法［J］.云南师范大学学报，2012（7）：11.

四 加工存储

(一) 加工

根据加工的程度不同，可以分为半加工和精加工两大层次。半加工主要包括语料的切分、标注和转写等项目；精加工则是服务于语言教学和培训以及文语转写等大众化应用产品的开发工作。语档加工方式要与现代化科技相结合，实现半加工自动化，精加工规范化、标准化。一是提高语料切分、标注和转写的智能化程度，促进半加工方式自动化、标准化；二是实现语言产品与新媒体的结合，如制作基于移动手机/iPad 的多媒体自学电子图书等。[①]

(二) 存储

语档的存储要实现现代化。就目前来说，语档存储方式的现代化，主要是指语档的数字化。具体可分为三大类。

一是将早期成果数字化，具体内容包括：①对已有的图书、手稿、笔记等进行扫描、翻拍，将纸质文本转化为电子文档；②将所有手记资料转换成数字化数据文件；③将旧磁带、DV 带、CD 等电声介质语言资料转换成数字文件资料等。

二是对已有的数字化语档进行更新，内容包括：①将非通用的数据文件格式、特定设备软件专用文件格式转换成通用数据文件格式；②将旧的数据文件格式升级为新的数据文件格式；③定期更换存储介质，移动硬盘、光盘应每 3 年拷贝更换一次；④旧字符字库的转换更新，以确保数据文件所有字符在任何系统中都能够正确显示出来；⑤数字音频、视频文件进行必要的转写标注，建立数字标注文件等。

三是开发和建设新的数字化语档。具体内容包括：①对新的濒危语言及时采录、转写和数字化立档；②丰富和扩大濒危语言语档的内容和范围等。[②]

---

① 肖自辉，彭婧. 论濒危语言语档的大众化、现代化和产品化 [J]. 西北民族大学学报，2016 (3)：65.
② 肖自辉，彭婧. 论濒危语言语档的大众化、现代化和产品化 [J]. 西北民族大学学报，2016 (3)：65.

五　传播利用

(一) 语档传播的全媒体通道化

现代媒体是传播信息的介质。语档资源的传播要充分利用所有的现代媒体，一是广播电视报刊等传统媒体，二是新兴的网络媒体、手机媒体等。在互联网渗透到社会各个领域，影响各行各业的"互联网＋"时代，实现语档资源传播方式的现代化，在某种程度上来说，就是指互联网化。

互联网尤其是移动互联网已不仅仅是一种技术，而是正在成为一种日常生活方式。一方面，网络资源已具有相当完备的规模，由固定电话网、移动电话网、本地数字网、智能网、多媒体通信网、数字卫星通信网、国际因特网、无线移动数据网等多种网络构成了从天上到地下、从有线到无线、从单向到双向的现代化信息网络；另一方面，以智能手机、笔记本电脑、平板电脑等为代表的移动终端平台发展迅猛，不仅颠覆了传统的信息传播方式，还改变了受众的精神文化消费习惯，语档资源如能顺应各种新媒体发展的趋势，充分利用日益扩大和完善的国内、国际性的各种公共信息服务网络，建立在线获取和使用平台，开辟各种移动终端，获取和使用多种通道来实现濒危语言全方位、立体化的双向传播，其社会影响力之广以及社会意义之大将是不可限量的。这方面的工作有：①为濒危语言建立多媒体网站；②为濒危语言开发学习、娱乐类 App；③为濒危语言制作适合在移动平台上学习传播的在线课程，如慕课、轻课、微课等；④为濒危语言开设微信公众号；⑤为每种濒危语言开发一个文语转换音库，可用于手机信息提示、医院热线预约服务及排队叫号系统、公交地铁报站系统等；⑥为濒危语言多媒体电子书建立微信二维码等。

总之，要将互联网技术和理念充分运用到濒危语言语档的传播上，将语档资源更好地提供给社会大众，引导他们获得更多的语言文化信息，促使他们积极主动地学习语言、传播语言、复兴语言。①

---

① 肖自辉，彭婧. 论濒危语言语档的大众化、现代化和产品化 [J]. 西北民族大学学报，2016（3）：65－66.

（二）建立智慧型门户网站

首先，智慧型门户网站不同于普通数据库检索网站，响应和感知是其最核心的要素。网站在运行过程中可以感知用户需求，对大数据进行实时分析，就用户关注的内容进行相应的、有针对性的调整，实现两者的良性互动。其次，可以对资源进行智慧化管理，实时掌握资源的动态。网站可以建立热门检索词、热门栏目、热点资源等模块，对热点信息进行排序和展示，引导用户的检索和研究思路，激发用户的灵感，提升用户之间的认同感。再次，建立智能交互模块，使用户参与资源建设。用户可以通过一个智能化界面，直接编辑用户的文字、图片、音频、视频等数据，然后上传到数据库中，由数据库管理人员审核后供大家使用，提高资源的更新速度。最后，建设专题子库。根据用户使用情况的大数据分析结果，将某个方面的语档资源进行汇总后，重新组织成新的知识单元，充分利用已有的资源和其他数据库的相关知识信息，在此基础上建立各种类型的专题子库。

（三）开展智慧化检索利用服务

一方面是建立智能检索系统。一是要整合相关机构的资源，把少数民族濒危语言资源库嵌入博物馆、图书馆或档案馆等机构门户网站的检索系统中，并与同类语料库进行关联，实现少数民族濒危语言资源的一站式检索。二是要提供专业的检索功能，支持任意复杂的布尔逻辑检索式搜索，提供中外文多种同义词、相关词的提示，方便扩展搜索。三是使检索结果具有聚类分析功能。提供多种聚类分析模式和图示，使用户能快速获得搜索结果的分布情况。四是检索结果可以根据相关性和重要性智能排序。相关性可采用各字段加权混合索引，重要性则通过对文献来源权威性分析实现对资源质量的评价，使结果排序更加科学。

另一方面是建立用户知识空间，开展个性化服务。一是开展基于大数据分析的少数民族濒危语言资源专业化知识服务，比如针对语言学研究的科研情报服务。二是建立用户空间模块。用户可以将所有感兴趣的内容订阅到自己的私人空间，并进行分类管理，可以单独记录和查询使用日志，保护隐私。三是开展全程化跟踪和精准推送服务。系统智能分析用户的使用习惯，自动推送用户感兴趣的资源。

（四）开发多样化的智慧型应用平台

在全媒体融合的背景下，用户获取资料的途径是多样化的，要为用户提供濒危语言的语档资源服务，需要开发各种类型的智慧服务平台。首先，研发少数民族濒危语言语档资源库移动端 App 应用。目前移动应用已占了互联网访问流量的巨大市场份额，考虑到未来的发展趋势，目前的数据库都必须适应移动检索、学习和研究等移动端需求，打造完善的少数民族濒危语言语档资源服务生态体系。比如在资源重新加工后，借用现有的平台，如抖音短视频等应用进行资源发布。其次，建立微信公众号和官方微博账号。用户可以通过公众号平台采集和分析资源，参与资源共建。目前微信公众号中关于少数民族语言文化的专题库已经有很多，但缺乏综合性的资源平台。微博和公众号可以每天公布最新或最热门资源的音视频及介绍，传播少数民族语言文化，进一步扩大语档资源库的影响力。再次，开发管理员移动终端管理功能。对数据库管理功能进行集成，包括资源的审核与增删、权限控制、用户管理、数据实时监控等功能，满足管理者随时随地监管数据库的需求。最后，开发用户交流平台或论坛。用户可以分享发布信息，记录学习过程，交流心得体会，形成一个完整的知识服务空间。

第二节　少数民族濒危语言的立档保存

一　录制

语言档案编制的第一步是数据的采录，这个步骤需要使用高质量的录音器材、话筒、监听耳机以及存储设备，录制的过程应严格遵守以下原则：①不录制压缩格式的音频文件，如 MP3；②不直接将数据录制在计算机的硬盘上，以防意外丢失。

录音设备按功能一般分为拾音设备（话筒）、调音设备（调音台）、记录设备（录音机）；参考音在一路、外接麦克风接二路；录制前调整录音电平在 −12dB 到 −16dB 之间；格式为 WAV 或 MP3 格式；如果有条件可考虑同时用一部数字录音机（笔）进行参考音录制。①

随着录音技术的升级，录音设备也在不断更新。2006~2009 年，通常使用 Sony MZ - NHF800 便携式 Hi - MD 录音机，这种录音设备当时的特点有以下几点。

（1）容量高，可以说是当时最强的 mini 音乐碟片。

（2）采用高密度录音技术，支持 132kbps、105kbps、66kbps、64kbps、48kbps 采用率，支持 pcm 无损编码（wave 标准编码）。

（3）可实现 Line/Mic 直录。麦克风采用 Sony ECM - MSDI，可以选择 90 度和 120 度录音方位，配上相应的防风套，将噪音干扰降到最小。

（4）可与 PC 机或 Mac 机兼容，对应 USB 2.0 数据传输，采用 Sonic-Stage 3.4 管理软件可实现从 PCM/ATRAC 3plus 格式文件到 WAV 格式的转换。

劣势是使用上不方便，首先需要随身携带录音小碟，其次需要专门软件进行转码才能转成 WAV 格式。

2010 年后开始使用索尼 PCM D100 录音棒，这款设备具有便携且录音质量高的特点，主要性能有以下几点。

（1）支持 1 - bit audio DSD（直接数字流编码）录音格式，音质自然流畅、贴近原声，与 SACD 格式相当，忠实录制原声且音质十分清晰，录音接近原声且空间感优于线性 PCM。

（2）支持 192KHz/24bit 无损压缩线性 PCM 录音格式，清晰度优于录音的标准格式 96KHz/24bit。

（3）其 100dB 信噪比模式，降低内部噪声，录制细小声音时能达到高清晰度。

（4）采用 DSD 编码技术。DSD 是一种前沿编码技术，常用于 SACD，目前 CD、DVD 和电脑声音等数字音频使用的仍是 PCM 格式，而 DSD 是一种与 SPCM 截然不同的数字音频格式。不同大小的音频信号用 1 - bit 数字脉冲集中表示，音质得到进一步提高。DSD 格式消除了传统的 PCM 格式具有的 "数字感"，让人们在数字技术下也能听到模拟技术还原的音质质感，

---

① 中国记忆项目. 国家级非物质文化遗产代表性传承人抢救性记录工程操作指南（试行本）[Z]. 2016：9-10.

兼具模拟录音的流畅度和数字录音的清晰度。

（5）配备新开发的大直径定向麦克风，针对 DSD 录音格式进行优化。新开发的 15 毫米直径麦克风采用驻极体电容麦克风，具有出色的信噪比，可将鸟叫声等细小声音如实录制下来，且不带多余噪声。通过精心设计麦克风组件的安装位置甚至细节的间隙部分，麦克风的内部空间得到优化且达到约 31dB/Pa 1KHz 的高灵敏度，超过 20KHz 的频率特性，可以有效发挥 DSD 录音格式的优势，并通过改变麦克风角度来适应采集声音所在的区域。例如，当麦克风距离声源较近时，如单人表演或两三个人的谈话场合，可选择"X – Y 位置"来录制音频，如此便能录制出富有空间感的自然立体声；对于乐队、合唱或其他多人表演的大型场所，录音时可选择"宽立体声位置"，如此便能采集到具有广阔空间感的高保真饱满声音。

（6）REC 音量旋钮。此装置可同时调节左声道和右声道的录制音量，可以通过小幅调整左右声道的差异实现录音音量水平的调整。

（7）内置内存最多可录制约 10 小时 50 分钟的 DSD 格式音频，可将录制的音频复制到存储卡中并与他人分享，还可以使用 SDXC 存储卡（48GB 或以上容量）。①

二 数字化

数字化的原意是把一切信息都变成只由 0 和 1 这两个数字组成的、用不连续的数位表示的二进制代码。随着数字信号处理技术、计算机技术和多媒体技术的发展，采用数字化手段对声音进行录制、编辑和存储的数字录音技术应运而生。数字录音技术的优势在于其声音质量取决于 0 和 1 两种状态，不论外界的干扰有多大、多强，只要不影响 0 和 1 这两个数字的识别，都可复原成无杂音的原始信号。② 将模拟信号通过数字化采样、量化、压缩和编码等过程进行"模/数"转换后，就可形成数字信号，实现信息内容与载体的分离，使语档的利用和传播更为高效便捷。

濒危语言文档的数字化是指采用高速扫描技术、数据压缩技术等信息

---

① 饶敏 . 濒危少数民族语言的档案编制工作探究——以濒危语言贵琼语为例 [J]. 科教导刊，2017（4）：142 – 143.

② 徐恩慧 . 数字时代录音技术概述及发展刍议 [J]. 音响技术，2010（1）：17 – 20.

处理手段，将其进行转换处理，形成数字化信息，并以数字代码的方式存储起来，这些数字信息可以通过计算机管理系统进行操作处理，通过网络进行传输，使以纸质、声像、多媒体为载体形式承载的文档信息能够通过计算机与网络进行管理和提供利用。

语档资料数字化的方法较多，最常用的有：键盘录入、手写识别、声音识别、图像识别、图像扫描等。语档信息只有经过数字化处理，建立以多媒体网络数据库和多模态语料库为主体类型的标准数据库，才能在网上存储、发布和传输。因此，语档信息数字化是网络信息平台建设的基础。

口语语料的数字化涉及将语言材料转化成信息化的电子文本。语言材料除了音频、视频资料外，还包括在田野调查中形成的手写记录。在进行数字化存储时，特别要注意将一些重要的背景信息和电子文件联系在一起，这些重要的信息就是"元数据"。元数据是关于数据的数据，或者说是关于数据的结构化数据，其作用为描述语言资源或数据本身的内容特征和其他属性，规定数字化信息的组织，对数据进行定位、管理、调用和追踪，加强对语言资源的发现、识别、开发、组织和评价。探讨濒危语言数字遗产的核心元数据，是为了确立濒危语言数字遗产基本元数据的核心集，给出描述濒危语言数字遗产基本特征的元素定义，将其直接运用于濒危语言数字遗产的著录、存储、交换和处理。

关于语料的元数据格式有一些国际标准可供参照。如都柏林核心元素集（Dublin Core Element Set），简称都柏林核心（DC），1995 年 3 月由美国联机计算机图书馆中心（OCLC）和美国国家超级计算机应用中心（NC-SA）联合开发，因创始地在美国俄亥俄州（Ohio）首府都柏林市而得名，其维护机构为都柏林核心元数据倡议（Dublin Core Metadata Initiative，DC-MI）。

DC 用于描述资源对象的语义信息，从而实现网络信息资源标识、编目和检索，是目前国际上广泛认可和使用的元数据标准，并且已经得到ISO15836、NISOZ3985、RFC5013 等标准的官方认可。[1] DC 元数据规范最

---

[1] Dublin Core Metadata Initiative. Dublin Core Metadata Element Set, Version1. 1［EB/OL］.［2019 – 01 – 16］. http://dublincore. org/documents/dces/.

基本的内容是包含 15 个元素的元数据元素集合，以 15 个核心元素描述或标识对象内容和外观特征，对数据单元进行详细、全面的著录描述，数据元素包括内容、载体、位置与获取方式、制作与利用方法、相关数据单元等方面，见表 4-1。

表 4-1　DC 元数据元素描述 *

元素名	标签	定义
Title	名称	资源正式公开的名称
Date	日期	与资源生命周期中一个事件相关的时刻或一段时间
Creator	创建者	创建资源的主要责任者
Subject	主题	资源的主题
Publisher	出版者	使资源可以获得和利用的责任实体
Contributor	其他责任者	对资源做出贡献的其他责任实体
Type	类型	资源的特征或者类型
Description	描述	资源的说明解释
Format	格式	资源的文件格式、物理媒介或尺寸规格
Source	来源	与当前资源来源有关的资源
Rights	权限	资源本身的所有者权利信息或被赋予的权利信息
Identifier	标识符	在特定上下文语境中，给予资源一个明确的标识
language	语种	资源的语种
Relation	关联	相关资源
Coverage	覆盖范围	资源涉及的空间或时间主题，资源适用的空间或者资源覆盖的范围

＊信息与文献　都柏林核心元数据元素集［EB/OL］.［2016-11-22］www.docin.com/p-1792313534.html。

DC 作为一种最具影响力的元数据格式，具有可选择性、可扩展性、可修饰性和可重复性等特点。作为一种简单而易于掌握的资源描述格式，DC 中的每一个元素都有一个被普遍理解的语义，通过与其他元数据建立映射关系，从而被广泛使用，众多元数据的开发都以 DC 为依据。①

元数据标准的设计分为三个阶段：第一是对濒危语言数字资源内容可

① 数字图书馆推广工程、CADAL、Open Library、CDL、Haith Trust、Goog Book Search、美国记忆和欧洲数字图书馆等都是基于 DC 的元数据著录方式构建各自的元数据标准。

能涉及的相关要素进行排列，包括民族称谓、地域分布、语言属性等，这些要素要在设定的元素中得以体现；第二是确定元素集（元素集是指元数据的元素项）；第三是做好元数据的解释描述工作，标明元数据的术语定义和使用范围，以及规范性引用文件等。①

对于每份录音至少应包含以下信息。

（1）录制章节的题目，这样便于在语料库查找识别这段音频的对应部分。

（2）录制的地点和日期。

（3）录音人的姓名和其他在场人姓名（不论是否参与了对话）。

（4）录制人姓名及使用的器材设备。

（5）关于录音质量的提示（录音环境、发音人的能力水平等）。

（6）对录制内容的简短描述：题目、话语类型——对话、独白等。

（7）涉及同一内容的不同媒介间的联系也一并提及（比如这段录音对应的是哪段笔记、哪段是对应这个录音的文本）。

（8）关于该段录音的详细的可使用性。

（9）发音人的社会语言学特性（性别、年龄、出生地、所说语言、受教育程度等）。

（10）如果记录转写录音的人不是录制者本人，还会提及转写人的社会语言学特性、转写的日期和地点。②

在大数据背景下，为了更好地保护和开发利用少数民族濒危语档，更加需要对其进行数字化加工处理。可以通过扫描或 3D 拍摄、图像处理、数据备份等技术方法开展少数民族濒危语档数字化建设，也可以采用虚拟现实技术制作网上三维互动展览厅等多种方式，弥补档案管理方式的不足，提供高效的语档信息服务。

三 分析

语料分析是最复杂、最难以预估时间的部分。Schultze - Berndt 估计，

① 徐晨飞. 南通地方非物质文化遗产数字化保护方法设计探究 [J]. 南通职业大学学报，2015 (1)：13 - 18，26.

② 饶敏. 濒危少数民族语言的档案编制工作探究——以濒危语言贵琼语为例 [J]. 科教导刊，2017 (4)：143.

1 分钟的录音根据想要达到的分析的详尽程度，所花费的时间为 1～150 小时。为了更好地完成语料分析，业内的标准操作是将语料文本以行间注释的形式来呈现。

（1）分析数据的第一行是音频数据的转写记录。转写应尽可能忠实地反映录音中的原话，包括停顿、错误、纠正、重复和其他细节。

（2）第二行是语素分解。按照预先分析的最小语义单位来划分，这样能分出最小的语义单元（比如组合词的不同词素）、词干及其前后缀等，这一行与第三行注释行是紧密联系的，因为它决定了所有需要加注释的单元。第三行可采用 The Leipzig Glossing Rules 的注释规则，这样更便于资料的流通和易懂性。

（3）第四至六行是翻译，一般会以发音人所在国家的官方语言来翻译，然后再将其翻译成一门被广泛识别的语言（如英语），这样可以让更多的人都有可能读懂。首先是逐字逐句的翻译，然后再按照官方语言惯用的表达方式翻译。

有不少可以用于语料分析的软件，可以在一个界面实现所有信息的整合。其中使用最早、用得最多的是 Toolbox，它能实现文本编辑和对语料进行行间注释，同时能自建一个词库。但这个软件无法实现分析、注释与音频、视频文件的对齐。由荷兰麦克斯·普朗克心理语言学研究所开发的软件 ELAN 能实现直接对音频、视频文件的注释，Toolbox 和 ELAN 两个软件都可以实现文件输出 XML 格式——这是很多语言档案编制机构常用的文档格式。①

四　留存

传统的存档主要集中于实体原件的留存，比如历史文件、档案的收藏与保存。现代技术已经开始改变这个领域的传统方式，许多数字档案馆应运而生，使海量的数据信息能实现更长久的留存。所有的语言档案都应提交给数字档案库，首先实现短期应用，比如编制语言教材或者是信息的添加和补充，以便最终实现长期保存，让这些语言即使没有发音人，也有录

① 饶敏. 濒危少数民族语言的档案编制工作探究——以濒危语言贵琼语为例［J］. 科教导刊，2017（4）：143－144.

音可供人们使用。

目前比较有名的语料库有如下几个。

1. The Berkeley Linguistic Archives, University of California Berkeley

2. AILLA（Archives of the Indigenous Languages of Latin America），The University of Texas

3. ELAR（Endangered Languages Archive），University of London

4. PARADISEC（Pacific And Regional Archive for Digital Sources in Endangered Cultures），The University of Sydney

5. Ies archives du LACITO（Langues et Civilisations Tradition Orale）du Centre national de recherche scientifique en France（法国口传语言及文化实验室的数据库）

6. First Voices Language Archive, Canada

但这些数据库目前都还没有实现开放存取，普遍的状况是，出于各种安全原因而无法通过互联网进入这些数据库，其实现在的安全手段已可以实现数据库访问权限的分级，有了安全的保障也就能更大限度地开放类似的语言数据库，以便让更多人使用。比如 ELAR 就有四种访问权限的设置。

（1）全公开；

（2）仅对研究人员及说本语言的群体成员开放；

（3）仅对说本语言的群体成员开放；

（4）请求授权才能进入。

我国于 2015 年开始实施的"语保工程"，将逐步建成规模最大、技术最先进的中国语言资源库或大数据语言博物馆，在此基础上，语言工作者采录的田野调查数据也应尽可能按照规范化要求保存，以便日后更好地兼容，融入一些大型数据库，实现资源共享。

目前在少数民族濒危语言语料的留存中应做到以下几点。

（1）使用 XML 文件形式保存。可扩展标记语言是一种简单的数据存储语言，使用一系列简单的标记描述数据，而这些标记可以用简便的方式建立，虽然 XML 占用的空间比二进制数据要多，但其简单易学，便于掌握和使用。

（2）使用 Unicode 字体，避免不识别出现乱码现象。

（3）视频文件以无压缩的 MPEG－2 或 MP4、FLV、AVI 等形式保存，视频比特率不低于 8Mbps。

（4）音频文件以 WAV（44KHz，16bits）、MP3、AAC 等格式保存，音频采样率不低于 44.1KHz。

（5）所有的田野调查纸质笔记也要保存。

（6）所有录制有数据的 CD/DVD 及 mini-disc 也需要保存，多形式多介质保存录制资料能最大限度地降低信息丢失的风险。①

（7）珍贵的录像视频文件可收集、归档一套 MXF 格式文件。

五　传播

传统语言语料传播的手段主要有编辑出版专著、论文集、词汇集、语法书、辞典、字典等，这些出版物虽然很实用，也符合大众的阅读习惯，但无法让人身临其境地感受语言的真实性和感染力。现在借助科技手段，可以实现语料传播的新模式。

（1）提供可交互式的语料资源。界面设计简明易懂，方便查找使用，避免使用者在面对大量数据信息时不知所措、迷失方向。

（2）实现语料的网上传播。将语料置于网络上，既方便语言学家查询利用，也便于大众浏览了解。现代计算机技术可以为用户提供文字、图片、动画、声像等多种网络信息服务。但是对于上网不方便的一些边远地区、偏僻村落的发音人来说，还是应当为其提供纸质文本和多媒体介质的材料（CD－ROM、DVD－ROM），特别是少数民族濒危语言的语料传播，一方面要发表出版相关的论著，另一方面也要将语料以音像制品、电子光盘等形式回馈给语言群体。②

六　结语

一个好的语言研究素材或者记录语料库应该具备以下特征。

（1）多样（diverse）。语料应该多样化，比如发音人的不同年龄、性

---

① 饶敏．濒危少数民族语言的档案编制工作探究——以濒危语言贵琼语为例［J］. 科教导刊，2017（4）：144.

② 饶敏．濒危少数民族语言的档案编制工作探究——以濒危语言贵琼语为例［J］. 科教导刊，2017（4）：144.

别和身份的变化、话语形式的多样性（独白、叙述、对话、多人交谈等）。包括不同体裁以及在不同社会文化语境中使用的语料，此外还应包括问卷调查的语料。

（2）大量（large）。利用现代信息和通信技术储存的数字化语料库数量要大，并可以把文本与媒体统一起来。

（3）不间断、可发布以及可利用（ongoing, distributed and opportunistic）。当获得新的语料时，参与者/发音人可以不断地在已有数据库中加入新数据。

（4）公开、透明、易懂（transparent）。注释清楚且至少要翻译成一门大众语言，如汉语或英语。语料库应对所有人，包括未来研究者，都是可用的，而不是只为建立语料库的研究者使用。

（5）可保存、可携带（preservable and portable）。通过语料库把语料长期保存起来，而不是仅限于特别的信息通信技术。录制数据的形式要便于日后随着技术的发展转变成新的形式，以实现可保存、可携带。

（6）伦理（ethical）。收集和分析语料要特别注重伦理原则，进入和使用语料库要有相关的协议，以示对他人的劳动成果和知识产权的尊重。①著作权保护和当地语言族群的意愿都要同时兼顾。

对照这些特征来检视我们的工作，发现还有很多有待改进之处，比如缺少大量视频数据的采集。音频数据的信息含量要远远低于视频数据，视频数据能够让我们捕捉到语言使用的更多信息，但是也随之带来了处理和分析的复杂性。对视频的分析处理涉及复杂软件的使用，而且视频资料的存储需要占用很大的空间。不过，组合并同步录制音频和视频的方法依然是语言档案编制工作希望采取的最理想方法。在以后的研究中，应尽可能地扩大口语交流的数据录制的种类。随着技术的发展，数据容量再大也不是问题。获取的语言资料容量越大，越能为我们提供更多关于语言本身、语言使用及语言发音人相关的信息。务必在整个语言档案的编制过程中采取相应的措施，以确保建成一个完美的语言档案库。

---

① 黄成龙，李云兵，王锋. 纪录语言学：一门新兴交叉学科［J］. 语言科学，2011（3）：264.

第三节　建立濒危语言档案馆的必要性
及实现路径

中国是一个多民族、多语言、多文字的国家。56 个民族使用着大约 130 种语言，分属于五大语系，另有一些语言，如朝鲜族、京族的语属尚待确定。按语言活力程度划分，少数民族各语种大致可分为六个类型：A 类（丰厚型）、B 类（削弱型）、C 类（萎缩型）、D 类（濒危型）、E 类（极度濒危型）、F 类（趋于消亡型）。

民族语言和地方方言是一个民族和一个地方最具特色的非物质文化遗产，语言不仅能够反映语言族群独特的思想、三观和思维方式，还蕴含着大量关于族群历史文化的信息，是极具价值的历史研究资料，也是珍贵的人类文化记忆。然而目前我国语言濒危现象严重，一些少数民族语言和弱势方言正在快速衰退，不利于文化遗产的传承和文化多样性的形成。因此，有必要对濒危语言进行抢救保护。

近年来，随着语言生态环境的恶化，少数民族语言及地方方言的濒危程度不断加深。早在 2007 年，中国社会科学院就公布了一组调查数据，我国有 129 种少数民族语言，其中已濒危或即将濒危的有 117 种（濒危的 21 种，正在迈入濒危的 64 种，临近濒危的 24 种，无交际功能的 8 种）①，可见，保存和保护濒危语言已刻不容缓。目前，一些国家和国际组织的研究机构已经通过建设濒危语言数字档案馆的方式来记录和保存濒危语言，虽然我国 2019 年底也建成了中国最大的"中国语言资源保护工程采录展示平台"，但距离国际先进水平仍有很大差距。总体上看，中国还处于濒危语言数字档案馆建设的探索阶段，理论研究与实践都不成熟。截至 2020 年 4 月 20 日，以"濒危语言建档"为主题在知网数据库中只检索到 7 篇文章，以"濒危语言档案馆"为主题仅检索到赵生辉的《中国濒危语言数字档案馆建设初探》一篇文章。

本节基于濒危语言建档保护的背景，在徐世璇、孙宏开、范俊军、赵生辉等学者研究的基础上，通过调查分析我国濒危语言档案馆建设现状及

---

① 孙宏开，胡增益，黄行. 中国的语言［M］. 北京：商务印书馆，2007.

存在的问题，学习借鉴国内外开展濒危语言档案馆建设的成功经验和做法，从学科交融的视角去分析建设濒危语言档案馆的必要性、可行性及实现路径，希望能够对濒危语言的长期保存及我国语言多样性的保护起到一定的推动作用。

一 建立濒危语言档案馆的理论基础

（一）濒危语言档案馆的概念界定

这里所说的濒危语言档案馆实际上是指濒危语言数字档案馆，它是在分布式计算机网络环境中，利用数字化技术、数据库技术、多媒体技术和计算机网络技术创建、获取、存储、处理、交换与发布数字语档信息的一种管理与服务机构。

濒危语言数字档案馆可以归纳为两种类型。

（1）实体概念。濒危语言数字档案馆是一种新型数字档案馆形态，是相对独立的虚拟化的档案馆，是数字档案馆发展的专门形式。

（2）技术模式。濒危语言数字档案馆是一个数字化信息系统，是一个由众多语档资源库群、语档信息资源处理中心、语档用户群构成的数字档案馆群体。广义的概念强调濒危语言数字档案馆的集合性、共享性。

2010年6月国家档案局发布的《数字档案馆建设指南》首次在规章制度中明确了数字档案馆的概念。根据这一定义，濒危语言数字档案馆的概念可以表述为：濒危语言数字档案馆是濒危语言保护研究机构为适应濒危语言族群日益增长的对濒危语言资源管理和利用需求，为实现对濒危语言档案的集成管理与综合性利用，运用现代信息技术对数字语档信息进行采录、加工、存储、管理，并通过数据库和网络平台为公众提供语档信息服务和共享利用的集成管理系统。

（二）濒危语言档案馆的性质及特点

与档案部门主导的一般数字档案馆建设不同，濒危语言档案馆是语言学与档案学交叉形成的一个新领域，它的建设需要语言知识的支撑，且最终服务于语言工作的相关领域，所以濒危语言档案馆的建设应当以语言文字工作机构为主导，档案部门为合作方，二者发挥各自优势、取长补短。理想的濒危语言档案馆应当具备以下几个特点。

1. 以话语为中心

濒危语言档案馆收集和展示的资料应以话语为中心，而不是过度关注字、词、句、语法。以往的濒危语言调查中，包括"语保工程"，都是以语言符号系统本身（语音、词汇、例句、语法）为主，忽略了话语在语言学习中的重要性。而符号系统只是学习和掌握一门语言的基础，是辅助性工具，只有话语才能完整保留语言全貌，全面反映语言在生产生活中的应用，展现语言族群的文化。因此，在濒危语言档案馆的建设中要注重收集自然话语，包括神话传说、民间故事、日常对话、诗歌民谣等。

2. 大众化

语言是人类社会共同的文化财富，濒危语言档案馆建立的目的就是记录和保存濒危语言，为有志于学习和恢复濒危语言的个人、团体和社会组织提供尽可能全面的知识信息，并为各种潜在用途提供语档资源。所以濒危语言档案馆必须面向大众、服务大众，以便于民众学习、理解、掌握语言为主旨，而不是单纯为了学术研究，这也正是联合国教科文组织和开放语档联盟（OLAC）大力提倡的。也只有这样，才能避免资源闲置和重复劳动，达到资源共享的目的。

3. 标准化

统一的技术性规范和标准是建立濒危语言档案馆的重要保障，濒危语言档案馆的建立应当遵循标准先行的原则，在语料的收集、记录、注释、分类、存储、保管、数字化利用过程中都要严格遵守相关的准则。这样有利于提高工作效率、优化濒危语言档案馆的馆藏质量，便于开发利用。

4. 全面性

濒危语言档案馆应全面采集记录多样化的语料语档，不仅要收集语言符号体系、自然话语、语言族群在社会生活中的语言活动，还要详细记录收集过程，包括发音人、收录人、设备和采录背景信息等。另外，还要进行同步标引、注释、翻译等工作。这样才能准确反映语言族群的文化生活和思维方式，帮助人们对某种语言进行全方位的认识、学习和掌握。

5. 可持续性

濒危语言的保存保护是一个长期持续的过程，所有语档都要进行长久的保存，因此濒危语言档案馆也必须符合可持续原则，应当拥有一套完整安全的档案数字化处理、加工、存储、管理和开发利用的技术流程，以保证语档的长期可读性，满足各方面的利用需求。

（三）建立濒危语言档案馆的价值和作用

首先，建立濒危语言档案馆有利于濒危语言的全方位记录和长久保存。语言是一种宝贵的不可再生资源，一旦消失，便无法恢复。只有通过现代信息技术手段对采录的资料进行数字化加工和记录保存，才能保证语档的长期可读性。20世纪中期采录的部分资料就是由于设备老旧导致信息丢失，而数字档案馆能有效解决这个问题，只需制定一套科学的工作标准并严格执行，再及时进行技术更新即可。

其次，建立濒危语言档案馆有助于语档的资源整合和共享，避免一些机构和个人盲目介入、重复劳动，也能有效解决资源闲置的问题。中国从1992年开始进行过许多大大小小的语言调查，已获得的调查资料大多散存在个人或机构手中，用完后大多丢弃或流失，而且形式各异，难以进行二次利用或共享。其中重复劳动的现象也很突出，同一种少数民族语言，前后会有多批学者前往调查点进行同样的调查记录工作。因此，迫切需要一个集成管理濒危语言资源的平台来实现资源整合和共享。

再次，建立濒危语言档案馆能有效提高传播范围和利用效率。在科技高速发展的信息时代，各种移动终端设备（电脑、平板、手机）已全面普及，通过移动设备可以轻松获取网络上的各种资源和信息。而濒危语言档案馆正是依托信息技术建立的一个网络平台，通过移动设备就能共享利用濒危语言相关资源，有效扩大濒危语言相关信息资源的传播范围，提高利用效率。

最后，建立濒危语言档案馆能够积极推动濒危语言资源的开发利用。濒危语言档案馆能够为相关科学研究提供丰富的第一手资料，有助于语档文化产品的开发，促进语言文化产业链的形成。

（四）建立濒危语言档案馆的理论依据与技术基础

建立濒危语言档案馆的主要依据是语档语言学的相关理论，另外也需要语料库语言学、档案馆学以及数位典藏等相关理论作为支撑。语档语言学是专门研究濒危语言记录和保存的方法、手段和基本原理的一门语言交叉学科①，其核心是研究如何科学地构建语档，使原始语料得以长期保存和利用，主要研究内容有四个方面：①有声语料的采录；②原始语料的转写注释；③语料资源的归档和信息化；④语档资源的共享和利用。濒危语言档案馆的建立主要涉及原始语料的建档、长期保存以及开放利用，特别是语料资源的数字化、网络化。可见，濒危语言档案馆的建立与语档语言学的研究联系紧密，语档语言学的相关理论和方法能为建立濒危语言档案馆提供重要基础和有力支撑。

濒危语言档案馆的建设在国外已是一个相对成熟的项目，形成了一套系统完整的技术操作流程，2015 年启动的"语保工程"也建成了国内第一个全国性的濒危语言数据库，这些同类系统都是我国建立濒危语言档案馆的重要技术平台。开放语档联盟（OLAC）制定了一系列关于语言资源数字化建档的技术标准和实践规程②，暨南大学汉语方言研究中心也编写了一套适用于有声语料记录和立档的标准规范。另外，开放档案信息系统模型（OAIS）③ 和 OAI 框架对于濒危语言档案馆的建立也具有重要参考价值。

二　建立濒危语言档案馆的必要性和可行性

（一）必要性

在科技迅速发展、信息急剧增长的现代社会，任何一种资源如果不通过现代技术进行数字化加工，进而在网络空间中传输交流，那么它的社会共享面和可用性将会受到极大的限制，资源本身的价值将得不到体现，记录保存它的意义也将大打折扣。而数字档案馆可以有效集中有价值的濒危语言资源，使其在网络空间里大范围传播和共享，同时也方便濒危语言档案的开发利用，是充分发挥濒危语言资源价值的必要条件。建立濒危语言档案馆的必要性有以下几点。

① 范俊军，张帆. 面向少数民族濒危语言的语档语言学 [J]. 西北民族大学学报，2011（6）：44－50.

② 范俊军. 少数民族濒危语言有声语档建设再论——OLAC 技术规范及其适应性 [J]. 西北民族大学学报，2010（6）：90－96，109.

③ 程妍妍. 基于 OAIS 的云数字档案馆功能结构模型研究 [J]. 档案学研究，2019（4）：124－130.

1. 是濒危语言抢救保护和长久保存的重要手段

濒危语言抢救保护的核心在于全面真实地记录语音原貌，为濒危语言的使用、学习、传承、恢复提供可靠的资料，长久保存的核心是使采录的原始语料具有长期可读性和共享性。另外，任何语言的记录材料都应是系统全面的。建立濒危语言档案馆，可以有效地收集整理散存于社会上的濒危语言资料，保证语言的系统性和完整性，现代技术手段也是这些材料得以永久保存和共享利用的有力保障。

2. 是濒危语言档案资源开发利用的重要方式

一个综合的、开放的、动态的、可扩充的濒危语言信息网络平台是当今技术条件下使濒危语言档案资源得到广泛开发利用的重要形式。无论是族群、社团还是个人，都可以通过这个平台获取丰富可靠的第一手资料，满足科学研究或其他需求。例如，高等院校可以利用档案馆中的言语样本来丰富语言专业课程的教学；语言学者可以利用档案馆中的资源进行相关课题研究、撰写论文、绘制语言地图，或是开发濒危语言文化产品；一些对濒危语言感兴趣的社会民众也可以通过濒危语言档案馆了解和学习某种语言知识。

3. 是濒危语言文化遗产传承延续的重要工具

语言是一种不可再生的非物质文化遗产，它是人们用来表达情感、交流思想的工具，它见证了时代的变迁和文化的传承，一种语言的消失就意味着一种文化的灭亡，正是语言的多样性才构成了文化的多样性。语言一旦消失便不可恢复，文化的传承也将无从谈起。在语言濒危问题日益严峻的今天，利用现代化技术对我国濒危少数民族语言、方言和口头文化的实态语料进行采录和数字化立档，能够科学有效地保护濒危语言文化资源，对语言文化遗产的传承具有重大意义。

4. 是全面掌握语言国情的有效途径

语言是一个国家软实力的体现，也影响着社会稳定，只有对语言国情有全面客观的了解，才能制定出科学且符合国情的语言规划和语言政策。而濒危语言档案馆的建立正是以全面调查、系统整理、集中管理为基础，它是决策者和广大民众全面了解掌握语言国情的一扇窗口。

（二）可行性

自 20 世纪 90 年代"语言濒危"问题浮出水面后，在语言学家的积极倡导和联合国教科文组织的有力推动下，各国政府、社会组织和个人都纷纷开始关注濒危语言的保存保护问题。经过多年的发展，国外对于如何建立濒危语言档案馆已经形成了一套相对成熟和完善的理论体系，也有一些成功的例子和经验可供借鉴；我国虽然还处于起步阶段，但相关组织机构和学者也在积极探索，并取得了一些成果。

1. 国外已有建立濒危语言资料馆的先例

为了记录保存濒危语言，国外部分国家和地区已经建立了专门的濒危语言档案馆（各国名称略有不同），并持续采录和不断积累相关语言资源。例如，荷兰 DoBeS 档案馆，英国濒危语言档案馆，法国国家科学研究中心档案馆，德国莱比锡大学进化人类学研究所的莱比锡濒危语言纪录档案馆，美国的美洲本土语档案馆、阿拉斯加本土语言档案馆、印第安语言调查中心档案馆，加拿大斯夸米什人语档案馆，澳大利亚环太平洋地区濒危文化数字化资源档案馆，日本国际濒危语言资料交流中心等，另外开放语档联盟（OLAC）也建立了虚拟语言资源档案馆。

2. 国内已有语言调查和记录的经验积累

我国对于濒危语言的调查记录经历可以大致分为三个阶段。①

（1）启蒙阶段（1992 ~ 2003）。自 1992 年我国 5 名专家参加了第 15 届国际语言学家代表大会后，濒危语言的概念传入中国，并在语言学界流传开来，一些学者开始尝试对濒危语言展开调查研究，如中国社会科学院民族学与人类学研究所与香港科技大学合作开展的"中国南方的濒危语言"研究，1998 年教育部批准资助的"西南地区濒危语言调查研究"，2001 年立项的国家社科基金重点项目"中国濒危语言个案对比研究"，黄行的《中国少数民族语言活力研究》②、徐世璇的《濒危语言研究》③ 也是在这个阶段写成的。

（2）繁荣阶段（2004 ~ 2014）。这个阶段的濒危语言问题得到了学界、政府、媒体、社会组织和公众的高度关注。据初步统计，2004 ~ 2014 年，

---

①　范俊军. 中国的濒危语言保存和保护 ［J］. 暨南学报，2018（10）：1 - 18.

②　黄行. 中国少数民族语言活力研究 ［M］. 北京：中央民族大学出版社，2000.

③　徐世璇. 濒危语言研究 ［M］. 北京：中央民族大学出版社，2001.

教育部、国家语委批准的，国家社科基金资助的，国家民委支持的，各省区市政府社科规划办批准资助的，各省区市教育厅和各地高校自设的濒危语言课题总数超过 400 项，总金额超过 3000 万，发表了数百篇与濒危语言相关的论文，出版了上百种濒危语言调查研究著作，开发了十多种濒危语言数据库。①

（3）中国语言资源保护工程（2015～2019）。这是国内首个以国家政府为主导，在全国范围内开展语言资源调查、采录、保存、展示和开发利用各项工作的重大工程，其目标是建成一个具有社会化属性的全国濒危语言资源数据库。

三 建立濒危语言档案馆取得的主要成就

（一）国外

1. 美国

语料库是濒危语言档案馆的前身，美国是最早开始建立语料库的国家。20 世纪 60 年代初 W. Nelson Francis 和 Henry Kučera 就在美国 Brown 大学创建了著名的 BROWN 语料库，数字语料库时代也随之到来，这个语料库有 100 万词级的规模，是首个机读（电子）语料库。此后美国相继建立了美国当代英语语料库（COCA）、美国国家语料库（American National Corpus，ANC）、美国口语语料库（SALT）等，还有美洲本土语档案馆、印第安语言调查中心档案馆和 John W. Du Bois 等人创建的圣塔芭芭拉美语口语语料库（SBCASE，Senta Barbra corpus of American Spoken English）都是比较成功的。②

2. 英国

英国较著名的濒危语言档案馆有英语国家语料库（BNC）和英国濒危语言档案馆（ELAR）。其中最具有影响力的就是 2005 年 9 月建成的 ELAR，目前通过该档案馆进行数字化建档的濒危语言已经超过了 140 种，ELAR 不仅具有数据访问、资料下载、交流互动、提问反馈、上传数据等

---

① 范俊军. 中国的濒危语言保存和保护 [J]. 暨南学报，2018（10）：1-18.

② 郑宇. 我国少数民族濒危档资源建设研究 [D]. 昆明：云南大学（博士学位论文），2017.

功能，还具有网络社交的功能。①

3. 荷兰

荷兰最成功的就是 DoBeS 档案馆（DoBeS Archive），该档案馆属于荷兰麦克斯·普朗克心理语言学研究所语言档案项目的一部分。该档案馆主要负责对濒危语言资源进行分类、数字化建档、存储、捕获处理，并供用户使用，同时还要研发与语言采录和档案管理保存相关的各种工具。该档案馆在 2005 年就承诺濒危语言资源保存期限为至少 50 年，之后每五年就进行一次技术更新及数据的更新、迁移和备份。目前，DoBeS 档案馆已经对 60 多种濒危语言进行了数字化建档。

4. 澳大利亚

1978 年，澳大利亚联邦政府公布了《关于为移民提供迁后计划与服务之评论报告》，之后历届政府都很重视语言的保存保护，先后建立了 20 多个覆盖全国的高质量少数民族语言档案数据库，其濒危语言档案馆的建设水平居世界领先地位。例如，1996 年由澳大利亚语言学家戴维·内森建立的"澳大利亚少数民族语言数据库"不仅严格管控语言档案资源的质量，还很注重资源的更新，每年都会进行一次数据的全面更新，2015 年还增设了"Apps & software"栏目，方便用户通过手机客户端连接数据库。2004年建立的"AUSTLANG 语言档案数据库"也很有特色，通过编码的方式对澳大利亚各民族语言和方言进行科学细致的分类，使语言信息代码化，便于管理和利用。②

（二）国内

1. 建设濒危语档资源

20 世纪五六十年代，我国就对少数民族濒危语言开展了全国性的大规模调查工作，90 年代后，国内大批学者纷纷开始涉足濒危语言领域，对我国少数民族语言和方言进行了大量田野调查以及描写分析，积累了一批丰富且具有价值的语言资料。例如，1986 年完成的《中国少数民族语言简志

---

① 范俊军. 少数民族濒危语言有声语档建设四论——关于语料采录和加工、技术培训等问题 [J]. 西北民族大学学报，2015（1）：78 - 82.

② 彭飞. 澳大利亚少数民族语言档案数据库建设现状及启示 [J]. 中国档案，2019（11）：70 - 71.

丛书》描述记录了 59 种少数民族语言，此后语言学者还陆续编写了《中国濒危语言个案研究》（戴庆厦，2004）、《西南地区濒危语言调查研究》（李锦芳，2006）、《湖南西部四种濒危语言调查》（杨再彪，2011）、《濒危语言——满语、赫哲语共时研究》（赵阿平等，2013）、《末昂语研究》（周德才，2014）等著作。另外，中央民族大学还出版了一套《中国少数民族语言音档》（原主编戴庆厦，修订版主编李德君、刘岩），包括《中国少数民族语言词汇录音》和《中国少数民族语言音系录像》两大系列。①

2. 建设有声语料库和数据库

随着计算机技术辅助性作用的日益凸显，语料的数字化建设工作也在广泛开展，包括语料采集工作的数字化、田野语音学角度的语料采集和各类语料库的制作及其展示平台建设等。成果方面，近年来将语料制作成音像资料方面比较重要的全面性、标志性成果是《中国少数民族语言音档》（2009）。

2008 年国家语委启动了"中国语言资源有声数据库建设"工程，此后北京、内蒙古、上海、江苏、福建、山东、湖南、广东、广西、海南、贵州、云南等省区市也先后建立了少数民族语言语料库；2012 年，广西正式启动区域内中国语言资源有声数据库建设，是首个建立中国语言资源有声数据库的民族自治区，2015 年"语保工程"广西库建设工作启动。2013 年内蒙古自治区历经 7 年的搜集录制和标注加工，建成了 4000 万词级的蒙古语自然口语语料库，总时长达 3826 小时。② 该语料库以口述的方式采访 6725 人，录制了民族历史、部落史、氏族史、神话传说、史诗、民间故事、谚语等内容，除蒙古语自然口语外，还包含达斡尔语、鄂温克语、鄂伦春语"三少民族"不同的方言，折合文字量 4200 多万字。其中一期工程档案已移交内蒙古自治区档案馆永久保存，包括 4192 小时的自然口语语料和 4000 多小时的书面语料③，云南省民语委组织实施了"云南少数民族

① 陈子丹，郑宇，武泽淼. 我国少数民族濒危语言建档的几点思考［J］. 档案学通讯，2016（4）：92 - 96.

② 阿斯钢. 中国建成 4000 万词级蒙古语自然口语语料库［EB/OL］.［2013 - 02 - 20］. www. chinanews. com/edu/2013/02 - 20/4579712. shtm.

③ 李秀萍. 内蒙古"蒙古语语料库建设工程"档案入馆［N］. 中国档案报，2018 - 11 - 29（1）.

语言资料有声数据库建设"工程。

3. 建设濒危语言数字博物馆

2015 年 5 月启动的"语保工程"将在全国范围内对我国的语言国情、汉语方言、少数民族语言、海外华人语言状况及语言文化进行调查，并运用现代技术手段对语料进行采录和保存，现已初步建成国内规模最大、内容最全面、种类最丰富的中国语言资源库，并通过语言数字博物馆的形式对语言资源进行采录、加工与展示；暨南大学文学院与广东省博物馆合作共建的"中国濒危语言数字博物馆"项目正在实施当中；2016 年广西贺州学院建立我国首个实体语言博物馆，2019 年 5 月 18 日，广西民族大学语言博物馆正式开馆，这是广西第二个实体语言博物馆，也是目前国内规模最大、最具系统性的语言博物馆。云南民族大学也建立了民族语言文字博物馆。

4. 成立相关研究机构

2013 年秋，北京语言大学发起成立"中国周边语言文化协同创新中心"，积极研究中国边疆地区少数民族语言及周边国家语言，旨在培养能研究和掌握"关键语言"的人才，建立"语言互联网"①；暨南大学文学院设立了"汉语方言研究中心""语言资源保护暨协同创研中心""一带一路语言工程联合研究所""城镇民族社区语言服务与教育研究中心"；云南玉溪师范学院也设立了"濒危语言研究中心"和"云南濒危语言有声语档建设重点实验室"等研究机构。②

5. 开展理论实践研究

自 1992 年"濒危语言"的概念传入我国后，国内相关领域学者纷纷涉足濒危语言的理论实践研究，至今已有近 30 年的研究历史。截至 2020 年 4 月 20 日，中国知网数据库中收录的相关文献有 700 篇，研究内容大致可分为两大类，一类主要研究濒危语言的记录描写，以戴庆厦、孙宏开、徐世璇、黄行、赵阿平、李锦芳等学者为代表，另一类主要研究濒危语言的建档保护、少数民族语言电子文件管理及服务利用，以范俊军、陈子

①　中国实施语言战略　保障"一带一路"建设［EB/OL］.［2015 – 08 – 03］. xinhuanet. com/world/2015 – 08/03/c_128084329. htm.

②　陈子丹，杨霞，黄洛锋. 少数民族濒危语档资源开发利用的思考［J］. 档案管理，2019（6）：37 – 40.

丹、赵生辉等学者为代表,其中针对濒危语言档案馆建设的有赵生辉的《中国濒危语言数字档案馆建设初探》。实践方面也取得了一些成就,从濒危语言有声语料库和数据库到数字博物馆和展录平台,预示着我国濒危语言建档研究正转向濒危语言档案馆建设。

四 建立濒危语言档案馆存在的问题

(一) 理念认识不足、行动措施不力

首先,国内对于濒危语言档案馆的认识不到位,建立濒危语言档案馆至今尚未提上议事日程,没有足够的技术、资金、人才方面的支持,也没有正确认识到国家主导在濒危语言档案馆建设中的重要性,缺乏总体规划设计的方案,这也是我国濒危语言资源难以共享的主要原因。

其次,各地政府、研究机构和高校在进行濒危语言资源数据库建设的过程中,缺乏以满足濒危语言族群意愿和用户需求为中心的理念,只重视濒危语言资料的学术研究价值,忽视了语料的共享利用价值。而且由于缺少档案部门的参与和指导,在语料的采录、整理、建档开发中没有切实有效的措施,即使建成了数据库,也必然存在诸多缺憾和遗漏。

最后,长久以来,国内学者在濒危语言的调查研究中严重缺乏长久保存保管意识,对共享理念认识不足,在人力、财力、物力方面造成了极大的浪费。大部分学者都将获得的语料视为私产,不愿向社会公开,就连政府出资建设的语料库也基本没有向公众开放。20 世纪 90 年代以前进行的田野调查只留下极少的一部分资料,且大多有损毁;90 年代后关于濒危语言的田野调查增多,积累了大量具有重要价值的语料,但重复劳动、资源闲置浪费的现象也更加严重,留存至今的高质量语料数量已然不多。

(二) 现行体制和机制上存在障碍

从国外建设濒危语言档案馆的经验来看,档案部门的参与和支持是确保濒危语言档案馆建设成功的关键因素。首先,在语档的收集、分类、整理、管理、开发利用中都需要以档案学相关知识为理论指导,而且本质上,濒危语言档案馆也属于档案学的研究范畴。其次,档案部门在建档、管档、用档方面有丰富的经验,能够为档案馆的建设提供实践指导。而由于现行体制和机制的问题,长期以来我国抢救保护濒危语言工作都是由语

言学类专家和机构来推动开展的，缺少档案部门的参与，主要障碍表现在以下两个方面。

一方面，档案部门的参与受到体制约束。濒危语言属于非物质文化遗产，而我国非物质文化遗产保护工作是由博物馆、文化馆、图书馆等文化主管部门负责，并非档案馆。《中华人民共和国非物质文化遗产法》第十三条规定："文化主管部门应当全面了解非物质文化遗产有关情况，建立非物质文化遗产档案及相关数据库。除依法应当保密的外，非物质文化遗产档案及相关数据信息应当公开，便于公众查阅。"① 第三十五条中提到的公共文化机构也不涉及档案馆。显而易见，档案部门参与濒危语言档案馆建设工作存在体制方面的制约。

另一方面，档案部门的建档主动性受到档案接收管理机制的影响。目前档案部门的主要工作是按照既定程序接收管理国家党政机关和大型企事业单位移交的档案，没有接收民间档案的职责和义务。而濒危语档多数散存于民间个人手中，没有相应的移交接收程序，要想最终建成濒危语言档案馆，档案工作人员必须具有高度的主动建档意识。但由于受到传统档案接收管理机制的长期影响，他们缺乏积极性和主动性，很难从被动接收的工作模式转换到主动建档的模式。

（三）缺乏宏观规划和顶层设计

目前除了"语保工程"是由国家统筹规划组织实施外，我国的濒危语言建档工作整体还处于散乱的状态，各地之间缺乏交流沟通，对于濒危语档的采录、整理、数字化建档工作没有统一的标准和规范，更没有针对濒危语言档案馆建设的标准指南，只有《数字档案馆建设指南》等相关文件可供参考。可见，我国濒危语言档案馆的建设缺乏宏观规划和顶层设计。其结果就是，各研究机构和学者只关心各自的研究领域，获取的语料难免片面局限，只对某一特定领域有研究价值，且语料内容大多是字、词、句、语法，不能客观地反映语言全貌；各地建成的语料库也因技术标准不

---

① 《中华人民共和国非物质文化遗产法》［EB/OL］. http://www.npc.gov.cn/wxzl/gongbao/2011-05/10/content_1664868.htm, 2011-02-25/2020-04-09.

一、资源组织不同和数据格式不兼容而使得数据库资源得不到广泛利用和共享，造成资源的闲置浪费。

（四）缺乏软、硬件的技术保障

濒危语言档案馆的建设主要涉及语料采录技术、语档数字化加工技术和语言资源展示平台构建技术。想要获取高质量的语料，需要先进的录音设备和专业的录音技术，这方面我国已经研发了一些技术先进的数码录音器材，而且"语保工程"已经进行了全国性的语料采录工作，建成了国内最大的语言采录展示平台。另外，2014 年获批的国家科技支撑计划"三方工程中国语言资源有声数据库技术规范与平台研发"项目在有声数据库技术规范研究、技术工具研发、平台技术研发方面也取得了一定的成果。

但对比国外，我国仍处于濒危语言建档保护的起步阶段，整体技术不够成熟，自主研发并推广使用的技术更是屈指可数，现有软、硬件的技术还不足以保障建立全国性的濒危语言档案馆网。另外，政府在濒危语言保存保护技术研发方面的资金投入也不够。

（五）缺乏专业人才队伍和实践经验

虽然语言濒危的问题在 20 世纪 90 年代就已成为各国关注的焦点，很多国家和地区都建立了濒危语言档案馆来保存保护濒危语言，但是我国对濒危语言的研究起步较晚，目前只建立了一些有声语料库和数据库，濒危语言档案馆的建设在我国还是一个新课题和新挑战。建设濒危语言档案馆所需专业人才也很缺乏，主要是因为国内高校培养的大多数民族语言学人才都只具备田野调查和语言记录描写的能力，缺乏语档建设和长期保存的专业知识，而档案专业人才毕业后大多不会从事濒危语言档案工作。

五　建立濒危语言档案馆的实现路径

（一）进行国家级的顶层设计与规划

我国濒危语言档案馆的建设涉及 55 个少数民族语言和各地方言，工程浩大、任务艰巨，仅凭科研机构和高校是无法完成的。只有由政府主导，从全国语言国情出发进行顶层设计和总体规划，协调各机构和部门参与建设工作，根据语言的濒危程度科学组织工作进程，才有可能完成濒危语言档案馆的建设工作。这样不仅能避免地方政府、科研机构和高校的盲目介入和重复立项，减少不必要的人、物、财的浪费，还能集中资金和人才，为濒危语言档案馆的建设提供有力保障和支持，有效推进建设任务的落实。从其他国家的实践经验也能看出，政府的关注、引导、支持和参与是保证濒危语言档案馆成功的重要因素。

（二）构建自上而下的体制、机制和制度

现行体制和机制对我国濒危语言档案馆建设工作的顺利开展具有制约作用，目前我国濒危语言建档工作整体上是散乱无序、低效重复的，有必要重新构建相关的体制、机制和制度。

体制方面，建议在国家档案局支持下，建立隶属国家语委并接受国家档案局业务指导的二级档案管理机构，作为濒危语言数字档案馆的主要依托部门，从国家层面建立全国性的濒危语言数字档案馆，为我国丰富多样的少数民族濒危语言信息资源搭建一个管理科学的开发利用平台。①

机制方面，首先，应当由政府主导构建一个跨领域、跨学科、跨机构的协调合作交流机制，发挥各学科各机构的研究优势，打破各地数据库资源库之间的壁垒，建立一个各机构优势互补、合作共赢的工作机制；其次，应当创新共享服务机制，其关键就是构建一个统一的濒危语言资源集成管理平台，另外还需要鼓励濒危语言族群积极参与到档案馆的建设中来，因为他们不仅是濒危语言的形成者、使用者，也是语档资源服务的主体，他们才真正了解濒危语言资源服务的实际需求。最后，还应该创建人才培养机制和资金保障机制，为濒危语言档案馆建设项目的顺利实施提供有力保障，解决后顾之忧。

制度方面，制度是推进落实濒危语言档案馆建设的保障，政府要给予高度重视，严格审批相关工程建设项目并严格实施。

（三）选择适合的、先进的技术设备

目前我国语言濒危的形势十分严峻，很多少数民族语言只有几位老人在使用，这就需要借助先进的技术设备对这些濒危语言的语料进行高效高

---

① 陈子丹，郑宇，武泽淼．我国少数民族濒危语言建档的几点思考［J］．档案学通讯，2016（4）：92－96.

质量的采录，并长期保存在濒危语言档案馆中以便日后复兴语言之用。然而，我国在濒危语言档案馆建设方面的技术还不成熟，应当多参加和举办国际交流活动，学习借鉴国外的先进技术，并选择适合我国国情的技术加以运用。例如，在语料的采录描写工作中可借鉴的软件设备有：ZoomH2/ZoomH4 数码录音机、Sony HXR - MC58C 数码相机、CF 和 SDHC 存储卡、Cool Edit 录音软件和 Praat、Toolbox/Shoebox、Elan、FIELD、Transcriber 等处理软件。需要注意的是，在技术的选择和研发过程中，要以长久保存和互操作性为中心。

（四）制定统一的标准规范、业务流程

经过近 30 年对濒危语言的调查和记录，我们应该清楚地认识到统一的标准规范和业务流程是建立濒危语言档案馆的重要依据和保障。过去就是因为缺乏标准化、规范化的意识，导致留存下来的很多语料语档难以进行数字化处理和利用。因此，有必要科学系统地制定一套贯穿于濒危语言档案馆整个建设过程中的工作流程及操作标准规范。一方面，要对濒危语言档案馆建设过程中的各个环节制定明确的工作流程和工作规范，为濒危语言档案馆按时、保质、保量顺利实施完成提供保障；另一方面，要有针对性地为濒危语言档案馆建设中各阶段的工作制定相应的操作规范和技术标准。

（1）语料采录阶段，应制定的标准包括语言采录设备技术和环境规范、原始音频视频和文字材料的技术标准、记录转写和翻译标准规范、语言田野伦理规范、濒危语言文化通用调查表、濒危语言音频视频的编辑软件和技术标准等。

（2）语料整理阶段，应制定的标准包括纸质材料的归档与管理规范、语料分类标准、资源编码体系等。

（3）数字化建档阶段，应制定的标准包括电子（文字、音频、视频）文件形式、著录规则、元数据标准等。

（4）网络平台搭建阶段，应制定的标准包括语档信息安全保密制度、濒危语言档案资源共建共享规范、濒危语言档案信息检索协议、知识产权保护协议、用户获取协议、话语人隐私权保护协议等。

（五）构建有中国特色的濒危语档资源体系

濒危语档资源是建立濒危语言档案馆的基石，没有一个富有中国特色的濒危语档资源体系，濒危语言档案馆建设就是纸上谈兵。

首先，语言文字工作部门要分析我国的基本语言国情及历年来我国濒危语言调查和记录工作的整体情况，掌握濒危语料分布状况和现存状态，做好语料采录工作的规划，全面有序地开展濒危语言资源调查收集工作，对获取的语料进行整理归档和信息化加工，并以中心站的方式集中存储所有的濒危语档资源，进行资源整合，初步构建一个符合我国语言国情的濒危语档资源体系。

其次，档案部门也要对散存于民间的濒危语档资料开展征集工作并对这些档案进行数字化加工处理，以补充完善濒危语档资源体系，主要征集方式有五种。①接收移交和捐赠。档案部门要积极接收相关机构移交的和个人自愿捐赠的语料语档，并尊重捐赠者的使用意愿。②收购。若濒危语言档案所有人愿意出售，则由档案馆与出售人平等协商价格后进行档案的购买。③征购。对于属于集体或个人所有的档案，因保管条件恶劣或其他原因导致档案得不到完好保存，且档案所有者不愿意捐赠、出售和寄存的，档案馆有权对其进行征购。④寄存。档案馆应无偿接受濒危语言档案所有者的寄存委托，对其移交的档案进行代存代管，对于没有保存条件又不愿移交的，可以采取强制代管措施。⑤其他方式。

（六）建立能集成存储和利用濒危语档的数字化平台

我国濒危语言资源复杂多样且高度分散，为了实现资源的整合共享，需要通过信息化手段从国家层面建立一个能集成存储和利用濒危语档的数字化平台，也就是濒危语言数字档案馆。该平台不仅要整合濒危语言原始语料语档，以语种和资源类型为单位建立专题数据库，还要收录在濒危语言资源调查工作中形成的文件材料以及国家相关政策和法规，设立法规文献专题数据库，这样有助于丰富馆藏，也便于开展开发利用工作。另外，该平台需要定期更新和备份数据，以保证数据的完整安全。最重要的是，该平台要秉承以满足用户需求为中心的理念，可将资源免费对社会公众开放，并大力开发便于用户检索、获取、下载、共享资源的功能。

总体来看，该平台应当兼具专业性和普遍适用性，一方面，要具有对濒危语言资源进行专业采集、加工、处理、存储、管理和分析的能力；另一方面，也要顾及社会大众不同的利用需求和使用感受，所有功能都要具有便民的特点。目前建成的"中国语言资源保护工程采录展示平台"虽然与上述平台相似，但不完全相同，且存在诸多问题，如栏目较少、内容未完全向公众开放、专业性过强、使用人群范围过窄等。可见，我国濒危语言档案馆的建设仍需进一步的探究和努力。

（七）采取各种手段进行权限管理和网络安全防范

首先，在濒危语言档案馆的前期规划设计当中，要重视网络安全问题，全面规划网络平台的安全策略、制定网络安全的管理措施。

其次，濒危语言档案馆投入使用后，应安装防火墙和防病毒软件并经常升级，要注意网络设备的更新维护，定期检查网络平台系统的漏洞，尽可能记录网络上的所有活动，建立可靠的识别机制。

最后，要尊重濒危语言使用族群的意愿和研究者的建议，注意保护他们的隐私及知识产权，根据不同的内容设置不同的访问权限。

（八）强化人才队伍建设并加大资金设备投入

优秀的人才队伍及充足的资金设备是建立濒危语言档案馆的根本保障，人才缺乏会影响档案馆的建设质量，资金不足和设备落后会阻碍档案馆的建设进程。因此，政府应当制定出台相关激励政策，吸引广大具备语言学知识、档案学知识、现代信息技术知识以及掌握濒危语言的优秀人才参与到濒危语言档案馆的建设工作中来，高校也要加强相关人才的培养教育工作。另外，为了确保濒危语言档案馆建设的可持续性，需要在濒危语言族群中培养一批濒危语言传承人和具备相应知识技能的专业技术人才，并为他们提供资金、设备和技术指导。

在资金设备投入方面，除了依靠财政拨款外，政府还应制定出台相关的优惠政策，促进民间资本与相关机构部门的合作，鼓励各类资金投入到濒危语言档案馆的建设中来。

从国内外多年的实践中可以看出，建立濒危语言档案馆是保护传承语言文化遗产最切实有效的手段之一。由于我国对于濒危语言的研究起步较晚，现阶段还存在来自理念认识、体制、机制、制度、技术、人才等多方面的阻碍，至今没有真正建立濒危语言档案馆，在濒危语言数字化保护上还有很长一段路要走，为建设好濒危语言档案馆，应该构建怎样的体制、机制和制度，该制定什么样的标准规范、该运用什么样的技术和设备、该采取什么手段进行权限管理和网络安全防范以及该建设什么样的人才队伍，这些都是政府、相关部门、科研机构和研究人员需要思考的问题。

第五章　少数民族濒危语言建档的技术方法

第一节　智能化语音技术

一　国外人工智能技术

随着相关数字技术特别是人工智能的最新应用，濒危语言的抢救速度在不断加快，参与范围也在不断加大。与传统手段相比，新兴数字技术正在带来两方面的改观。首先是语言存档速度和能力大大提升。以往语言学家需要人工录制和整理濒危语言相关的音像资料，如今这项工作可以交给机器，不仅节省了时间，而且还提高了记录的准确率。举例来说，澳大利亚的语言学家与谷歌公司合作，共同开发了一套开源人工智能平台（TensorFlow）。通过这种人工智能模型可以转录当地居民的语言，现在已存储超过4万小时的录音，为语言学家节省了数百万小时的时间。效率的提升，为全面记录濒危语言提供了可能。为此，未来学家托马斯·弗雷（Thomas Frey）提出了建立"全球语言档案馆"的设想，希望把不同的语言通过音频、视频和书面文件的方式存档，这或许可以称作人类语言界的"四库全书"。如今，作为创建全球语言档案馆第一步的濒危语言项目（Endangered Languages Project，ELP）已收集了3418种语言的数据，其中很大一部分是濒危语种。

除了能为濒危语言建立"数据博物馆"外，人工智能更积极的作用还在于互动式学习的开发。在澳大利亚，研究人员为了帮助当地儿童学习他们的语言，开发了一种低成本、易运输的机器人Opie，机器人能记录孩子们的语言技能，并协助老师追踪其学习进度。在新西兰，有人开发出帮助爱好者练习毛利语的人工智能程序，该程序不仅能用英语和毛利语回复用户的信息，还能过滤语法拼写错误。濒危语言保护者发现，把不同的方言和流行的应用程序结合起来，对于维持濒危语言的活跃度会有很大帮助。人工智能在这方面的能力，目前仅仅开发了九牛一毛。

　　人工智能会成为濒危语言的救命稻草吗？从某种程度上讲，的确是可以的。如果使用到位，至少能避免重演"一个人带走一种语言"的悲剧。不过，它依然不能有效地解决语言使用热情问题。实际上，在语言政策趋于开明的现代社会，濒危语言更难以摆脱的威胁，是在社会变迁中跟上时代的节奏。鼓励更多人使用濒危的母语，还需要通过合理的政策和资源支持，缓解社会结构性和趋势性变化带来的冲击。有语言学家研究了墨西哥的原住民社区发现，为濒危语言提供社区支持至关重要。有了相应的社区图书馆、社区组织等，人们不但更有凝聚力，其语言也有了生存的土壤。①从这个意义上讲，人工智能和技术手段再怎么发达，都要以人为归宿。否则，它只能为濒危语言搭建一个留待后人进行再发现的"中转站"或"庇护所"而已。

　　2017 年，美国科学家提出了话语（语音）罗塞塔（speaking rosetta）计划，旨在通过"未知"语言的语音和"已知"语言的文本平行关系记录没有文字的"未知"语言（通常是濒危语言）。这一计划与 1822 年法国语言学家、历史学家让－弗朗索瓦·商博良将未知的千古之谜——古埃及象形文字与已知的希腊文相对照，成功地释读古埃及象形文字的做法有异曲同工之妙。

二　国内语言复制技术

（一）智能语音技术在濒危语言复制中的应用

　　《中国语音学报》（第 8 辑）刊登了祖漪清等人的文章《用语言复制的方法记录濒危语言——锡伯语案例》。②该文提出一种用人工智能技术记录濒危语言的新方法，从中可以看到大规模语料与 AI 技术的深度结合对语言

---

① 刘大亮. 给濒危语言更广阔的世界［N］. 人民日报, 2019 - 02 - 22（16）.
② 祖漪清, 高丽, 王祖燕, 黄维, 吴朗. 用语言复制的方法记录濒危语言——锡伯语案例
　［C］//李爱军. 中国语音学报（第 8 辑）. 北京：中国社会科学出版社, 2017.

学研究、语言资源保护以及 AI 技术发展将产生重要推动作用。

祖漪清等人于 2015 年在工信部的"智能化语音技术及其产业化——面向少数民族的智能语音技术及其系统"项目中，开展锡伯语的语音合成工作。这一工作使他们产生了对濒危语言进行语言复制的构想：利用语音合成、语音识别和机器翻译等技术对濒危语言进行语言复制。将多语种、多发音人的语音识别系统在语言分类和语言共性研究等方面积累的经验，借鉴运用到濒危语言处理领域，并帮助开发者较快地实现某种濒危语言的语言复制。

这个构想提出的语言复制，是采用智能语音技术对某种语言的基本面貌进行完整的记录。常规录音数据至多能改善语言的声音效果，而一旦有了这个濒危语言的语言复制系统，就可以输入主流语言或参考语言的任意文字或语音，通过转换输出该濒危语言相应的语音内容。基于主流语言或参考语言的语音系统，完成语言复制需要建立三大系统：目标语言（被研究语言）的语音合成系统（文语转换系统）、语音识别系统以及该语言与主流语言之间的翻译系统。语言复制系统输出的语音并不是自然语音，而是通过语音合成技术合成的语音。若一种濒危语言真的失传了，人们仍然可以通过语音复制系统和该语言进行交互。

有文字语言的语言复制系统框架大致如下：假设主流语言或参考语言为汉语普通话，目标语言为某种濒危语言，输入任意中文文字，系统就可以输出这种濒危语言的语音。同样输入任意一种濒危语言的文字，系统也可以输出汉语的语音。

目标语言语音合成系统是语言复制系统的基础。语音合成系统在语言保护、语言研究方面的意义远远大于实用意义。传统的语音合成方法需要通过文本分析，将文本转换成语音单元，然后将语音单元序列通过合成器转换成声音。在声学建模的环节中，需要定义基本语音单元（例如音素、声母韵母），同时还需要明确这些语音单元在连续话语中的韵律特征，即是否重读、所处韵律结构的位置等。除此之外，基本语音单元还承载了句法功能、语用功能、情感表现等更高层次的语言学特征。如果将这些语言学特征准确地标注出来，训练出的声学模型就携带了更丰富的语言学内容。在生成合成语音时，就更富有表现力。

同时，语音合成系统的输出效果也可以检验语言学知识的输入是否正确。对于主流语言，例如汉语普通话，基本语音结构的定义已经十分明确，在音段标注方面可以达到自动化水平，而篇章、对话、情感等其他语言学特征还有进一步研究的空间。对于濒危语言，基本语音结构尚未揭示清楚，利用语音合成技术可以得到完整分析。例如锡伯语的基本音素在连续话语中发生了大量音变，在数据标注过程中可以相对完整地发现音变规律，而孤立词无法展现这些音段上的变化。如果仅仅依赖人工分析，为了排除其他音素的影响，通常只能使用孤立词语进行分析。在语音合成的数据处理过程中，研究人员有机会对连续话语的每个片段分别进行音段分析，同时又在整体上对连续话语进行韵律等其他语言学层次的分析，通过数据标注将语言学知识传达给语音合成系统，并通过语音合成的输出检验知识的正确性。这样的研究模式必定可以推动语言学研究。

前面的讨论局限于有文字的濒危语言处理。而没有文字的濒危语言记录涉及的技术问题更为复杂，难度也更大，但是语音技术能够为没有文字的语言研究开拓更广阔的空间。

汉语和少数民族语言学者，都可以利用这种语音合成系统开展自己的研究。我们认为，除了濒危语言记录，语言学家可以和人工智能工程师协作，在以下两个方面率先行动起来。

一是语音学家及语言学家利用已有知识对数据进行精细标注，标注内容包括语音结构、句法结构，直至篇章信息结构以及超音段特征等内容。

二是将标注好的语料，利用智能语音合成系统研究平台，通过合成验证的方式来细致考察输入的语言学知识是否正确。

这种把大规模自然语料与人工智能相结合的研究方法，其成果既可研究基本语音结构，也可更深入全面地研究语句的焦点、韵律和语篇等的语言学问题。当然，也可进一步提高合成语音的自然度。

在智能语言技术到来之际，语言学家和语音学家应该积极行动起来，做好语音与语言数据资源建设方面的工作，为我国 AI 产业的发展提供坚实的数据支撑。[①]

---

① 林茂灿. 结合大规模语料与 AI 技术　推动濒危语言保护工作［N］. 中国社会科学报，2019 - 09 - 10.

（二）人工智能在音视频档案整理利用中的应用

人工智能技术在音视频领域的发展应用，使得音视频档案的文字离线转写、档案征集实时转写、规范化著录成为可能。

2019 年 8 月 6 日，国家档案局科技项目"人工智能技术在音视频档案整理利用中的应用研究"在浙江正式启动。该课题由讯飞智元信息科技有限公司与浙江省档案馆共同组建项目组开展合作研究。历时一年，于 2020 年 6 月底完成产品研发和馆内应用部署。2020 年 9 月 3 日，项目成果由课题负责人、浙江省档案馆副馆长郑金月，讯飞智元信息科技有限公司智慧档案业务部总经理张海剑正式在杭州发布。

该课题结合人工智能技术在音视频中的应用，利用讯飞智元信息科技有限公司基于循环神经网络模型（RNN）独创的深度全序列卷积神经网络（Deep Fully Convolutional Neural Network，DFCNN）语音识别框架研究，对音视频档案的整理、利用展开研究，围绕以下三个方面进行攻关。

（1）实现音视频档案采集的实时识别与转译，形成音视频文件和对应的数字全文内容；针对馆藏离线音视频历史档案，研究如何将长时语音转译为文字，以数字形式输出全文内容。

（2）辅助人工对音视频档案进行整理、著录，自动识别内容中的相关著录项。

（3）实现字幕文字与音视频同步播放，播放时实时显示字幕；管理利用时，只需点击任意一段文字，便能够播放与之相对应的原始音频，辅助音视频档案的检索。

讯飞音视频档案智慧利用系统的功能特色主要有以下几点。

（1）音视频档案全文数据化，开启数字记录管理新模式。音视频档案智慧利用系统可根据预先设置的规则与条件，自动将音频、视频拆分为主题不同的片段，利用音频转写技术及文本分析技术，实现对音视频档案数据化结果的内容要素进行自动提取、人工标注，完成部分著录项的著录，同时还具备视频打点、拆条等功能。音视频档案的全文数据化，主要通过语音识别、自然语言处理（Natural Language Processing，NLP）等人工智能技术来解决当前音视频档案的管理难点，满足档案管理人员对音视频内容自动编目的需求。该系统还同时实现对视频进行人像数据提取，为后期档案查询利用创造条件。最终形成一套声像档案智慧化管理模块，便于音视频档案的快捷归档和利用。

（2）建立关键人物库，实现档案数据的智能化挖掘聚合。在档案数据保存上，音视频档案智慧利用系统打破了传统音视频文件的单一存储模式，实现音视频档案的有序存储。针对传统的"目录＋原文"的存储方式，新增加了人物信息存储，通过预置相关人物人脸数据，在后台视频处理时进行比对，输出视频人物信息标注，打造"视频＋音频＋文字＋人脸＋目录"的创新存储模式。利用人脸识别技术，在馆藏声像档案存储过程中，检测提取人脸，建立视频人脸库。通过对比发音/合作者人脸库，完成视频人物标注，同时支持"1 v N"人脸检测，关联视频反映事件文本信息。人脸库的建立，加速了视频文件内容的检索利用。

（3）音视频档案智慧利用，实现"文字＋图像"检索。在音视频档案的检索利用方面，音视频档案智慧利用系统实现了"文字＋图像"的双重检索。传统的文字检索仅能查询到档案题名、标签等目录信息，音视频档案智慧利用系统则在全文数据化的基础上，实现了音视频转写后文本信息的定位，真正做到全文检索、内容检索。而图像检索则可以自动根据上传图片匹配人物人脸信息，并在视频中给予出现次数与时间轴标记，视频转写后可自动提取标注人物信息，人物信息会自动定位到视频片段，再次对视频图像进行结构化处理和存储。

音视频档案智慧利用系统针对音视频档案的特殊性，以突出特色为重点，利用最新声像技术、手段和方法，提高声像档案管理利用水平，保存最直观的口语语料和语言文化的永久性记忆，为政府和社会大众提供更高效、优质的信息共享利用服务。①

2018 年 11 月，由中国民族语文翻译中心（局）自主研发的汉壮/壮汉智能翻译系统、壮文语音识别系统、壮文智能语音翻译软件、语音转写通（壮汉）、壮文语音输入法等翻译软件正式发布。其中壮文智能语音翻译软件实现了从语音到语音的实时对话，大大提高了壮语的沟通能力。

---

① 孟修竹. 人工智能技术如何应用于音视频档案的整理、利用：创新与成效［Z］. 微信公众号"档案那些事儿"，2020 - 09 - 22.

第二节　濒危语言档案数字化技术

一　语档数字化概念

语档数字化是指使用扫描仪或数码相机等数码设备对纸质语档进行数字化加工，将其转化为存储在磁带、磁盘、光盘等载体上并能被计算机识别的数字文本或数字图像的处理过程。简单来说，就是把语档原件通过扫描，将信息录入计算机数据库中，用计算机存储语档信息。

语档数字化是随着计算机技术、扫描技术、OCR 技术、存储技术、数字图像技术、数字摄影技术（录音、录像）、数据库技术、多媒体技术的发展而产生的一种新型语档信息形态，它把传统载体的语档资源转化为数字化的语档信息，并以数字化的形式存储、网络化的形式互相连接，利用计算机系统进行管理，形成一个有序结构的语档信息库，及时提供利用，实现资源共享。

语档数字化是数字语档建设最基础的工作，将传统载体的语档经高科技技术加工成数字语档形式，可通过局域网、互联网进行计算机检索、查阅电子文档，使语档检索更加便捷，维护方便、安全，这是网络环境下语档信息服务顺应时代潮流、适应科技发展的新举措、新要求。

二　语档数字化建设内容

（一）建立健全数字语档管理规章制度

1. 数据管理流程

分为数据形成、数据移交、数据保管和维护、数据使用四个阶段。

数据形成是指数据形成者将数据按相关标准和规范进行整理、加工、著录、挂接并验收合格后，向数据保管维护部门移交前的各项工作。

数据移交是指数据形成者将验收合格的数据（含在线数据和离线数据）向数据保管、维护部门移交的过程。

数据保管和维护是指保管和维护部门对数据形成者移交的数据（含在线数据和离线数据）进行保管、维护的过程。

数据使用是指将系统内的数据提供给使用者使用的过程。

2. 数据移交要求

在数据移交阶段，在线数据和离线数据同时移交。

（二）构建业务流程及系统架构

1. 语档信息系统的架构

语档信息系统可采用 CS + BS 模式，系统管理在 CS 端进行，数据查询利用在 BS 端进行。后台数据库、系统的 BS 端、数字语档原文分别安装、部署、存储到不同的服务器及存储阵列中，这样可以提高系统的安全性及性能。

2. 数字语档数据分类

数字语档数据可分为在线数据和离线数据。在线数据包括系统数据库中的数据、挂接后保存在存储阵列中的 PDF 格式原文和在线备份的数据；离线数据是由数据形成者移交的数据，主要包括扫描文件（原文）、数码照片、视频文件、音频文件及其他类型的文件。

（三）数字语档数据管理的具体措施

1. 数据备份

数据备份是指为防止系统出现操作失误或系统故障导致数据丢失，而将全部或部分数据集合从应用主机的硬盘或阵列复制到其他存储介质的过程。

传统的数据备份主要是采用内置或外置的磁带机进行冷备份，但这种方式只能防止人为操作失误，而且恢复时间较长。随着技术的不断发展，数据的海量增加，不少机构开始采用网络备份，一般通过专业的数据存储管理软件结合相应的硬件存储设备来完成。

2. 在线数据管理

（1）数据库备份

对数据库采用两种方式进行备份。一是通过 Oracle 数据库的导出功能将数据库备份到服务器硬盘上，并定期将备份数据拷贝到移动硬盘上；二是通过赛门铁克（symantec）软件将数据库分别备份到磁带和硬盘上。

（2）数字语档原文备份

对于挂接到系统中的数字语档原文可采用赛门铁克 NBU 软件将其备份

到磁带上。由于挂接到系统中的数字语档原文的安全、可用直接关系到系统能否正常使用及提供利用，因此在对原文进行备份后，还应定期对备份的原文数据进行还原测试，以保证在误操作或系统故障时能够迅速找回数据。

（3）操作系统及应用备份

为了避免服务器出现故障时重新安装操作系统及相关软件可能出现的问题，有必要对服务器操作系统及其主要应用进行备份。即采用赛门铁克SSR 软件对数据库软件安装服务器、系统 BS 端部署服务器、赛门铁克专用服务器、域服务器的操作系统及主要应用进行备份。每个月或者服务器安装新软件时对操作系统和指定的应用软件进行备份，并将备份保管两个月。这样，当服务器发生故障时，只需要使用赛门铁克的引导盘及对应的操作系统和应用软件备份，就可以在较短时间内恢复系统，减少重新安装操作系统、应用软件及相应配置需花费的时间，简化操作，提高效率。

3. 离线数据管理

（1）移交数据质量检查

通过定制开发的语档目录数据及数字化扫描图像质量检测软件，可对文件数据中存储的数据的文件格式、分辨率、是否损坏、完整性、与目录对应关系等问题进行检测，以发现移交的脱机介质是否存在文件质量问题。若确实存在问题，可以返还数据形成者根据检测报告有针对性地进行修改，若没有发现问题，达到规定的移交条件，即可接收并保管。

（2）脱机介质编码规则

在移交的离线数据达到移交标准后，将接收的脱机介质进行编码，登记到脱机介质管理数据库，并定期对这些脱机介质进行检测，发现问题及时解决，以保证离线数据安全、可用。

（3）数字化语档数据转胶片

为了延长移交离线数据的保存期限，还应开展数字语档转存胶片的工作。经过冲洗后的胶片在正常环境下可以保存近 50 年，从而极大地延长数字语档数据的保存年限，确保数字档案馆建设成果安全。①

---

① 熊爱桃，何畏，叶惠杰. 做好数字档案数据管理工作的思考——以云南省档案馆为例［J］. 云南档案，2015（3）：28－31.

三　语档数字化工作流程

语档数字化工作可分为前处理、图像扫描、图像处理、目录制作、数据挂接、数据验收 6 大环节，包括调卷、整理、图像检查、图像存储、语档装订、数据质检、归档、数据备份、数据移交等 18 个工作流程。

具体的工作步骤有以下几点。

（一）数字化前处理

1. 确定扫描范围

纸质语档数字化工作应特别注意保持纸质语档数字副本的完整性，原则上应将确定为数字化对象的纸质语档全部扫描，不宜挑扫。

2. 语档整编

（1）编写页号

对没有页号或页号不正确的语档重新编制页号。在统一位置书写页号，且不压盖语档内容。页号应从 "1" 开始连续编制。书写页号使用的笔、墨等不应破坏语档原件或对语档长期保存造成影响。将破损页面、缺页等特殊情况进行登记。

（2）拆除装订物

如果纸质语档装订物影响扫描工作，且装订拆除后可复原的语档，可拆除装订物进行数字化。拆除装订物时应注意保护语档不受损害。对排列顺序不准确的语档应进行重排。

（3）规范目录

纸质语档数字化过程中，应进一步完善语档原件的排列、编目等工作。按照纸质档案基本整理单位对语档进行精确划分，同时，对照语档原件对目录内容进行修改、补充，并在后续工作中采集到数据库中。对每个基本整理单位中的语档，需要在利用过程中特别处理的页面，在目录中进行标识，并在后续工作中采集到数据库中，以便在利用时进行有针对性的处理。

3. 技术修复

破损严重、无法直接进行扫描的语档，应先由专业技术人员采用科学的技术方法进行技术修复。折皱不平影响扫描质量的原件应先进行压平或熨平等相应处理。平整页面时不得破坏语档原件的固有形态，不得强行撕破语档页面。

（二）设定扫描分辨率及色彩模式

1. 扫描分辨率

（1）扫描分辨率的选择，应保证扫描后图像清晰、完整，并综合考虑档案数字副本的保管期限、利用方式等因素。

（2）扫描分辨率不小于300dpi。综合考虑信息技术的不断发展，为最大限度地采集档案信息，满足后续多种利用目的的需要，扫描分辨率应不小于300dpi。如文字偏小、密集、清晰度较差时，应适当提高分辨率。如有仿真、印刷、出版等其他用途时，可根据需要调整分辨率。

2. 扫描色彩模式

（1）扫描色彩模式的选择，应综合考虑语档原件情况、语档数字化规模、计算机网络条件、存储条件、利用目的等多种因素选择扫描色彩模式。

（2）为最大限度保留语档原件信息，以满足多种方式的利用，宜全部采用24位真彩模式进行扫描。永久保存的语档应全部采用彩色模式进行扫描。页面中有红头、印章或插有照片、彩色插图、多色彩文字等的语档，应采用彩色模式进行扫描。

（3）页面为黑白两色，并且字迹清晰、不带插图的语档，也可采用黑白二值模式进行扫描。

（4）页面为黑白两色，但字迹清晰度差或带有插图的语档，也可采用灰度模式扫描。

（5）同一份语档对应的语档页面，宜采用相同的色彩模式进行扫描。

（三）扫描图像的存储格式

（1）纸质语档数字化副本应存储为无损压缩 TIFF 格式。根据需要，可再存储一份 JPEG、JPEG2000、PDF 等格式的数字副本，压缩率的选择可根据实际应用的需求而定。

（2）纸质语档数字化副本提供网络查询时，也可从网络浏览速度、易操作性、存储空间占用等方面进行综合考虑，将图像转换为其他格式。

（四）图像技术处理

1. 图像数据质量检查

检查图像的偏斜度、清晰度、失真度以及完整性。

（1）图像不完整、无法清晰识别或图像失真时，应重新扫描。

（2）对于漏扫、重扫、多扫等情况，应及时改正。

（3）扫描图像的排列顺序与档案原件不一致时，应及时进行调整。

（4）对图像拼接、旋转及纠偏、裁边、去污等处理情况进行检查。发现不符合图像质量要求时，应重新进行图像处理。

2. 旋转及纠偏

对方向不符合阅读习惯的图像应进行旋转还原。对出现偏斜的图像应进行纠偏处理。

3. 去污

如需对数字图像进行去污处理，以去除在扫描过程中产生的污点、污线、黑边等影响图像质量的杂质，处理过程中应严格遵循展现语档原貌的原则，不得去除语档页面原有的纸张褪色斑点、水渍、污点、装订孔等。

4. 图像拼接

对大幅面语档进行分幅扫描形成的多幅图像，应进行拼接处理，合并为一个完整的图像，以保证语档数字图像的整体性。拼接时应确保拼接处平滑地融合，拼接后整幅图像无明显拼接痕迹。应采用有效的技术手段，提示后续检查时对拼接部位进行重点查看。

5. 裁边

如需对数字图像进行裁边处理，应在距页边最外沿至少2～3毫米处裁剪数字图像，不得裁掉纸质语档原有页边，包括破损、歪斜页边。

（五）目录数据导入与图像挂接

1. 建立数据库

（1）语档目录数据与纸质语档数字化过程及后期数字化成果管理工作中形成的元数据均应存入数据库。数据库结构的设计应特别注意保持语档的有机联系，有利于数字化成果的管理和利用。

（2）按照 DA/T 18 的要求确定语档目录数据的著录项。

（3）将纸质语档数字化前处理工作中对纸质语档目录进行修改、补充的结果录入数据库，形成准确、完整的目录数据。

（4）纸质语档案数字化过程及后期数字化成果管理工作中应捕获必要的元数据，用以记录数字化项目信息、数字图像生成环境、数字化各类技术参数及数字化成果管理、利用情况等。

（5）应按照 GB/T 26163.1 提出的原则进行纸质语档数字化元数据的建立、捕获、存储、描述、维护、利用，以及方针、策略和方法的制定。

（6）应采用计算机自动校对与人工校对相结合的方式，对目录数据和元数据的质量进行检查，包括著录项目的完整性、著录内容的规范性、准确性，元数据元素的完整性和赋值规范性等。发现不合格的数据应及时进行修改。

2. 数据挂接

（1）应借助相关软件对数据库中的目录数据、元数据与纸质语档数字副本进行挂接，以实现目录数据、元数据与其对应纸质语档数字副本的关联。

（2）逐条对挂接结果进行检查，包括目录信息、元数据与纸质语档数字副本对应的准确性、已挂接图像文件与实际扫描数量的一致性、图像文件能否正常打开等。发现错误及时进行纠正。

（六）语档数字化后处理工作

逐份、逐页检查，还原并与《数字化加工备查表》一起装订归卷。

1. 恢复装订

数字化工作完成后，拆除过装订物的档案应按档案保管的要求重新装订。恢复装订时，应注意保持语档原貌，做到安全、准确、无遗漏。

2. 语档入库

按照档案入库相关要求对纸质语档进行处理和验收，并履行语档入库手续。及时封存扫描完成后的语档原件。

（七）数字化成果验收

1. 验收方式与验收指标

（1）建议档案部门成立专业的数字化成果验收组对数字化成果进行验收。

（2）应采用计算机自动检验与人工检验相结合的方式对纸质语档数字化成果进行验收检验。能够采用计算机自动检验的项目应采用计算机自动检验的方式进行 100% 检验，检验合格率应为 100% 。对于无法用计算机自动检验的项目，可采用抽检的方式进行人工检验。抽检率不得低于 5% ，抽检合格率应为 100% 。

2. 验收内容

（1）应对目录数据与元数据进行验收，主要包括数据库中各条目的内容、格式等的准确程度，必填项是否填写等。

（2）应对图像文件进行验收，主要包括数字化参数、存储路径、命名的准确性、数字副本的完整性、排列顺序的准确性、图像的清晰度、图像处理的精确程度等。

（3）应对数据挂接进行验收，主要包括目录数据与数字副本挂接的准确性等。

（4）应对工作文件进行验收，主要包括《纸质档案数字化流程单》等数字化工作过程中形成的工作文件的完整性等。

（5）应对存储载体进行验收，主要包括载体的可用性、有无病毒等。

3. 验收结论

（1）每批纸质语档数字化质量检验达到标准的要求，予以验收"通过"。验收未通过应视情况在返工或修改后，重新进行验收。

（2）验收完成后须经验收组成员签字。验收"通过"的结论，必须经验收组长审核、签字后方才有效。

（八）数据存储

1. 存储范围

验收合格的完整数据应及时进行存储，包括纸质语档数字副本、存储目录数据与元数据的数据库、纸质语档数字化工作过程中产生的各种工作文件等。

2. 存储载体及存储方式

（1）存储载体的选择应考虑载体存储容量、数字化成果存储目的、保管期限、经费情况、载体市场环境、载体生产厂商提供服务的能力等方面的因素。存储载体的选择可多样化。

（2）可采用在线、近线、离线相结合的方式在磁盘、磁带、光盘等载体上实现多套存储，并按有关要求进行异地备份。备份介质一般采用一次性写入 DVD 光盘或者移动硬盘，备份三套加工数据（两套为 TIFF 格式，一套为 PDF 格式）。

3. 存储记录

数据存储后，应及时进行存储记录。同时，应在相应的存储载体上做好标签，并列出目录，以便查找和管理。

（九）数字化成果管理

1. 基本要求

（1）应加强对纸质语档数字化成果的管理，记录数字化成果的管理和使用情况，及时获取和补充数据管理过程中的元数据，并采取有效的技术手段，确保数据不被非法改动，确保其安全、完整和长期可用。

（2）应建立有效、可操作性强的存储载体与存储设备维护规范，对状态检测、预防性检查、常规性作业等提出具体要求。

2. 环境要求

纸质语档数字化成果存储硬件设备和系统的机房环境应符合 GB/T 2887 的规定。不同类型存储载体保存与工作环境应符合下列规范要求：

（1）光盘保存和工作环境要求见 DA/T 38；

（2）磁带保存和工作环境要求见 DA/T 15；

（3）硬磁盘保存和工作环境要求见 GB/T 12628；

（4）闪存盘保存和工作环境要求见 GB/T 26225。

3. 数字化成果检验及处理

（1）应定期对数据内容进行检验。主要采用计算机自动检验的方式，对图像文件正常读取等进行检验，确保存储数据完整、可用。及时对出现问题的数据所在的载体及其同批次载体进行更新。

（2）离线存储的载体每年至少联机检测一次。如发现载体或存储出现问题，及时对数据进行复制、迁移。每年使用专用机器对离线存储的磁性载体进行不少于 2 小时的稳压、稳频加电维护。

（3）应综合运用介质更新、数据迁移等有效的技术手段，防止因载体老化等造成数据损毁。

4. 数字化成果管理系统运行维护

（1）应针对纸质语档数字化成果管理系统开展运行维护工作，确保成果管理系统安全、持续、可靠运行，以提高工作效率和质量，使其更好地服务于语档信息管理工作。

（2）纸质语档数字化成果管理系统运行维护工作筹备、策划、实施、检查和改进等方面的要求见 DA/T XX。

第三节　濒危语言数字档案馆建设方法

一　濒危语言数字档案馆的功能要求

（一）濒危语言数字档案馆的收集功能

濒危语言数字档案馆应当具备接收立档单位产生的电子文件及其元数据、对传统载体语档进行数字化、采集重要数字信息资源等功能。

（二）濒危语言数字档案馆的科学管理功能

（三）对濒危语言数字档案的长期保存功能

1. 长久保存策略的确定

包括存储格式的选择，检测、备份和迁移等技术方法的采用等。

2. 存储架构的选择

（四）濒危语言数字档案馆的开发利用功能

濒危语言数字档案管理系统应具备语档查询、资源发布、信息共享、开发利用、工作交流、统计分析等功能，从而满足用户对语档信息的需求。

（五）濒危语言数字档案馆的信息安全功能

1. 濒危语言数字档案馆的信息安全

包括实体安全、运行安全和数据安全三个方面。

2. 濒危语言数字档案馆信息安全管理

包括安全策略与规章制度的制定。

3. 濒危语言数字档案馆信息安全标准与法律保障

信息安全标准主要包括：网络基础设施标准、应用标准、应用支撑标准、信息安全标准、管理标准。

二 濒危语言数字档案馆的建设内容

（一）濒危语言数字档案馆标准规范体系建设

1. 管理性规范标准

2. 业务规范标准

3. 技术规范标准

（二）濒危语言数字档案馆信息资源体系建设

数字语档资源建设的主要任务是存量语档数字化和增量语档电子化。其成果呈现方式是对语档信息进行有序的数字化处理，建立各种语档信息资源库，形成系统的数字语档信息资源体系。

具体要抓好以下三项工作。

1. 加大馆藏语档目录数字化工作力度，建成覆盖馆藏语档的目录数据库。

2. 加大数字化语档开放鉴定工作力度，确保具备条件的数字语档资源及时提供利用。

3. 加大电子文件在线归档和电子档案接收移交工作力度，形成电子文件归档与移交的完整流程。

（三）濒危语言数字档案馆信息服务体系建设

1. 建立三个平台

基于局域网的馆内语档利用平台、面向语言工作机构和个人的电子档案移交和资源共享利用服务平台、面向语言族群和社会大众的公共语档信息服务平台。

2. 建立共享服务机制

数字语档信息资源共享服务机制包括语档信息分层分级共享机制、语档信息开发服务机制、语档信息利用服务机制、语档信息发布机制、语档信息馆际共享机制、馆际数据互为备份与灾难恢复机制等建设内容。

我国濒危语言数字档案馆语档服务体系主要包括七大系统。

（1）语档网站

（2）电子档案移交接收管理系统

（3）电子档案备份和长期保存系统

（4）档案馆内语档资源管理系统

（5）库房管理系统

（6）馆内接待利用系统

（7）系统维护与控制系统

（四）濒危语言数字档案馆安全保障体系建设

1. 数字档案馆存在的安全管理风险

（1）物理安全风险（环境安全风险、设备安全风险、通信线路风险）

（2）网络安全风险（网络运行风险、网络入侵风险、网络访问风险）

（3）用户安全风险

（4）存储安全风险

（5）管理软件安全风险

（6）目录数据安全风险

（7）数字化加工安全风险

2. 濒危语言数字档案馆的安全保障体系

包括濒危语言数字档案馆的信息基础设施、标准规范体系和信息安全体系建设。

需采取电子档案长期保存的分库策略，建立濒危语言数字档案安全保存机制和电子档案备份库，倡导多区域备份、远距离备份、跨州市备份、跨省区市备份。

3. 基于质量控制的濒危语言数字档案馆安全管理体系建设

濒危语言数字档案馆的安全管理体系建设，可以从濒危语言数字档案馆的前期建设阶段、运行管理阶段和维护服务阶段，分别对濒危语言数字档案馆安全进行质量控制。

（1）前期建设阶段（濒危语言数字档案馆建设资质认证、建设质量监理）

（2）运行管理阶段（濒危语言数字档案馆安全管理机构建设、安全管理制度建设）

（3）维护服务阶段（濒危语言数字档案馆应急响应服务、日常维护服务）

（五）濒危语言数字档案馆认证及实施策略

1. 认证的概念

是由国家认可的认证机构证明濒危语言数字档案馆的语档管理能力符

合标准的一种合格评定工作。通过认证，可以确保濒危语言数字档案馆长久保存语言文化遗产的能力，也有助于提升濒危语言数字档案馆的建设质量和水平。

2. 认证的主要内容

我国濒危语言数字档案馆认证的主要内容可分为三个方面。

（1）组织环境评估（高层战略规划、组织架构和人员配备、长久保存政策、财政的持续性、协议）

（2）语档管理系统评估（语档采集、管理、存储、利用）

（3）技术基础设施和安全风险管理评估（技术基础设施风险管理、安全风险管理）

3. 实施策略

（1）制定我国濒危语言数字档案馆分级认证标准（对认证指标的重要程度进行分级、对认证指标的实现程度进行分级）

（2）基于文档记录的认证方式（文档记录是认证的主要依据、濒危语言数字档案馆应具备充足的文档记录）

（3）建立有效的认证机制（自我审计、外部权威机构认证）①

三　濒危语言数字档案馆建设的几种模式

（一）从数字档案馆研究计划和项目建设的定位与内容来看，濒危语言数字档案馆的建设模式可分为三种。

1. 基于实体档案馆信息化的数字档案馆

2. 基于语档信息资源共享的数字档案馆

3. 基于信息资源综合共享的数字档案馆

（二）从数字档案馆的发展阶段来看，濒危语言数字档案馆的建设需要经历两个阶段。

1. 个体数字档案馆阶段

2. 群体数字档案馆阶段

（三）从集成思想的角度入手，濒危语言数字档案馆应该采用基于元

---

① 程妍妍. 我国数字档案馆认证及实施策略研究 [J]. 档案学研究，2012（6）：56-60.

数据的集成管理与集成服务模式，该模式由元数据集成、管理系统集成和分布式存储三部分组成。

（四）基于知识管理的濒危语言数字档案馆建设模式

1. 基于知识管理的濒危语言数字档案馆建设包含两个方面的内容

（1）从技术维度管理知识的策略，即濒危语言数字档案馆的知识管理和知识管理系统开发与利用。

（2）从人的维度管理知识的策略，实行"以人为本"的人力资源管理，充分发挥语档人才资源的潜力，这不仅包括对语档工作人员的知识管理，而且还包括对语档用户的知识管理。

2. 濒危语言数字档案馆如何实现有效的知识管理

需要采取两项措施。

（1）建立适合知识管理的组织机制、技术机制。

（2）建立有利于创新、交流、学习和知识应用的环境和激励机制。

（五）基于云计算的濒危语言数字档案馆建设模式

1. 云计算重组信息与通信技术（ICT）应用模式

这种应用模式改变了组织内部信息与通信技术（Information & Communication Technology，ICT）基础设施的部署方式。即每个组织从 ICT 基础设施、应用平台和软件系统的建设方式转变为接受服务的方式，享用第三方专业组织构建的云平台系统。可以说是一种以云计算为引领的集约化服务模式和建设思想。

2. 区域性集约化建设模式是我国濒危语言数字档案馆的发展趋势

（六）基于智慧服务理念的濒危语言数字档案馆建设模式

1. 内涵

综合智慧服务理念和数字档案馆的概念，可归纳出基于智慧服务理念的濒危语言数字档案馆的内涵：①语档信息化基础设施完善；②语档信息资源丰富；③公众参与程度高；④关注人本价值；⑤具有可持续发展能力。

2. 特征

（1）语档实体管理实现高度自动化和智能化

（2）具有成熟的信息—知识—智力转换机制和决策能力

（3）语档信息资源互联整合、交换共享、关联应用

3. 基于智慧服务理念的濒危语言数字档案馆运行模式

基于智慧服务理念的濒危语言数字档案馆主要分为三层。

(1) 语档数据收集层

(2) 语档数据处理层

(3) 语档数据服务层

四 濒危语言数字档案馆的信息服务模式

(一) 传统数字档案馆信息服务模式

从信息服务要素关系出发,数字档案馆信息服务模式可分为三种。

1. "馆员中心"模式。基于档案馆业务工作的"馆员中心"模式

2. "资源中心"模式。基于数字档案信息资源开发和提供利用的"资源中心"模式

3. "用户中心"模式。基于数字档案信息服务集成的"用户中心"模式

(二) 新型数字档案馆信息服务模式

信息技术的发展要求构建新型的数字档案馆信息服务模式,也分为三种。

1. 复合型分布式分层次服务模式

2. 集成信息服务模式

3. 个性化信息服务模式

个性化服务将成为数字档案馆信息服务的主流。数字档案馆个性化服务方式包括三种:个性化推荐、个性化定制、个性化信息检索。

(三) 数字语档信息融汇服务模式

1. 融汇技术的概念和作用

融汇技术专指在网络环境下将一个或多个信息源数据整合起来的网站或网络应用,就是从多个分散的站点获取信息源,组合成一种新的网络应用模式。

融汇技术具有跨库跨界检索的服务能力,主要用途是帮助利用者构建个性化信息组织平台。

2. 融汇技术帮助实现语档信息与外界的信息关联

3. 语档信息融汇服务系统功能设计与研究(了解用户需求、分析应用场景、以用户需求为导向的系统功能设计)

4. 语档信息融汇服务系统建设的关键点

（1）确定系统使用的数据资源对象

（2）规范语档信息资源的组织

（3）调整与实现系统的融汇功能

（4）注重开发人性化的实用功能

（5）密切与系统研发技术团队的合作

（6）重视系统功能的测试与后续完善

（四）基于大数据的濒危语言数字档案馆信息服务模式

1. 基于资源整合的一站式服务

2. 基于需求感知的分众服务

3. 基于数据挖掘的智慧服务

4. 基于数据共享的外包服务

5. 基于大数据的濒危语言数字档案馆信息服务模式的实施

应遵循"以信息安全为前提、以用户需求为指引、以自主创新为主导、以人才培养为重点、以资源开放为保障"的总体指导思想，构建和实施好基于大数据的信息服务模式，为设立语言研发应用区、语言体验馆等创造必要条件。

第六章　少数民族濒危语档资源
建设与开发利用

第一节　少数民族濒危语言有声语档建设

濒危语言文化遗产的保护和传承不仅是语言学的研究课题，也是档案学亟须探索和解决的问题。但我国档案界对抢救和保护少数民族濒危语言的重要性、必要性和迫切性还缺乏应有的认识，行动上也没有采取切实有效的措施来采集、记录和建档，更谈不上有效开发利用。绝大多数少数民族没有自己的文字，因而馆藏中专门记载和反映少数民族问题和内容的文献档案甚少，如不及时采取有效措施来采集、记录和建档，许多少数民族语言就永久性消失了，我们将会永远失去这批宝贵的民族文化精神财富，对这一特殊性、紧迫性必须有充足的认识。

从国内外研究现状来看，国外从理论到实践已实现了数字时代的转向与创新，而国内有声语档建设起步较晚，目前主要还停留在调查记录阶段，并未对散存在社会上的大量濒危语言材料进行收集整理和数字化立档。因此有必要加强国内外濒危语言有声语档建设问题的研究，以指导这项工作尽快开展起来。

一　少数民族濒危语言有声语档建设的目标和原则

（一）目标

濒危语言是一种不可再生的珍贵文化资源，抢救保护濒危语言的目的是保存语音原貌，使语音状态得到全面真实的记录。少数民族濒危语言有声语档建设是抢救和保护语言资源和文化遗产的实践活动，实质是对人类文化基因、传统知识结构、社会历史记忆的记录和保存，为社会各界提供广泛的利用和服务，其原声态有声语档资料对研究母语传承、双语教学、语言变迁和生理声学具有重要的历史文化意义和学术应用价值。

濒危语言语档建设的最低目标是全面采集、记录和保存濒危语言语料，尽可能为语言消亡以后学习和恢复语言提供必需的全部信息，并为其他潜在的可能用途提供语言资源，以满足语言族群保持语言或将来恢复语言的愿望，并满足社会对语言资源的多元化需求；最高目标是建立有广泛社会共享价值、可供消失语言学习和恢复、语言资源开发利用的永久性活态语料档案。关注语言族群的需求、愿望和要求，惠及语言族群和普通民众，是濒危语言语档建设的基本出发点。

与传统描写语言学的不同之处在于，作为终端成果的有声语档或语料库、数据库，它的建立需要明确地考虑各类用户的感知和需求。也就是说，语料不只是对语言研究的专家学者有用，对研究特定社区的语言文化生活也有用，当语言群体或其他人群有语言扶持的意愿时，语料也是一种扶持语言的有效手段。①

（二）原则

1. 大众化原则

大众化的含义是：①建设濒危语言有声语档应以语言族群保持语言的意愿为出发点，从制定规划到内容设计和计划实施，直至产出最终成果，必须有语言族群主体的参与，获得其认可与支持，不能仅以语言研究者的学术兴趣为导向；②语档资源应向语言族群的民众无条件开放，语料、元数据、各种作品或产品，应让语言族群方便获取，便于语言族群的理解、学习和掌握；③语档应尽可能地提供语言消亡以后语言教学和恢复语言必需的全部信息，并为其他潜在的语言推广用途提供资源②；④语档资源的存储设备、存储工具、存储技术等要选择大众化的方式；⑤语档资源获取和传播方式尽量做到多样化。应建立在线获取和使用的平台，开辟多种途

---

① 范俊军，张帆．面向少数民族濒危语言的语档语言学 ［J］．西北民族大学学报，2011（6）：48．

② 范俊军．濒危语言有声语档建设研究 ［M］．广州：广东人民出版社，2018：75．

径让社会大众轻松获取和利用语档资源，开设各种移动终端以建立获取和使用资源的多种通道。比如建立相应的网站，通过网络平台建立语档资源对外宣传的窗口，利用丰富翔实和通俗易懂的文字介绍和图片、音视频向大众展示语言资源。

将大众化作为首要原则在于强调服务社会的重要性。坚持大众化，语档建设才能适应保护和传承语言文化遗产的现实要求，真正体现其社会价值。从国外抢救保护濒危语言的实践中也可以看出，面向公众、服务社会的亲民战略是国际濒危语言记录和立档一贯提倡的指导思想，也是联合国教科文组织有关国际公约和文件精神的高度体现。①

2. 全面性原则

濒危语言有声语档的内容资源应全面、充分。也就是说，语档应尽可能全面地反映濒危语言族群的语言生活和语言实践。语料内容应全面反映语言族群的历史文化、生产生活、宗教信仰、伦理道德等方面的知识、经验和智慧，语料的类型应涵盖多种体裁，语料样本应覆盖各种语言结构和要素②，对资源的全面性和充分性不设上限。

濒危语言是处于衰变过程中的语言，与现实生活和现代生活的发展变化息息相关，只有全面记录和收集语言社群日常生活中的言语材料，才能全面反映濒危语言的事实，这样的语料内容才是客观的、真实的、准确的、可靠的、丰富的、生动的、有用的，才可能蕴含某种程度上的生命力。否则，语料只能是一些零碎的、僵死的样本而已。因此，语档语料必须全面化，也就是说，它应当全面系统地反映语言社群的现代生活风貌，体现现实生活中仍然大量遗存下来的传统知识，如农耕、渔猎、畜牧、自然地理、生态环境、衣食住行、天文历法、节庆礼仪、宗教伦理、风俗习惯、个人和群体的经验智慧、民间手工技艺、口述历史、讲唱文学等各个方面的知识。对于信息技术和现代文明带来的言语表达以及其他民族的新借词，如广播、影视、计算机、手机、网络、高铁等新技术、新工具、新生活的词语和表达，即使单从保存的角度来说，也应该全面体现，因为现

---

① 范俊军. 少数民族濒危语言有声语档建设初探［J］. 西北民族大学学报，2011（1）：100.
② 范俊军. 少数民族濒危语言有声语档建设初探［J］. 西北民族大学学报，2011（1）：100.

在看来很现代的言语表达，在未来就成了传统和历史。①

3. 标准化原则

语档建设从规划到实施，包括语料采集、记录、转写、翻译、标注、数字化、存档、产品制作等，都必须制定和执行科学的工作规范和技术标准，才能保证语料的质量，提高语言资源和数据信息的利用价值，真正发挥语档不可替代的独特作用和功能。语档建设务必坚持规范和标准先行的理念，否则将徒劳无功甚至前功尽弃。国内不少语言研究者虽然都收藏有录音材料，但因过去普遍缺乏标准先行的意识，这些幸存的录音材料现在很难或无法进行数字化加工处理，造成资源的闲置和浪费，这是值得吸取的教训。②

语档的信息化处理必须有一定的工作规范与技术标准，这是由建设语档信息网站的技术要求决定的。统一的技术标准包括濒危语言语档信息的术语标准、资源标识、描述、存储、交换、管理和使用标准以及软硬件设施建设技术标准等。这样做，不仅能够减少由于存储格式不同而迁移转换造成的资源浪费，而且能够提高濒危语言语档信息的存储传输效率。因此，标准化不仅是濒危语言语档信息处理的前提，也是濒危语言语档信息进入计算机网络系统、互联网的一个重要条件。互联网是一个相对独立的整体，它采用标准的 TCP/iP 协议和标准的计算机网络语言，使所有的计算机得以相互交流，从而形成一个巨大的全球信息网络。标准化的系统有利于信息交流，也有助于提高信息的通用程度。这就要求我们在日常工作中既要严格执行语档信息资源收集、整理、鉴定、编目、著录、标引、编研等各个环节相应的工作标准，又要在软件开发中坚持信息系统设计与应用标准，并力求以更加开放透明的表达方式，实现较高的兼容性和可扩展性。

4. 以话语为中心原则

以话语为中心采集语料和立档的原则是由语档建设的本质属性和核心目标决定的。采集语料以摄录话语为主，建档的主体资源是话语。只有这

---

① 肖自辉，彭婧. 论濒危语言语档的大众化、现代化和产品化 [J]. 西北民族大学学报，2016 (3)：65.

② 范俊军，张帆. 面向少数民族濒危语言的语档语言学 [J]. 西北民族大学学报，2011 (6)：50.

样，语档内容才能全面反映语言族群的语言实践，人们才能借助语档资源学习和掌握语言。当然，以话语为中心并不排斥其他语料，基本字、词、句语料也是必需的。

5. 可持续原则

有声语档建设也是一项持续性工作，语料的采集和丰富需要长期坚持不懈的努力，直到语言消亡为止。由于语言调查者的时间和精力有限，不可能打持久战和消耗战，最好的办法是在濒危语言社区培养志愿者，向其传授语言记录和保存的知识与技能，提供相应的设备，使他们亲自动手摄录语言实践活动。只有通过这种途径，才能使这项工作充满生机和活力，实现有声语档建设的可持续发展。此外，语档本身也要有可持续性，在技术上有可扩展和升级的空间，能够满足语料永久性保存和技术更新换代的需要。

二 少数民族濒危语言有声语档建设的核心和主线

（一）核心（中心）

濒危语言是一种不可再生的非物质文化资源，抢救和保护濒危语言的核心是保存语音原貌，使语音状态得到真实记录。有声语档建设的核心是全面记录和完整保存濒危语言的声像档案资料，以满足语言民族/族群保持语言或将来恢复语言的愿望，并适应社会对语言资源的多元化需求。

语言记录的核心是大量的、有用的原始语料的采集和分析。通常的语言调查和记录，收集语料是为了描写和分析语言结构，而且主要关注字、词和少量语法例句的收集，最多再附加上几段故事，而对题材和体裁灵活多样、更能反映语言事实和语言实践的话语，则少有记录和描写。其原因是多方面的，因为按字词句表调查询问，这种机械式的记录方式比较容易把握，而话语因情景、场域和人际活动不断发生变化，则难以驾驭。语言调查者对话语记录和话语分析普遍不熟悉，也是原因之一。不过，根本原因还是调查者的工作意识仍是"为学术而学术"，以完成科研项目或编写论著为目的，忽视或不考虑语言族群的意愿和需求。为了适应语言民族/族群今后借助语档资源学习和掌握语言、恢复母语的要求，以及未来可能出现的多种社会利用需求，语档资源建设要以话语为中心，调查、记录和描写少数民族濒危语言，因为唯有话语才能真实、全面地反映语言生活、语言现象和语言文化的真实风貌。

语言记录的核心力量是语言群体，他们是语言资源的形成者，从小范围的语言田野调查到大规模持续的有声语料采集、记录和翻译工作，从制订计划到组织实施，都必须依赖语言族群的直接参与和密切合作。

（二）主线

以全面采集记录濒危语言语料为主线。托尼·伍伯雷主张，濒危语言的语料应该尽可能地丰富，涵盖各种载体和语境，有良好的扩充性和可移植性，容易理解，符合伦理，有保存价值。[①]

系统、充分、全面地采集活态语料，是建设少数民族濒危语言有声语档的主线，贯穿语言调查记录和研究工作的始终。

三　少数民族濒危语言有声语档的四大构成

少数民族濒危语言有声语档包括原始录音录像材料，原始录音录像材料的注释、转写、翻译等文字材料，语档的元数据集，语档的产品形式四个部分。

（一）原始录音录像材料

原始录音录像材料记录的是口语及其发生情景。语料的主体是话语，但同时也要兼顾其他类型的语料。话语包括各种情景中的单句、会话、叙述、独白、诵唱等。考虑到对语言结构的必要分析和描写，如读音规则、构词或句法等基本知识，应收集音节、语素、词语、句型的声音样本。[②]

（二）原始录音录像材料的注释、转写、翻译等文字材料

语档文字材料包括：原始摄录材料的同步标音、转写、翻译、注释，有关濒危语言的概述或基本描述。

（1）标音和转写。部分濒危语言无文字，书面记录通常使用国际音标

---

① Woodbury Tony 2003. Defining Documentary Linguistics. In Peter K. Austin （ed.） *Language Documentation and Description*，Vol. 1：12 – 25. London：SOAS.

② 范俊军. 少数民族濒危语言有声语档建设初探［J］. 中央民族大学学报，2011（1）：100.

标音。原始录音录像语料用国际音标注音记录是完全有必要的。但是，国际音标只有田野语言学的专业人员才能看懂，其他研究者无法阅读，更不用说普通民众。濒危语言有声语档要实现大众化，就有必要以拉丁字母为基础，为每一种濒危语言拟订一套适合普通民众学习和识读的拼音方案，运用该方案对声音做同步转写。拟订方案要遵循国务院批准的《少数民族文字方案中设计字母的几项原则》，向《汉语拼音方案》靠拢。对《汉语拼音方案》不能表示的音节，可吸收个别英语拼写规则。应当指出的是，如果濒危语言族群普遍掌握的第二语言已有拉丁字母文字方案在社会上使用，则应尽量吸收该方案。①

（2）对译和意译。要使濒危语言原始音像语料能够被大众理解，必须采用国家通用语言进行对译和意译。对译是指对原始声音语料线性同步逐词（词素）翻译，包括虚词和各种衬音。意译是对原始声音语料的意义用通用语言表达出来，一般以句为意译单位。对译和意译使用的语言应首选普通话。不过从语义对等和详细对译上看，有时用某种地域通用方言对译和意译可能会更加准确。因为地方通用语也是濒危语言族群普遍熟练的语言，有声语档如果在普通话翻译的基础上再加上一种区域通用民族语或地方通用汉语方言，当然是最理想的。这就要求工作团队中有熟悉本地通用语的成员，需要耗费更多人力、物力和财力。语档资源若要实现国际共享，还需要另加英语翻译。②

（3）注释。对原始声音和视频语料的背景、用法、意义、人物、事件的说明或解释。除标音、转写、翻译以外的文本，凡是用于帮助理解声音和视频内容、事件、语言等方面的说明性文字都属于注释。语料注释应使用通俗的汉语表达，丰富的注释就是一部民族小百科全书。③

（4）描述。对濒危语言基本情况的介绍。描述可详可略，但有些信息必须提供。如语言名称、人口、地点、系属分类、方言、语言使用、语言发展、文字、其他说明、语言地图等。④

---

① 范俊军. 少数民族濒危语言有声语档建设初探［J］. 中央民族大学学报，2011（1）：101 - 102.
② 范俊军. 少数民族濒危语言有声语档建设初探［J］. 中央民族大学学报，2011（1）：102.
③ 范俊军. 少数民族濒危语言有声语档建设初探［J］. 中央民族大学学报，2011（1）：102.
④ 范俊军. 少数民族濒危语言有声语档建设初探［J］. 中央民族大学学报，2011（1）：102.

（三）语档的元数据集

语言资源多种多样，为了使濒危语言资源得到科学的汇聚、立档、传播和被发现，需要一套标准化的"标签"用来著录和标记各种语言资源的属性，这种"标签"就是通常所说的"元数据"。元数据是关于数据的数据，即对数据属性及其环境进行描述的数据，包括文件的格式、编排结构、软硬件环境、文件处理软件、字处理和图形工具软件、字符集等数据。

开放语档联盟（OLAC）制定了用来描述语言资源的术语集，即《开放语档联盟元数据集》（OLAC Metadata Set），其中的每个术语称作元素（element），这个元数据集包含了《都柏林核心元数据集》（DCMS）中的15个基本元素以及《DCMI元数据术语》的元素限制（refinements）和编码方案（encoding schemes）。此外，还针对语言资源的特殊性，增加了扩展方案。开放语档联盟（OLAC）的元数据描写使用扩展标记语言，可通过DTD或Schema编码验证，它通过《OAI协议》与《都柏林核心元数据集》的搭配使用来实现。[1]

（四）语档的产品形式

濒危语言有声语档的载体必须是数字化介质，能保真存储原始声像和文字资料。数字化载体包括文本文件、图像文件、音频文件、视频文件、网页文件等，应符合数据格式和质量要求。

语档原始声音文件的同步转写、标音、注释、对译、意译文字材料，应以文档文件和电子表格存储。有些文字或标音符号没有进入操作系统字库，音标显示存在不兼容现象，还应同时将文档文件转换为PDF格式。制成Excel电子表格文件或Access数据库文件，以方便转写、标音、翻译等文字材料的检索、排序和修改。

文档文件、音视频文件、电子表格仍属于原始数据，只有少数语言学专业人员可用，不能达到社会共享目的。为了充分满足民众对有声语档的使用需求，就有必要开发市场化产品，如单机版数据库、网络数据

---

[1]　范俊军. 少数民族濒危语言有声语档建设再论——OLAC技术规范及其适应性［J］. 西北民族大学学报，2010（6）：93.

库、多媒体光盘、多媒体网页（含手机版）等。单机版数据库主要提供语言族群中有一定技能者、语言研究和语言资源开发人员使用，数据库应便于对数据的查询、排序、播放、拷贝、扩充等；网络数据库、静态多媒体网页面向全体语言族群和社会上有特定需求的人，应提供多种便捷途径对资源进行查询、观看、播放、下载、拷贝和材料扩充。多媒体光盘主要供濒危语言族群或其他人学习语言使用，应能够直接在 CD 机、DVD 机和电脑上播放，多媒体文件还应方便下载到手机、随身听等通用终端产品上。①

四　少数民族濒危语言有声语档建设的几点建议

建设少数民族濒危语言有声语档应在"语档语言学"指导下开展濒危语言个案记录实践，开展少数民族濒危语言标准的调研、论证及制定，开展民间散存濒危语言材料的收集和数字化建档，建立濒危语言有声语档建设的长效机制，实现濒危语言档案资源建设的可持续发展。

（一）开展语档语言学指导下的濒危语言个案记录实践

国内学者开展的濒危语言个案研究，主要是语言学描写和分析，还不是语档语言学意义上的语言记录和立档。因此需要从濒危语言个案入手，探索和解决我国少数民族濒危语言记录和立档的理论与实践问题。最好的实践尝试就是，选择一种濒危语言，围绕语档语言学的四大领域，着力进行有声语档采录、处理和立档工作，创建符合学科要求的示范性成果，在此基础上，建立符合我国语言国情的语档语言学的理论体系和最佳的实践范式，进而逐步推广。②

（二）开展少数民族濒危语言标准的调研、论证及制定

少数民族濒危语言的抢救与保护是一项系统工程，涉及语言身份认定、语言濒危标准、语言保护的执行标准、语言调查保护操作规范、语言

---

① 范俊军. 少数民族濒危语言有声语档建设初探［J］. 中央民族大学学报，2011（1）：103 - 104.
② 范俊军，张帆. 面向少数民族濒危语言的语档语言学［J］. 西北民族大学学报，2011（6）：50.

多媒体数据库开发等重要内容，但过去标准化意识淡薄，对濒危语言认定的国际化标准不了解、不熟悉，当前需要在参考濒危语言认定国际标准的前提下，根据中国少数民族语言现状，尽快开展濒危语言标准的调研、论证及制定工作。

（三）开展民间散存濒危语言材料的收集和数字化建档

二十余年来，国内许多语言学、文化学、人类学、民族学研究者和民族语文工作者，在各自的研究工作中不同程度地采集和记录了一大批有价值的语言材料，包括手写记录和音像、视频资料等。这些资料不仅数量庞大，而且有可能是唯一留存下来的原始记录材料。然而大多数都没有经过有效处理，有的闲置不用，有的已被丢弃，有的已流失或损毁。因此，当务之急是开展民间个人散存记录材料的收集和处理工作，对这些散存和废弃材料进行整理归档和数字化转换处理，这项工作最好委托有专业资质的研究机构或服务机构来进行，以确保这类资源永久保存，为更多的用户所利用。①

（四）建立濒危语言有声语档建设的长效机制

语料的采集和积累是一项长期艰巨的任务，需要持之以恒、坚持不懈地努力，直至语言消亡为止。但语言调查者的时间、精力和资金有限，不可能打持久战和消耗战，切实可行的办法是在濒危语言社区培养志愿者，向其传授语言记录和保存的知识和技能，并提供相应的器材，让他们走进濒危语言社区的日常生活，自己动手摄录亲闻亲历的语言实践活动，建立濒危语言档案资源建设的长效机制。另外，语档本身也要具有可持续性，在技术上有可扩展性和升级改造的空间，能够满足语料永久性保存和硬件设备设施更新换代的需要。

（五）实现濒危语言有声语档建设的可持续发展

少数民族濒危语言有声语档建设是一项艰巨的综合性工程，涉及面广，政策性强，时间紧、任务重、难度大，不仅需要语言民族/族群的全

---

① 范俊军，张帆．面向少数民族濒危语言的语档语言学［J］．西北民族大学学报，2011（6）：50.

面参与和多学科领域科研人员的密切合作，而且需要充足的人力、财力、物力支持。因此，仅依靠语言学界和档案部门的力量是难以办到和办好的，必须在各级政府的主导下，将这项工作纳入国家语言文字工作和少数民族文化事业的中长期发展规划，从中央到地方成立专门机构（这个机构可挂靠民语委或文化部门），配备胜任工作的少数民族干部队伍，所需经费列入国家财政预算。只有这样，开展这项工作才有组织保证，也才会真正落到实处。

第二节 我国少数民族濒危语言建档的几点思考

濒危语言建档是保护和传承少数民族语言文化遗产的重要手段之一。但我国有声语档建设还处于初始阶段，存在诸多问题。有必要进一步明确建档主体和思路，在"语档语言学"指导下开展资源整合和规范化、数字化立档实践，力求做到"语档留存"与"语档留全"。

20 世纪 80 年代以来，随着现代化、全球化进程的加快，许多民族/族群语言濒临灭绝或迅速走向消亡的现象引起了各国的共同关注和高度重视。为了抢救和保护濒危语言文化遗产，人们努力探寻各种有效方法和途径，为濒危语言建档就是其中最重要的方式之一。国外濒危语言建档起步较早，不仅创立了语档语言学[①]，还建立濒危语言档案馆[②]，成立开放语档联盟（OLAC）[③]，召开国际会议，开展学术研究。而国内学界的探讨还停留在传统语言调查记录层面，相关论著较少，已发表的论文仅有范俊军的《少数民族濒危语言有声语档建设初探》及再论、三论、四论[④]，李素琴、

---

① 范俊军，张帆. 面向少数民族濒危语言的语档语言学 [J]. 西北民族大学学报，2011 (6)：45 - 50.

② 范俊军. 少数民族濒危语言有声语档建设初探 [J]. 中央民族大学学报，2011 (1)：103.

③ 范俊军. 少数民族濒危语言有声语档建设再论——OLAC 技术规范及其适应性 [J]. 西北民族大学学报，2010 (6)：90 - 91.

④ 范俊军的相关论文除以上三篇外，还有：少数民族濒危语言有声语档建设三论 [J]. 北方民族大学学报，2011 (3)；少数民族濒危语言有声语档建设四论——关于语料采录和加工、技术培训等问题 [J]. 西北民族大学学报，2015 (1).

杨炳钧的《云南省濒危民族语言有声语档的建设方法探讨》①，赵生辉的《中国濒危语言数字档案馆建设初探》②，许红花的《少数民族濒危语言有声档案建设的可行性探讨》③ 等数篇，有的研究视角单一，缺少档案学知识的支撑。因此有必要以国外濒危语言建档发展为背景，进一步加强濒危语言建档理论与实践研究，以期为我国少数民族濒危语言有声语档建设提供参考。

一　我国少数民族濒危语言建档现状与不足

我国的语言调查工作最早始于民国时期，但规模和范围较小，研究成果稀少。新中国成立后，于20世纪五六十年代在全国范围内开展了大规模少数民族语言调查，编写了"中国少数民族语言简志丛书"，抢救了一批濒危语言文化遗产，保存了一些少数民族语言材料。

90年代后，录音、录像技术开始普及和应用，有力地推动了传统语言调查记录的发展，许多语言专业人员采集和记录了不少原始语料，包括文字手写记录和录音录像资料等。许多人类学者、民族学者、文化学者、地方语文工作者和民族宗教活动者在各自的研究领域中，也不同程度地收集和记录了一批语言材料。我国民族语言学界也开始关注语言濒危问题，先后编写出版了《中国的语言》、"中国新发现语言研究丛书"（共60种，目前已出版48种）、"中国少数民族语言方言研究丛书"、"中国少数民族语言系列词典丛书"、"中国少数民族语言指南丛书"（英文版）、《中国濒危语言个案研究》、"新时期中国少数民族语言使用情况研究丛书"等数十种。这批价值可观的语言材料为中国民族语言的学科创建和发展积累了宝贵财富，是我国少数民族濒危语言建档的前提和坚实基础。

（一）建档现状

近年来，濒危语言有声语档建设工作在全国范围内逐步展开，成为保护和传承少数民族语言文化遗产的重要举措。从实践主体上看，大致可分

---

① 李素琴，杨炳钧.云南省濒危民族语言有声语档的建设方法探讨 [J]. 大理学院学报，2012（11）：32.

② 赵生辉.中国濒危语言数字档案馆建设初探 [J].云南档案，2014（1）：47－49.

③ 许红花.少数民族濒危语言有声档案建设的可行性探讨 [J].贵州民族研究，2015（10）.

为高校、科研机构和国家语委、地方民语委两大类。

各高校、科研机构的濒危语言有声语档建设开始起步，研究成果不断涌现。如暨南大学汉语方言研究中心承担了国家语委 2011 年度"十二五"规划项目"中国濒危语言有声资源采集、传输和集成技术"、暨南大学创新团队重点项目"中国濒危语言有声语档建设的理论与实践"、广东省普通高校人文社科重点研究基地重大项目"岭南方言资源监测及资源库建设"、广州市社科规划项目"广州及邻近地区畲语有声语档基础库建设"等研究，并正在拟定《中国少数民族濒危语言有声资源记录与立档规范》。

中央民族大学的"中国少数民族濒危语言语音语料库"建设计划（刘岩主持，2004 年至今），进行了几种濒危语言语音语料的转写和标注。[①]该语音语料库包括土家语、仡佬语、毛南语、赫哲语等语言，内容有词汇、句子和民间故事字库，是采用国际音标、汉语和英语多层标注的少数民族多语言语音数据库。中央民族大学还出版了一套《中国少数民族语言音档》（原版主编戴庆厦，修订版主编李德君、刘岩），内容涵盖 45 个民族使用的 62 种语言，包括《中国少数民族语言音系录像》和《中国少数民族语言词汇录音》两大系列 8 张光盘，自 1990 年起历经 10 余年积累而成。囿于当年音像设备、技术水平和经费等，这套音档资料一直未能正式出版。近年来磁带已出现磁粉脱落现象，原版资料面临丧失的危险。中央民族大学采用现代语言处理技术，对上述资料做进一步修订、完善和补充，将其全部转录为光盘，并加注国际音标和汉字，于 2009 年出版。[②]

云南民族大学的"云南少数民族语言数据库"项目（2003），收集到十多种濒危语言资料，研制了数据库软件，做了开创性工作。[③]

玉溪师范学院设立的"云南濒危语言有声语档建设重点实验室"利用高校优势资源开展云南濒危语言的基础研究、人才培养、技术开发和应用工作，已具备采录濒危语言，进行同步标注，建立有声语料库，开发濒危语言记录与标注软件，开展濒危语言记录与保存技术标准研究的工作基础。拥有一支师生结合、结构合理、技术力量强、长期从事云南濒危语言

① 刘岩. 关于中国少数民族濒危语言语音语料库的设计 ［J］. 中央民族大学学报，2006（4）：133 - 136.

② 戴庆厦. 中国少数民族语言研究 60 年 ［M］. 北京：中央民族大学出版社，2009：617.

③ 陈锡周. 云南少数民族语言数据库 ［J］. 云南民族大学学报，2003（1）：112 - 114.

教学科研工作的人才队伍和研究团队，拥有先进的语言存档设备，采用国际标准技术开展云南少数民族濒危语言存档工作，现已完成 9 种云南少数民族濒危语言的有声存档，处于国内领先水平。

除云南外，内蒙古、湖南、广西、贵州、海南等省区也建立了少数民族语言语料库。还有学者进行了土家语、纳木义语、撒都语、仡佬语、台湾南岛语的数字化录音摄像工作。

台湾在语言数字档案开发方面早于大陆，已经创建了一系列数位典藏，如"中央研究院"语言学研究所的"闽客语数位典藏计划"和"南岛语数位典藏计划"。台湾静宜大学的"（高山族）达悟语数位典藏"计划，包含口语记录、口语整理及口语网络学习 3 项内容。像兰屿达悟语口语资料典藏网这样的数位典藏数据库十分难得，它使许多想了解南岛语的学者或一般民众，可以方便地获取相关资讯，无形中对语言的研究及发展有相当助益。

台湾大学 2005 年建成的在线语料库——"台湾南岛语多媒体语料库"以计算机信息技术的运用为支撑，以语言数据典藏及后设数据为标准，以系统地收集、转写、保存弥足珍贵的台湾南岛语为目标，以收录台湾南岛语自然语料为主要内容，实现了南岛语的信息化、数字化和数据化，具有普及性和实用性、交叉兼容性、跨语言一致性、便利性等特点。该语料库的构建不仅有利于保存南岛语语料，推广和传播南岛语言及其文化，也为未来大陆相关语料库的构建提供借鉴。①

国家语委、地方民语委在语音语料数据库的建设方面亦取得初步进展。2008 年起，国家语委在部分省区市试点建设"中国语言资源有声数据库"，在各方言区采集活态标本，建立方言档案；制定少数民族语言调查、记录、分析的技术标准，依照统一规范采集少数民族语言和方言等有声资料，进行科学整理加工，长期保存，以便将来深入研究和有效开发利用。②2015 年，教育部和国家民委实施了一项语言文化类国家工程"语保工程"，即运用现代化技术手段，收集记录汉语方言、少数民族语言和口头语言文

①　张立. 信息时代的南岛语语料库述评——以台湾大学南岛语多媒体语料库为例 [J]. 信息系统工程，2019 (11)：96 - 98.

②　黄行. 当前我国少数民族语言政策解读 [J]. 中南民族大学学报，2014 (6)：8 - 9.

化的实态语料，这是迄今为止由国家投入资金对本国语言进行多媒体记录的最大项目，这项国家工程的实施，标志着中国濒危语言研究重点已从传统描写分析转向多媒体记录和建档保存。

云南省民语委组织实施了"云南少数民族语言资料有声数据库建设"工程。截止到 2010 年 2 月，首次使用数字化手段采集建立了 2 个民族 3 种语言的词汇语音库。① 为云南少数民族语言保护和语音研究提供了资料和例证。

（二）建档的不足

从上述可知，虽然我国少数民族有声语档建设已取得较大进展，建档的实践活动也日益高涨，但起步较晚，理论探讨不够，实践经验不足，相关成果太少。国内学界对于少数民族濒危语言有声语料的采集、记录、立档和保存，从理论到实践尚未达成共识，也没有开展真正意义上的少数民族濒危语言有声资源记录和保存工作。② 存在的问题主要有以下几个方面。

一是传统的语言调查记录并不关心或不重视语料的整理标注、数字化和有声存档，收集到的语料也很有限，既无法做到永久保存，也无法用于其他用途，濒危语言消亡后，也不可能为语言民族/族群提供学习和恢复语言的资料，保存和保护濒危语言成为一句空话。③

二是濒危语言资料的记录存档缺乏相应的标准和规范，工作散乱、各自为政、各行其是、互不交流，有价值的原始资料多为部门或个人占有，难以公开和分享，有的虽已出版了纸质文献成果，但更多的数据库、有声资料库等成果没有面世；现有声像档案资料存储和保护技术不能满足数字化有声语档长期有效存取的要求；数字化技术虽已在有声语档建设中得到运用，但基本处于试行、摸索和初步架构阶段。

三是大量珍贵素材散存于并无保管条件的民间个人手中，仅供研究者开展课题研究和编写论著使用，结项或论著完成后大多废弃，有的已流失

① 李素琴，杨炳钧. 云南省濒危民族语言有声语档的建设方法探讨［J］. 大理学院学报，2012（11）：32.
② 范俊军. 少数民族濒危语言有声语档建设再论——OLAC 技术规范及其适应性［J］. 西北民族大学学报，2010（6）：90－91.
③ 范俊军，张帆. 面向少数民族濒危语言的语档语言学［J］. 西北民族大学学报，2011（6）：45－50.

或损毁。尤其是私人收藏的早期音像材料（磁带和录像带），主要用于一次性学术研究，既没有成为社会资源，发挥其更大的作用，也没有经过防霉或防潮处理，大多已经霉变、消磁、氧化，现在已很难或无法进行数字化处理和二次利用，导致语言资源不能共享，造成闲置和浪费。

四是现有的记录材料大多没有移交给图书馆、博物馆、档案馆或有关研究机构、服务机构集中管理，也没有最大限度地公开发布，社会共享受限，多数图书馆、文化馆和民族教育、科研机构没有民族语言声像资料室和信息咨询服务，不注重濒危语言资料的收集和保管，不仅馆藏匮乏，而且利用不便；档案部门对这类声像档案、电子文件的收集和归档普遍没有制度化要求，也无相应的工作职责规定和主动建档机制。

五是实际工作中存在的诸多矛盾和问题得不到合理有效的解决，如濒危语言记录材料的私人占有与广泛传播和社会共享之间的矛盾、濒危语言文化遗产的抢救保护与开发利用之间的矛盾，濒危语言资源的知识产权诉求、存取管理的责权利关系、封闭保守的学术思维定式和工作习惯与理论创新和实践转向的发展趋势不相适应等。

二　我国少数民族濒危语言建档主体和思路

（一）多元主体

2012 年 12 月教育部、国家语委发布的《国家中长期语言文字事业改革和发展规划纲要（2012—2020 年）》中指出：我国语言文字工作的管理体制是"政府主导、语委统筹、部门支持、社会参与"，这一多元化主体中既有各级政府及教育行政部门（语言文字工作部门），又有各个高校和科研机构的专家群体，还有相关领域的学术团体和社会组织，这些同样也是濒危语言建档工作的实施主体。但从相关文件的规定和具体实践来看，包括档案馆在内的图书馆、博物馆、文化馆等公共服务机构既未成为多元主体的成员单位，也未实际参与语言文化遗产的管理与保护，而濒危语言建档与档案部门有直接的关系，档案部门的专业人员、技术设备和操作规范，都将是做好濒危语言建档工作的重要保障。因此濒危语言的建档主体，一方面应坚持多元主体不变，另一方面理应将档案部门纳入濒危语言建档的相关部门中，在"以政府部门为主导、跨学科人员合作、语言民族/族群全面参与"的机制下，充分发挥档案部门建档的成功经验和优势，吸纳档案部门的专业技术和方法，这将有助于推动我国少数民族濒危语言建档工作更快更好地发展。

（二）建档思路

我国的濒危语言资源建设是国家语言文字事业改革和发展工作的重要组成部分，在"科学保护中国各民族语言实态"思想的指引下，少数民族濒危语言的建档工作应立足于我国濒危语言有声语档建设的实践活动，坚持"以族群为单元，以话语为中心"，优先抢救保护使用人口少、边境、跨境民族濒危语言档案资源的原则，以科学记录和保存语言原貌为第一要务，依托档案信息化手段，重点开展民族语言资料库资源和自然语言技术处理的建设，结合少数民族多模态语音语料库和少数民族语言文化资源库建设，收集梳理少数民族濒危语言的发展历史和文化信息，在凸显语言文化遗产保护传承的重要性和紧迫性、强调濒危语言档案资源建设的必要性和可行性基础上，力求做到"语档留存"与"语档留全"。

21世纪初，国外濒危语言的研究重点已经从语言学描写和分析转向有声资源的抢录和保存，大量原始有声语料和文字材料开始转化为档案资源并被有效地开发利用，并创立了一门新兴的交叉学科——"语言数据建档语言学"或"典藏语言学"（Documentary Linguistics），国内也译为"语档语言学"、"纪录语言学"、"语言文献记录语言学"或"语言文献记录学"。虽然这门学科尚在发展中，但国外已有许多成熟的理论观点和成功的经验做法，国内对此却知之甚少。① 希望有关高校和科研机构积极引进和译介国外语档语言学的重要著述和学术成果，促进这一学科理念在国内的广泛传播。

语档语言学的实质是对原始语料的采集记录和立档保存，形成的档案是处于非现行期的非现行文件，在本质上属于"语言档案"（languages archive），而非描写语言学意义上的"语料"（corpus）。以往国内学者开展的濒危语言个案研究，主要是书面记录和描写，还不是语档语言学意义上

---

① 范俊军，张帆. 面向少数民族濒危语言的语档语言学 [J]. 西北民族大学学报，2011 (6)：45－50.

的数字化记录和立档。为此需要从濒危语言个案入手，吸收和借鉴语档语言学的理论体系和实践成果，开展语档语言学指导下的濒危语言个案记录实践。有语言学专家提出：当下行之有效的办法是选择一种濒危语言，围绕语档语言学的四大领域——活态有声语料的采录、原始语料的标注和描写、语料资源的立档和信息化、记录和立档的技术服务，着力开展有声语档采录、处理和立档工作，取得符合学科要求的示范性成果。在此基础上，构建针对我国语言国情的"语档语言学"理论体系和实践范式，并逐步推广。[①]

三　我国少数民族濒危语言建档的几点举措

（一）拟定濒危语言建档标准和规范

开放语档联盟（OLAC）制定了一系列有关语言资源数字化立档、存储、传播和网络信息共享利用的规范和标准，包括标准类文件、建议类文件、解释类文件以及元数据方案，提供元数据格式，即数字化档案的详细说明等。但我国还没有建立濒危语言有声资源记录和立档的理论规范和实践规程。建议国家语委、国家民委、国家档案局联合制定相关规范和技术标准，明确濒危语言建档的主体和客体、目标和任务、方法和技术，濒危语档采集、记录、归档的范围以及整理、分类、编目的流程等，为实际工作提供业务指导。

（二）开展濒危语言记录材料的收集和数字化立档

借国家民委开展 20 种少数民族濒危语言调查工作和编辑出版"中国少数民族语言文字保护丛书"之机，在民语委主导、档案部门参与、广泛调动社会力量的模式下，进一步加大法规先行、政策支持、技术指导、人才培养、资金投入的力度，采取主动建档与资源整合相结合、档案式保护与整合性保护相结合的方法，调查和收集（征购）民间、个人散存的濒危语言零散语料，广泛开展社会上散存濒危语言记录材料的收集整理和归档工作，加快进行信息化转换处理和数字化立档，使其能够得到永久保存，并提供更广泛的利用。

---

① 范俊军，张帆．面向少数民族濒危语言的语档语言学［J］．西北民族大学学报，2011（6）：45－50．

（三）加强濒危语档规范化和资源整合

濒危语档资源规范化工作包括以下几方面。

（1）将所有的档案资源转换为数字化的数据文件。如对手稿、笔记等进行扫描、翻拍；将录音磁带的模拟声音信号转换为数字化声音信息。

（2）将非通用数据文件格式或特定设备软件专用文件格式转换为通用数据文件格式。

（3）将旧的数据文件格式转换为新的数据文件格式。

（4）对已有数字音频、视频文件进行必要的转写标注，建立数字化的标注文件。

（5）对字符字库转换更新，确保所有字符在任何系统中都能正确呈现。

（6）定期更换存储介质，如移动硬盘、DVD光盘应每3年更换一次。

（7）对所有数字化资料和原始资料进行分类、排序，增加和补充清晰的元数据标识。

资源整合包括濒危语档资源的集成管理整合与濒危语言调查记录工作实践的分工互补整合。具体内容有以下三方面。

（1）以语种或资源品种为单位搜集和征集现有档案资源，统一聚集和加工。

（2）以中心站聚集存储全部原始数据，以区域地方站存储拷贝数据，进行数据整合。

（3）以建立实体档案室/资料室或网上开放式（虚拟）档案馆/博物馆的方式进行整合。

（四）建立濒危语言数字档案馆

为了记录和保存濒危语言，一些国际组织和部分国家的研究机构已经在探索建立专门的濒危语言资源档案馆，持续采录和不断积累、保存了大量珍贵的原始有声影像语料、精语料和其他语言资源。例如：开放语档联盟（OLAC）的虚拟语言资源档案馆、英国濒危语言基金会的濒危语言档案馆（ELAR），德国莱比锡大学进化人类学研究所的莱比锡濒危语言纪录档案馆（LELA），荷兰麦克斯·普朗克心理语言学研究所DoBeS档案馆，美国朗诺基金会的罗塞塔（Rosetta）活语言数字档案馆、美国美洲本土语档案馆、阿拉斯加本土语言档案馆、印第安语言调查中心档案馆，加拿大斯夸米什人语档案馆，拉丁美洲土著语言档案馆，澳大利亚环太平洋地区濒危文化数字化资源档案馆、日本国际濒危语言资料交流中心等。① 但我国至今还没有建立濒危语言数字档案馆。建议在国家档案局支持下，建立隶属国家语委并接受国家档案局业务指导的二级档案管理机构，作为濒危语言数字档案馆的主要依托部门②，从国家层面建立全国性的濒危语言数字档案馆，为我国丰富多样的少数民族濒危语言信息资源搭建一个管理科学的开发利用平台。

（五）加大专业人才培养的力度

国外许多濒危语言研究基金、计划项目和相关机构都在开展人才培养工作，如英国伦敦大学亚非学院的濒危语言档案馆（ELAR）不仅负责语言记录数据的典藏，还提供相关的技术培训，培训内容包括民族学、记录语言学入门、各国语言背景、课题申报、词典编纂、语言调查设备、语言典藏设备、数据收集方法、录音技术、数据管理等。而目前国内针对少数民族濒危语言立档技术的培训非常少，专业人才匮乏。建议高校、科研机构和相关部门加大技术培训力度，设立语言培训基地，培养一批规范采录、整理、立档有声语料的少数民族濒危语言研究群体，使之能正确使用专业设备录音，规范采录语言、转写、翻译和标注，规范整理文本格式，收集元数据，建立数据库等。③

第三节　濒危语言建档保护研究

主动建档是保护和传承濒危语言文化遗产的重要手段之一。本节在明确濒危语言建档保护含义、目的、意义，分析现状和存在问题的基础上，提出濒危语言建档保护的几点建议：制定濒危语言建档保护的标准规范，

---

① 范俊军. 少数民族濒危语言有声语档建设初探 [J]. 中央民族大学学报，2011（1）：103.

② 赵生辉. 中国濒危语言数字档案馆建设初探 [J]. 云南档案，2014（1）：47–49.

③ 许鲜明，白碧波. 美国语言协作研究研习会及其对我国濒危语言研究的启示 [J]. 西北民族大学学报，2015（1）：94.

开展濒危语言记录材料的收集和数字化立档，加强濒危语档的规范化和资源整合，建立濒危语言数字档案馆、特藏室、语料库，抓好濒危语档文献的编纂、公布、出版，大力推进濒危语档数字化、信息化建设。

濒危语言建档保护问题既是语言学的研究课题，也是档案学亟须探索和解决的问题。在全球一体化语境下，随着民族文化交流、民族融合步伐的加快，濒危语言与民族文化本身一样面临生存和发展的考验。作为民族语言文化遗产保护和传承的重要载体之一，少数民族濒危语言档案的珍贵价值毋庸置疑。但该如何建档保护？如何开发利用？其发展前景怎样？现实需要学理的诠释和指引。本节在总结我国有声语档建设成就的基础上，对濒危语言建档保护问题提出几点不成熟的看法。

一 濒危语言建档保护的含义

"保护"指采取有效措施，保持濒危语言文化遗产的生命力，包括这种遗产各个方面的确认、立档、研究、保存、保护、宣传、弘扬、传承（主要通过正规和非正规教育）和振兴。

濒危语言建档保护的基本含义是：把抢救保护作为濒危语言主动建档的重要指导思想，将主动建档作为实施濒危语言抢救保护的主要方式和途径，在凸显濒危语言文化遗产保护和传承的重要性和紧迫性、突出濒危语言档案资源建设的必要性和可行性基础上，力求做到"语档留存"与"语档留全"。

濒危语言主动建档的最大特点就是"主动"二字，即将传统档案工作的关口前移，从坐等上门、被动接收转变为主动出击、主动记录，从"要我建档"转变为"我要建档"，积极参与濒危语言重点工作、重点工程、重大项目、重大活动、重要事件、重要会议的现场记录和拍摄，对反映各民族语言文化内涵和真实风貌、具有长久保存价值的原声态语言资源进行深度记忆。

濒危语言档案在形成上与传统类型档案有所不同，传统档案多从公务文书转化而来，濒危语言档案则是为了保存、保护语言资源和文化遗产而有目的、有计划、有步骤地进行调查记录的结果。濒危语言建档后形成的档案（语档）是处于非现行期的非现行文件。

二　濒危语言建档保护的目的、意义

濒危语言建档保护的目的，首先是满足濒危语言民族/族群及社会成员语言学习的需要；其次是尽可能为某种语言消亡以后学习和恢复该语言提供必需的全部信息，并为其他潜在的可能用途提供濒危语言资源，以满足濒危语言民族/族群保持语言活力或将来恢复该语言的愿望，并满足社会公众对濒危语言资源的多元化需求。

中国自古以来就是一个多民族国家，多民族、多语言、多文字是国情的基本特征。目前56个民族使用着分属于汉藏、阿尔泰、南岛、南亚、印欧5个语系的大约130种语言，其中有一些语言处于使用人数减少、社会功能日益萎缩的衰退状况，语言濒危已是一个不可回避的客观现实。处于弱势或濒危状态的语言种类也较多，有一些语言已出现了功能衰退的趋势，面临消失的危机，还有一些语言在短时间内大范围消失，成为亟待抢救的濒危语言。按照中国社会科学院2007年公布的研究结果，我国境内现有世界五大语系的129种语言，其中已濒危或即将濒危的语言有117种（濒危的21种，正在迈入濒危的64种，临近濒危的24种，无交际功能的8种）。[①] 据调查统计，满语、赫哲语、苏龙语、仙岛语等语言的使用人口均不足百人，而木（仡）佬语目前仅有两位80多岁的老人会讲。许多小语种使用者已不足500人（有7种使用人口在100人以下），如业隆语使用者450人，阿侬语使用者380人，布兴语使用者200余人，格曼僜语使用者200人，仙岛语使用者76人，拉基语使用者60人[②]，普标语使用者50人……这些小语种如果不采取特殊的保护措施将很快面临消亡。因此，对濒危语言进行建档保护的意义重大、刻不容缓、任务艰巨。主要有以下几点。

第一，在全球口头与非物质文化遗产保护的背景下，濒危语言的主动建档对民族语言文化遗产的抢救保护，对民族历史记忆的保留延续，对促进民族口传文化丰厚资源的开发利用具有重大现实意义。

第二，对于建立既反映各民族语言生活、语言实践、语言现象，又反

---

① 孙宏开，胡增益，黄行. 中国的语言［M］. 北京：商务印书馆，2007.

② 云南建有声"基因库"保护少数民族濒危语言［EB/OL］.［2013-10-23］. chinanews. com/cul/2013/10-23/5414534. shtml.

映各民族语言文化传统的富有中国特色的濒危语言资源体系，探索濒危语言抢救保护的有效方法和途径，积累抢救保护濒危语言的实践经验，具有积极作用和重要意义。

第三，有利于延续古老文明，保存民族记忆，增强民族语言文化遗产的保护意识，自觉抵制强势语言文化的侵蚀，保障民族语言文化的安全，保持民族语言文化的传承，维护民族语言文化的多样性。

第四，可以补充馆藏资源的不足，为濒危语言调查、记录和研究工作，少数民族口承文化遗产的保护和传承以及濒危语言的学习、恢复和振兴等提供完整、齐全、真实、可靠的第一手资料。

第五，可以深化语言学界和档案学界对濒危语档及濒危语档工作的认识和了解，将濒危语档资源建设与少数民族口述历史、口传文化的抢救保护紧密结合起来，在多元化、跨学科领域形成一个研究、保护、开发、利用濒危语档的合作交流、互动协同机制，以便产出更多、更好的研究成果用于指导中国濒危语言有声语档资源建设工程的实施。

三　国内濒危语言建档保护的现状

濒危语言资源的数字化建档是保护和传承语言文化遗产的重要手段。对语音、语料和相关信息的全方位记录和保存，可以为语言的重生和复兴创造条件，为语言的学习研究提供有价值的材料和线索，为多元文化的传承积累宝贵的财富和资源。

从新中国成立初期发起的全国少数民族语言调查活动开始，来自人类学、民族学、语言学、文化学等学科的专家学者，以及各级民族宗教事务管理机构和语言文字工作机构的工作人员，都在各自的研究和工作中不同程度地采集和保存了各类语言的手写记录和录音资料。然而，囿于学科领域和工作职能的不同和局限，这项工作基本上没有档案学领域的学者和档案管理部门参与，采集语言档案主要是满足语言学研究的需要，对语档实体管理、语档信息共享、长期可读性保障等需求考虑较少。尽管国家语委于2008年启动了"中国语言资源有声数据库建设"项目，教育部、国家语委于2015年联合推进了"语保工程"，但是工作重点偏向于各语种有声语料的采集和保存，对于濒危语言的长期需求和开发利用仍然重视不够。关注和投入这一工作领域的力量偏弱、力度不够，"语保工程"的实践经验还未上升到理论高度，无法产出更多更好的理论成果用于指导实践。这种局面已经导致严重的后果：一方面，散落于不同机构和个人的语言档案形式各异、参差不齐，难以再次开发利用和共享；另一方面，语言文字工作机构缺乏支持文献资料长期保存的有效手段和技术设施，导致从20世纪五六十年代以来采集到的大量录音带由于磁粉脱落而损毁，记录的珍贵语音信息也随之消失。如果继续按照这种模式进行濒危语言档案的采集和保存，类似的问题可能还会出现。

因此，如何从语言学、档案学的交叉视角来审视濒危语言档案资源建设需求，借助档案部门的优势进行专业化指导，建立语言文字工作机构、档案管理机构和其他相关机构优势互补、协作共赢的工作机制，应用现代信息技术为濒危语言打造"数字方舟"，已经成为推进我国濒危语言数字化保护的当务之急。①

四　濒危语言建档保护存在的问题

国内外濒危语言的建档保护虽然有了很大进展，但也存在一些不容忽视的问题，阻碍这项工作向深度和广度发展。主要表现在以下几个方面。

一是重视语料的学术研究价值，忽视语料的社会共享和广泛利用。传统的语料处理只限于满足研究者个人查找翻阅的简单归类，语料描写也只是按个人学术观点、从专业角度对某些内容特征进行描述，这样处理和描写的语料，根本不能满足濒危语言资源永久保存和社会利用的要求。传统的语言调查记录并不关心或不重视语料的整理标注、数字化和有声存档，收集到的语料也很有限，既无法做到永久性保存，也无法用于其他用途，濒危语言消亡后，也不可能为语言族群提供学习和恢复语言的资料，保存和保护濒危语言成为一句空话。②

二是国内许多语言调查人员采集记录了不少原始语料，一些关注濒危语言的学者出于自身研究需要也摄录了一些声像语料。这些原始资料和珍贵素材大多散存在并无保管条件的民间个人手中，仅供个人课题研究和编

---

① 赵生辉. 中国濒危语言数字档案馆建设初探 [J]. 云南档案，2014 (1)：47.
② 范俊军，张帆. 面向少数民族濒危语言的语档语言学 [J]. 西北民族大学学报，2011 (6)：45 – 47.

写论著使用，结项或论著完成后大多废弃，有的已流失或损毁。很少有学者对语料进行剪辑，并做完整详细的同步文本转写、翻译、注释和分析，有的只剩下一堆零碎散乱的文本手稿，纸质已发黄变脆。也很少有人愿意向外界无偿公布个人的录音语料，他人无法获取和利用，甚至濒危语言族群或发音合作人也无法使用，许多珍贵原始语料往往成为废料。尤其是早期的录音录像语料，主要用于学术研究，既没有成为社会资源，发挥更大的价值，也没有经过科学有效的处理，个人收藏的磁带和录像带也没有经过防霉或防潮处理，大多已经发霉、脱磁、老化、变形，现在已很难或无法进行统一数字化处理和二次利用，导致信息资源不能共享，造成闲置和浪费。更令人担忧的是，国家投入巨资采录的宝贵濒危语言有声资源，将随着电脑的老化和系统的崩溃再次流失。因此，建立国家级濒危语言有声语料档案馆已刻不容缓。①

三是现有的记录材料大多没有移交给图书馆、档案馆和有关研究机构或服务机构集中管理，也没有最大限度地公开发布，社会共享受限，多数图书馆、文化馆和民族教育、科研机构没有语言声像资料（室）信息咨询服务，不注重对濒危语言资料的收集和保管，不仅馆藏匮乏，而且利用不便；档案部门对这类声像档案、电子文件的收集归档普遍没有制度化要求，也无相应的职责考核和监督机制。对视听资料的获取，目前尚缺乏有效的发行制度、联合目录、图书会展或网站链接等相关渠道。濒危语言产品的制作和销售缺乏市场需求，远未形成一条新兴的产业链，在国内语言产品市场上，濒危语言的教材、课本、教辅资料和多媒体产品等难觅踪迹，仍处于一片空白。有时教师和科研人员为了教学或研究的需要，不得不东奔西跑、四处寻找有声语料，但往往一无所获。

四是濒危语言资料的记录存档缺乏相应的标准和规范，工作散乱、各自为政、各行其是、互不交流，研究成果无法公开和分享；缺乏立法、政策、技术、人才、资金的支持；现有声像档案存储和保护技术不能满足数字化有声语档长期有效存取的要求；技术层面受到系统的稳定性和兼容性、有声语档属性、数据化等因素的影响。此外，实际工作中存在的诸多

---

① 许鲜明，白碧波．美国语言协作研究研习会及其对我国濒危语言研究的启示［J］．西北民族大学学报，2015（1）．

矛盾和问题得不到合理有效的解决，如濒危语言记录材料的私人占有与广泛传播和社会共享之间的矛盾、濒危语言文化遗产的抢救保护与开发利用之间的矛盾，濒危语言资源的知识产权诉求、存取管理的责权利关系、封闭保守的学术思维定式和工作习惯与理论创新和实践转向的发展趋势不相适应等。

五是我国濒危语言有声语档建设起步较晚，理论探讨不够，实践经验不足，如对濒危语言档案资源体系建设中的主动建档及其理论和实践价值缺乏深入研究，相关成果太少，迄今尚无理论上的建树。国内至今没有建立濒危语言有声资源记录和立档的理论规范和实践规程，无标准和规范可依，实际操作中标准化意识淡薄，使得濒危语言语料的采集记录带有很大的个人随意性。①

六是濒危语言多媒体电子文件的跨媒体、跨语种共享还存在一定障碍，尤其是多媒体信息检索仍然是开发利用中的一个难题。当前，随着多媒体技术的不断革新，多媒体信息检索在图像颜色、形状、纹理索引，音频模式识别和匹配，视频特征提取等方面已取得一定进展。但是整体而言，与文本信息处理水平相比还有相当大的差距，还不能实现大规模、复杂情景下的应用。濒危语言多媒体电子文件还存在无法被检索和共享的风险，跨媒体检索的广度、深度、精度都很低，利用范围十分狭窄。

五　濒危语言建档保护的措施

为了进一步加强濒危语言的建档保护力度，笔者认为档案部门应切实担负起抢救保护濒危语言档案的使命和重任，当前迫切需要做好以下几项工作。

（一）建立较为完善的濒危语言建档保护制度

建立较为完善的濒危语言建档保护制度是濒危语言传承的前提条件之一。在保护濒危语言的实际工作中，要发动全社会的力量自觉参与到语言文化遗产的保护活动中，尽力消除人为因素造成的干扰和破坏行为，加快

---

① 范俊军. 少数民族濒危语言有声语档建设再论——OLAC 技术规范及其适应性 [J]. 西北民族大学学报，2010（6）：91.

制定濒危语言建档保护的相关法律法规，完善各项规章制度，保障濒危语言传承机制的有效推行。一方面要完善濒危语言建档保护的机制和制度，形成规范化体制，另一方面要建立濒危语言建档保护的规范性流程，确立行业标准。

（二） 制定濒危语言建档保护的标准和规范

抓紧制定濒危语言建档保护的相关工作规范和技术标准，明确濒危语言建档保护的目标任务、原则方法、技术手段、保护模式、合作机制，档案馆、图书馆、博物馆或相关机构采集、接收濒危语言档案的范围、种类、价值以及整理、分类、编目的工作标准、工作流程等，为实际操作提供参考和指导。

（三） 开展濒危语言记录材料的收集和数字化立档

坚持优先抢救保护使用人口少、边境、跨境民族濒危语言档案资源的原则，建立以档案部门为主导、跨学科人员合作、语言民族/族群全面参与的合作机制，加大法规先行、政策支持、技术指导、人才培养、资金投入的力度，采取主动建档与资源整合相结合、档案式保护与整合性保护相结合的方法，调查和收集（征购）民间个人散存的濒危语言零散语料，广泛开展社会上散存濒危语言记录材料的收集整理和归档工作，加快信息化转换处理和数字化立档，使其能够得到永久保存，并提供更广泛的利用。

（四） 建立语言档案资源音像数据库

对少数民族语言的入户调查、问卷调查、访谈记录、语言能力测试、语言本体记录等进行全程录像、拍照，把音频、视频和图片建成一个能够可持续使用的语言档案资源数据库。因为语言是动态的、不断变化的，这些第一手的调查资料很珍贵，记录了现阶段语言的状态，对语言的共时研究和历时研究都很有价值。单独项目可以设小型的语言资源音像数据库，比如："因远镇哈尼语资源音像数据库"，汇集多了就会成为"云南省彝语支语言资源音像数据库""云南省语言资源音像数据库"等。调查过程中记录下来的，或附带收集整理的少数民族传统诗歌、民歌、民间传说、故事，以及歌舞、民俗表演、民间艺术作品（雕刻）、建筑、风光等的照片、音频、视频等，可以建成民间文化音像数据库，起到保护少数民族语言和文化的作用。比如戴庆厦主编的《元江县羊街乡语言使用现状及其演变》中提到的哈尼族民歌，白碧波主编的《元江县因远镇语言使用现状及其演变》中提到的哈尼歌曲《Yalmiaq Miaq》，有关马鹿村来历的美丽传说、刻石匠李祖和家的典型白族民居建筑、李祖和雕刻的精美绿蛋石碑刻等。这些都可以记录在"哈尼族民间文化音像数据库"中，积累多了就可以汇集成多个少数民族民间文化数据库。①

（五）建立濒危语言数字档案馆、特藏室、语料库

当前建立濒危语言档案馆的时机已经成熟，可以挂靠语言保护示范区，依托档案信息化手段，结合多媒体濒危语言数据库或数字资源库的建立，初步建成内容丰富的濒危语言数字档案馆、电子文献中心、特藏室或功能强大的多模态语音语料库，搭建便捷高效、方便社会利用的濒危语言档案信息资源利用平台。其中，濒危语言资源档案馆作为一种专业性数字档案馆，主要负责持续采录、征集、整理、保管和保护濒危语言原始语料及相关实物，集中保存濒危语言的数字化档案或其他介质语言档案的数字化成果，实现濒危语言数字化档案的集成管理，为社会各界提供濒危语言资源发布、查询、借阅和复制及其他相关领域的综合性利用服务。② 建设濒危语言资源档案馆、特藏室、资料库不仅是为了记录和保存原始有声语料、精语料和其他濒危语言资源，也是为可能的后续研究提供大规模语音资料的查询、借阅、复制和检索、统计、发布服务。

（六）抓好濒危语言文献记录的编纂、公布、出版工作

立足社会需要，以服务为导向，突出抓好濒危语言档案文化产品的研发，把濒危语言调查记录和描写材料以及音像资料、电子档案转化为服务社会的多样化、大众化、市场化语言文化产品，充分发挥濒危语言档案的学术文化价值，让"死档案"变成"活信息"。如编研、开发适合不同层次濒危语言学习者的语言教材、课本、词典、工具书、磁带、录像带和其

---

① 王丽艳. "新时期中国少数民族语言使用情况研究丛书"简介——兼论少数民族语言调查的成果呈现形式 ［A］. 白碧波，〔澳〕大卫·布莱德雷（David Bradley）. 母语的消失与存留：第三届中国云南濒危语言遗产保护国际学术研讨会论文集 ［C］. 北京：民族出版社，2011：163－164.

② 赵生辉. 中国濒危语言数字档案馆建设初探 ［J］. 云南档案，2014（1）：47－48.

他教学辅导资料，提供面向大众的语言读本、电子图书、音像制品或多媒体课件、多媒体光盘、数据库软件等网络化资源。

（七）大力推进濒危语言档案数字化、信息化建设

举办专题展览和宣传活动，成立语音实验室，建成数字化存储检索系统，建立专门网站，通过媒体、网络等渠道面向社会开放，传播和普及濒危语言档案知识，强化和提高全社会共同保护和传承濒危语言文化遗产的集体意识和自觉性，全面提升濒危语言档案服务于语言族群和社会公众的能力。在不侵犯发音人和说话人隐私权以及尊重各民族风俗习惯禁忌的前提下，尽可能地向社会无偿开放濒危语言档案资源，使濒危语言档案信息资源得到充分合理利用和广泛传播，更好地为语言族群和社会公众服务。

第四节　语言学与档案学协同下的
声像语档建设

濒危语言声像语档建设是语言学和档案学知识综合运用、协同创新的成果，两个学科分别为声像语档建设、保存和开发利用提供理论基础和方法途径。语言学主要为有声语档建设提供原始语料，档案学为声像语档建设提供音档记录。建设濒危语言声像语档是管理和利用珍贵语言资源、保护和传承语言文化遗产的有效手段，可以为少数民族语言文字等学科提供宝贵的研究资料。

一　濒危语言有声语档建设现状

（一）取得的进展

党和国家历来高度重视语言资源的调查保护工作，早在 20 世纪 50 年代就开展了历史上第一次大规模的汉语方言和少数民族语言普查工作，开创了我国汉语方言研究和少数民族语言研究的新时代。

2007 年颁布的《国家语言文字工作"十一五"规划》提出"将语言作为一种国家资源加以保护和利用"，标志着语言资源观的全面确立和语言保护任务的正式提出。语言资源观能够缓解语言作为障碍、语言作为权利等观念带来的冲突，有助于促进语言和谐观的形成。2011 年，党的十七

届六中全会首次在中共中央全会文件中对语言文字工作提出要求——"大力推广和规范使用国家通用语言文字，科学保护各民族语言文字"，进一步明确了语言保护的政策依据。

为使各民族共享信息化时代的成果，我国加大了少小民族、无文字民族语言资源建设的力度，研发了多种智能语音识别系统和翻译系统，支持少数民族语言文化网站和新兴传播媒体的有序发展，不断提升少数民族语言文字的信息化能力和社会应用能力。

从 2008 年起，国家语委开始有计划地组织开展全国语言有声语档建设，先后在江苏、上海、北京等 8 省市开展"中国语言资源有声数据库建设"试点，在各方言区采集活态标本，建立方言档案。其中，江苏、北京、上海三地的语言资源调查、整理工作已经先期完成，获得了十分宝贵的经验，并探索出一套"政府主导、专家实施、社会参与"的工作模式和一系列行之有效的专家团队运作及项目管理办法，完善了语言有声资源库的建设方案。

2015 年，为了贯彻落实《国家中长期语言文字事业改革和发展规划纲要（2012—2020 年）》中提出的任务要求，教育部、国家语委启动了一项语言文化类国家级重大工程——"中国语言资源保护工程"，即在全国范围内开展以语言资源调查、保存、展示和开发利用等为核心的各项工作。计划在 5 年内（2015～2019）调查完成中国少数民族语言、汉语方言点1355 个。其中，汉语方言点 935 个，分布于 31 个省、自治区和直辖市，以及香港、澳门特别行政区和台湾地区；少数民族语言点 420 个，分属汉藏、阿尔泰、南亚、南岛、印欧五大语系，其中一般语言点 310 个，濒危语言点 110 个。一期建设共完成 1712 个调查点，超额完成总体规划的14.3%。这标志着我国开始从国家层面开展语言资源保护工作，中国语言和汉语方言将被系统完整地记录和保存下来。

从技术层面看，"中国语言资源有声数据库技术规范与平台研发"于2014 年得到科技部"国家科技支撑计划"的支持。2015 年国家依托当地高校启动对山西、浙江、重庆、福建四省市的语言调查，同时采用聘请专家组成调查团队的方式对濒危语言进行调查，充分整合社会资源，建立"中国语言资源保护工程采录展示平台"，并按计划启动不同省区市的语言保护工作。

从档案界来看，各地档案部门以方言语音建档工作为突破口，全面开创档案文化建设的新局面。在确定方言语音建档工作重点区域的基础上，进一步开展地方方言资源的普查调研，了解本行政区域内方言的分布分类情况，进行语音建档，对方言语音档案、方言文本和其他方言档案资料进行系统整理和科学保管。

（二）存在的问题

1. 缺乏统一标准

教育部和国家语委实施的"语保工程"已将濒危语言纳入语言资源保护的范围，各个语言调查点都采用语言学中的调查方法，但迄今为止还没有对语言调查建档制定统一的国家标准，在调查内容、数据格式、操作流程等方面还存在较大差异。

2. 不注意区域划分

语言学框架下的有声语档建设一般以县（市、区）为单位进行调查，但是除了地域差异之外，语言学家更多关注各种语言之间的相互影响，以及各个语言片区的界限和过渡地带研究。这虽然有利于构建较为系统的语言调查体系，但同时也存在先入为主的思想，不容易发现各语言片区之间的内部差异。档案学理论下的声像语档建设虽然一般也以县（市、区）为单位，但极少考虑语言本体的分片，缺少各县（市、区）语言之间的共性整合。

3. 连续性和实用性不强

语言研究一般只关注共时层面的研究，主要集中于当今某一族群的语言在语音、词汇、句法上的特点，只有在寻求对语言特点的解释时才探求语言的历史来源。少数民族语言研究，特别是古代民族语言的语音研究由于没有保留语音档案，只能通过构拟的方法进行。

语言学背景下的有声语档建设是从"语料"来到"语料"去的过程，语档建设与语料开发合二为一，对有声语档的利用处于表面层次；档案学背景下的声像语档建设可分为初期、中期、后期三个阶段，初期偏向语料的收集和整理，中期偏向语料的归档和保存，后期则偏向语档信息的检索和利用。

二　基于协同机制的声像语档建设构想

（一）协同机制

濒危语言声像语档建设是综合语言学和档案学两个学科的实践工程。语言学认为建设有声语档的主要目的是研究语言，即在有能力开展濒危语言的保护和传承性工作之前，先做好学术性抢救。通常是在语言学理论知识和方法论的指导下，按照语言学规则对特定的语言族群进行语言调查，有选择、有目的地采集和整理语料资源，建立有声语料库或语言资源库。档案学认为语言本身是社会记忆的重要组成部分，把声像语档视为专门档案管理中的一个分支科目，其核心任务不在于用语言学知识去解构和阐释语言现象，而是全方位记录和反映语言现象并将其转化为语言档案，为濒危语言的学习、恢复和研究以及地方语言志的编写提供第一手材料。通常的做法是以行政区域为单位，组织档案部门的相关人员进行专门的业务操作知识培训，选择地道、老派、正宗的发音合作人进行语音收集和整理，形成长期保存的音档。

语言调查记录和语音文本归档自身的特殊性决定了声像语档建设是一项涉及多学科知识的复合性工程，需要跨界合作和多方参与。来自语言学和档案学的专家学者需要正确处理学科之间的关系，发挥各自的优势和特长，共建科学合理的协同机制才能保证这一工作的顺利开展。具体来说，应当根据语言学基本规律和语言理论知识进行原始语料、精语料和其他语言资源的采集，根据档案学的要求对音档、文本进行整理归档、保存保护与开发利用。建协同机制、走合作之路可以共享多方资源，提高声像语档建设的效率，可以实现不同资源拥有者之间的优势互补，是弥补档案部门自身力量不足，加强语档信息资源建设的有效途径。

（二）几点建议

濒危语言声像语档建设过程中要充分考虑录制标准、语言分区、语档开发利用等层面的问题。

1. 制定统一标准

濒危语言声像语档建设是国家声像档案资源建设的组成部分，是全国语言资源保护工程的重要内容之一。声像语档建设应当有统一标准，并与国家语言资源保护工程保持一致。

濒危语言有声语档建设作为后启动的语言资源保护项目，应充分考虑语音档案的标准问题，在之前项目的基础上，借鉴我国对濒危语言田野调查的操作规范和开放语档联盟（OLAC）现有的音档规范，制定统一标准。

2. 分三个批次进行

濒危语言声像语档建设可以分三个批次进行。首先根据已有的语言研究成果挑选研究基础丰厚、语言特点鲜明、语言变化较快的地区进行语言调查和整理归档，形成濒危语言语音档案进行保存，完成第一阶段成果；其次按照档案学传统，以各个县（市、区）为单位进行语言调查和整理，按语言调查的基本原则和语音档案的基本要求进行分类整理，取得第二阶段的成果；第三阶段选取各语言片区的交界毗邻地区进行语言调查和材料收集，探求各语言片区之间的相互影响和变化因素。通过三个阶段的调查研究，形成资料全面充分、重点突出、界限清晰的濒危语言声像档案。

3. 要有连续性和实用性

档案具有历史性和连续性，不同时期的档案通常可以组成档案联合体，成为研究某一专题最重要、最真实的材料。濒危语言声像语档建设属于档案学范畴，因此语音档案也应当有连续性。但声像语档建设作为语言学的内容又有其自身特点，相较于其他档案，语言的变化相对缓慢，不同年龄段的语言表现有所不同。

濒危语言声像语档建设应当是一个连续工程。连续工程首先表现在语言音档可以每10年进行一次调查整理，以反映10年间同一族群语言的语音、词汇、语法的变化情况。连续的濒危语言档案也可以在共时层面得到体现，不同年龄层次的人受其他语言不同程度的影响，在语言上也必然表现出差异。选择语言发音合作人时应特别注意年龄层次，不但要选择最地道、最正宗、最老派的发音合作者，也要分别选取老年、中年、青年三个层次的发音合作者，三者的年龄差距以20岁左右为宜。按照语言调查的基本要求，老年发音合作者必须符合诸如小学或初中文化程度、没有离开过本地等条件，对中青年发音合作者则可以不做这样的要求，以反映真实的语言面貌。

濒危语言声像语档建设还要考虑自身的实用性。语言学视角下的有声语档建设，首先是为了保存和保护濒危语言，其次是为语言学的科学研究提供基础语料，以便进一步确定语言分区，发现语言之间相互影响的基本规律，从而更深层次地发现语言变化的规律等。有声语档建设是为语音语料库积累语料，对有声语档的利用则主要是选取语料。档案学视角下的声像语档建设要实现原始语料的数字化和立档保存，即采用不同的存储介质（磁存储介质、光存储介质、电存储介质）归档保存，需要设计方便快捷高效的信息检索和利用系统。

4. 预见后期的开发利用

濒危语言声像语档建设的成果不只是服务于语言学和档案学，它同时可以为人类学、民族学、民俗学、社会学、文化遗产学提供有价值的材料，也可以为信息处理、自动翻译提供条件，还能够为濒危语言学习、复兴及语言多样性维护提供实现路径。因此，在声像语档建设过程中要将"语料"与"语档"严格区分开来，将"语料开发"与"语言记录"严格区分开来。同时，在声像语档建设的初期就应当预见后期的开发利用，在收集语料时有所侧重。在完成国家语言资源保护工程的基础上，濒危语言声像档案建设应当进一步发掘新材料，包括风俗、故事、歌谣、说唱、戏曲等元素的收集。为了充分利用濒危语言声像档案，可以建设网络数据库以提供在线服务，满足多学科、多用途的利用需求。

三　结论

濒危语言声像语档建设以语言学和档案学为主要理论支撑，是涵盖多个学科领域的系统工程，需要各学科理论的综合运用和协同创新。语言学和档案学协同下的濒危语言声像档案建设应当符合国家"语保工程"的统一规范和标准，结合濒危语言的实际情况分批次进行。濒危语言声像语档建设不但为语言学和档案学研究服务，而且可以创建在线检索和利用系统，为人类学、民族学、民俗学、文化学、司法刑侦等提供材料支持。

第五节　少数民族濒危语档资源开发利用的思考

我国少数民族濒危语言的建档保护虽已取得了初步成效，但濒危语档资源开发利用工作尚未全面开展，存在诸多问题。有必要进一步明确开发利用现状和不足，积极探索少数民族濒危语档开发利用的方法和技术，研发形式多样的少数民族濒危语档文化产品，创新少数民族濒危语档开发利用机制，构建少数民族濒危语档社会服务体系，实现少数民族濒危语档信息资源的共享。

语言是传统文化孕育的母体，也是民族文化传承与传播的重要载体，是讲好历史文化故事和传承优秀民族文化不可再生和替代的资源。因此，切实掌握少数民族濒危语言资源的分布和现实状况，摸清"家底"并对其进行深度开发利用，对地方文化品牌的塑造、边疆文化安全的构筑和民族文化自信的坚定，都具有十分重要的理论价值和现实意义。

我国民族语言众多，但其中有不少已处于濒危或极度濒危状态。语言一旦消失就很难恢复和振兴，与之密切相关的文化传承和文明延续也会受到巨大威胁。因此，相关的国际组织和世界各国都高度重视对语言资源和语言多样性的保护。2018 年 9 月，中国政府会同联合国教科文组织在湖南省长沙市成功举办了"首届世界语言资源保护大会"，会议以"语言多样性对于构建人类命运共同体的作用：语言资源保护、应用与推广"为主题，通过了首个以"保护语言多样性"为主题的重要永久性文件《岳麓宣言（草案）》，宣言号召国际社会、各国政府和非政府组织等就保护和促进世界语言多样性达成共识，倡导世界各国制定语言资源和语言多样性保护事业行动计划及实施方案，体现了加强语言交流互鉴，推动构建人类命运共同体的理念。① 2019 年 2 月 21 日第二十个"国际母语日"，联合国教科文组织又在北京正式发布了《岳麓宣言》。作为联合国 2019 年"国际本土语言年"的重要基础性文件②，《岳麓宣言》的发布，有助于语言资源保护理念的传播，推动全社会对语言资源保护问题达成共识。同时为语言资源保护提供了经验、模式和路线图，为语言资源保护事业的国际交流、互鉴、合作搭建了良好平台。

少数民族濒危语言的抢录保存不仅意义重大、影响深远，而且时间紧迫、任务艰巨。早在 20 世纪五六十年代，我国就开展了大规模的少数民族语言调查工作，收集记录了第一手语言文字资料，迄今已积累了一批数量

---

① 《岳麓宣言》向世界发出倡议：保护语言多样性［N］. 中国民族报，2019 - 02 - 26（3）.
② 刘大亮. 给濒危语言更广阔的世界［N］. 人民日报，2019 - 02 - 22（16）.

较多、内容丰富、价值珍贵的语言调查原始记录，开发这些宝贵的濒危语档资源，并利用档案材料为濒危语言民族/族群和社会大众提供语言服务，是语言文字工作者义不容辞的使命。因此，对现有的语言调查资料进行抢救保护，使之全部纳入中国语言资源库或语言数字博物馆，发挥其更大的价值和作用，这是当前乃至今后一段时期的主要任务。

近年来，在关心少数民族传统文化的各界人士的奔走呼吁下，国家吹响了抢救少数民族语言资源的号角，我国语言学界也积极响应这一号召，大力开展濒危语言有声资源的调查记录和立档保存，并着手制定濒危语言有声语料采录的实践规程和技术准则，开发相关的软件和信息平台。但与国外相比，我们的工作才刚刚起步。从总体上讲，我国针对濒危语言展开的建档保护等工作还处于起步阶段，开发利用尚未进入实质性阶段。从研究成果来看，笔者检索出的相关文章仅有三四篇，如《少数民族语言档案利用现状》《略论我国语言资源的开发与利用》《论濒危语言语档的大众化、现代化和产品化》《构建民族语言有声数据库档案，保护各民族传统文化遗产》等①，尚无从档案学视角专门论述少数民族濒危语档资源开发利用的论文发表，可见这方面的研究还有待拓展。本节在总结前期工作成就的基础上，分析存在的不足，并就开发利用措施提出几点建议，以期对这项重要工作的未来发展有所裨益。

一　少数民族濒危语档资源开发利用的成果

(一) 语言资源开发利用成果丰富多彩

2019 年，语保工程一期建设已超额完成总体规划调查点的 14.3%，如何对海量的语言数据进行有效开发应用，将其转化为生产力和文化产品，成为政府、学术界、文化界等各方关注的焦点。

汇聚语保工程调查成果的"中国语言资源采录展示平台"现已上线。该平台的"文化典藏"栏目展示了全国 33 种语言的面貌，可以通过图片、视频、音频等方式，清晰直观地了解每一种语言各个词语如何发音，以及当地百姓在衣食住行等各种生活场景中的语言表达。

---

① 另有一篇题为《少数民族语言档案利用现状及问题研究》的论文与《少数民族语言档案利用现状》实为同一篇，只是题目上略有改动。

2017 年 12 月，语保工程的标志性成果之一"中国语言文化典藏"丛书（20 卷）出版发行。2019 年，"中国濒危语言志"项目已出版 30 余卷志书。各省区市的语言资源集编制工作也在全国推开，"中国语言资源集"各省区市卷的编写将分语音卷、词汇卷、语法卷和口头文化卷 4 卷。

（二）建立少数民族语言语料库与知识库

"语料库"（corpus）就是存放语言材料的仓库（或数据库），在语言学上是指可作为语言研究基础的、大量自然出现的语言数据，可以由书面语和/或口语的样本组成，通常经过整理，具有既定格式与标记（英文写作"text corpus"，意为"body of text"）。专门研究语料库的学科称为"语料库语言学"，可分成三个方面：工具软件的开发、语料库的标注、基于语料库的语言分析方法。

少数民族语言的语料库建设始于 20 世纪 80 年代，主要的语言语料库包括以下几种。

（1）藏语：中国少数民族语言文字多媒体数据库（1994）、藏语初级平衡语料库（1998）和大型藏语平衡语料库数据（2003）。

（2）维吾尔语：面向政府公文的汉维双语对齐语料库（2001）、现代维吾尔语真实文本语料库（2002）、维吾尔语大型语料库、知识库（2003）。

（3）蒙古语：中世纪蒙古语文数据库（1987）、现代蒙古语文数据库（1993）、蒙古语语法信息词典（2000）、蒙古语自然口语语料库（8000 万词级）。

（4）其他少数民族语料库：包括哈萨克语文献语料库、满文档案数据库等。①

（三）开展中国语言资源保护研究成果的编纂

2015 年由教育部、国家语委联合推进的"语保工程"起点高、规模大、财政支持力度强、调查手段和方法更为先进，作为一项重大的国家级语言文化保护工程，旨在对我国少数民族语言资源进行史无前例、规模空前的抢救保护。该项目在调查和建库基础上，将开展中国语言资源保护研

---

① 戴庆厦．中国少数民族语言研究 60 年［M］．北京：中央民族大学出版社，2009：592 -594.

究成果的编纂工作，并出版一系列基础性成果，其中包括编写出版中国少数民族语言志、中国濒危语言志、中国跨境语言志、中国少数民族语言地图、中国少数民族语言文化遗产名录、中国边疆少数民族地区语言调查报告等。① 在"语保工程"建设基础上，将积极建设本地区的语言文化资源库或数字博物馆，编写出版本地区语言资源汇集，促进成果的转化和开发利用。

二　少数民族濒危语档资源开发利用的不足

综上所述，虽然我国濒危语言有声语档建设已起步，各项工作取得了初步进展，研究成果不断涌现，但少数民族濒危语档资源的开发利用尚未全面开展起来，主要存在以下问题。

大量濒危语言记录材料主要用于研究者编写论著和完成课题，工作结束后大多丢弃，有的已流失或损毁。许多珍贵素材大多为私人占有，"很少有人愿意向外界无偿公布个人的录音语料，仅供私下听听而已，他人无法获取和利用，甚至濒危语言民族/族群或发音合作人也无法使用，许多珍贵原始语料往往成为废料"。② 语言学者大多固守私人占有、个人版权观念，不愿意将濒危语言记录材料转交给档案部门或其他公共服务机构保存，濒危语言档案资料不仅散落于不同机构、社群或个人手中，而且形式、载体各异，难以二次利用和共享。由于体制上的原因，相关机构的档案馆、图书馆、博物馆并没有将这类弥足珍贵的文化遗产作为其收集保管的业务对象，更不可能进行开发利用，这对民族语言文化的保护和传承无疑是巨大损失，有可能造成这一领域的社会记忆缺失。③

开发重点局限在濒危语言调查资料的汇编方面，选点、选题、选材的范围过窄，对少数民族语言文化遗产缺乏全方位、多角度、高层次、整体性的开发利用，利用导向仍偏重于为学术研究服务，忽视其他方面的利用。开发方式和途径陈旧落后，缺少突破和创新，对开发濒危语言公共服

---

① 曹志耘. 中国语言资源保护工程的定位、目标与任务 [J]. 语言文字应用，2015 (4)：12 - 19.

② 陈子丹，范泽龙. 少数民族濒危语言的建档问题 [J]. 云南档案，2014 (8)：38.

③ 程靖. 构建民族语言有声数据库档案，保护各民族传统文化遗产 [J]. 百色学院学报，2013 (3)：50.

务语音库、软件或信息平台的力度明显偏弱，通过专题数据库、网站公布和社交媒体发布相对薄弱。

编研成果的形式和内容不够丰富，吸引力、互动性差，仍以纸质印刷品为主，以传统的借阅、出版方式传播利用，缺乏通俗易懂、生动有趣、喜闻乐见、容易接受的濒危语档编研作品，致使大多数编研成果不为人知，起不到宣扬、普及和传播少数民族语言文化的作用。语档文化产品的开发达不到形式多样、内容丰富、功能各异、方便适用、切合实际的要求，只能满足部分语言学者的教学科研需要，不能适应语言民族/族群和社会各界的多元化、个性化需求，导致开发成果"硕果累累"，而利用者"寥寥无几"。

濒危语档资源的广泛利用和共享存在诸多困难和障碍，在短期内还难以实现。过去的几十年里，我们已经有不少濒危语言立项，对十多种语言进行记录，有的出版了纸质编研成果，但更多的数据库、有声库、语料库等没有问世，也没有普遍应用云计算、大数据、"互联网＋"等新兴信息技术，为实现更大范围内的语档资源共享创造有利条件。由于思想观念和技术手段落后，现阶段的开发利用仍处在互不交流、各自为政、各行其是的封闭状态，工作散乱、不成系统，人才资金短缺，对主动建档、长期保存、活态开发、全面共享等问题考虑较少，民族语言文字工作机构在语档资源利用和服务方面，还缺乏有力的制度、设施和技术保障，档案界对少数民族濒危语言电子文件的开发利用缺乏足够的认识，行动上也没有采取切实有效的应对措施。总之，濒危语档的社会化服务水平和共享程度较低，少数民族濒危语档开发利用机制和共享服务体系尚未形成。

三　少数民族濒危语档资源开发利用的思路

（一）两大步骤

少数民族濒危语档资源的开发利用可视为"语保工程"的延续和拓展，在"提高国家语言文字服务能力"这一纲领的指引下，"后语保"时代的少数民族濒危语档资源开发利用大致可分为两个步骤。

第一步是在完成"语保工程"任务的基础上，整合相关专业技术力量、企业和社会力量，大力开展少数民族语言资源开发应用工作，如开发少数民族语言语音技术、少数民族语言在线翻译、少数民族语言在线学习等，积极建设本地区的民族语言语料库、语言文化资源库或语言数字博物馆，编写出版本地区语言资源汇集，推进成果的开发应用。① 这方面的工作空间巨大，目前尚难以进行全面规划。

第二步是在濒危语言有声语档建设实践的基础上，结合少数民族多模态语音语料库和少数民族多媒体语言文化资源库的建立，系统梳理少数民族濒危语言的历史积淀和文化信息，在凸显少数民族语言文化传承弘扬的重要性和紧迫性、强调濒危语档资源共享的必要性和可行性基础上，进行深度开发与全面展示，大力提升我国濒危语言资源开发和利用水平。

（二）三个要点

在开发实践中需要把握以下三个要点。

一是坚持标准化、大众化、全面性、可持续性原则，坚持"以族群为单元，以话语为中心"的原则，坚持优先发掘利用少小民族、边境民族、跨境民族濒危语档资源的原则。

二是以语档产品开发和语言文化传承为重点，以科学开发和合理使用为要务，体现国家意志和社会化理念，依靠行政手段和社会力量，在全面开展田野调查的同时，充分重视开辟在线采录模式，充分重视利用已有语言资源，三条道路齐头并进，最终汇入中国语言资源的海洋。

三是以"大档案观"和"大服务观"为引领，拓宽思路、拓展领域、创新模式、丰富渠道，全力推进濒危语档资源的开发利用工作，实现濒危语档信息资源的共建共享。即依托档案信息化建设成果，结合公共服务体系和数字文化建设，以公众需求为导向，勇于开拓，大胆作为，积极建设濒危语言资源档案馆、语档信息网络平台和利用服务平台。

濒危语言资源档案馆负责收集、整理、保管、保护原始语料及相关实物资料，提供语言资源查阅、外借、复制、展览、咨询等相关利用服务；语档信息网络平台是一个开放、动态、交互、可扩展的资源采录、存储、共享与服务平台，应具有语言资源监测、采录、集成、处理、存储、发布

---

① 曹志耘. 中国语言资源保护工程的定位、目标与任务 [J]. 语言文字应用，2015（4）：12 – 19.

和传输等多种功能，提供技术支持和资源服务。首先是满足语言族群和社会成员利用平台进行语言学习的需要，其次还有多种用途，如支持语言学各分支学科和相关领域的研究、语音合成、文语转换、机器翻译、语音识别、信息安全保密等。濒危语言信息网络平台和利用服务平台可以设在档案馆、图书馆、高校、研究机构或政府相关职能主管部门网站，通过政府财政拨款和民间设立基金等方式资助其运营和管理。

结合大数据时代背景，建立国家级"一带一路"语言文化博物馆、"一带一路"语言服务网络平台和"一带一路"语言大数据共享联盟，积极探索语言大数据增值服务机制，努力提升"一带一路"语言服务和开发利用水平。

四 加强少数民族濒危语档资源开发利用的措施

（一）探索少数民族濒危语档开发利用的多种方法和技术

采用档案收（征）集、个人访谈、文字记录、翻译、拍照、录音、录像等多种方式，全面采集、记录和整理散存或散失在社会、民间团体和个人手中的濒危语言口语材料，加大资金投入力度，购买数字化采集和存储设备，探索少数民族语言文化遗产档案的数字化管理模式。

通过对民族语言工作者、研究人员、口头文化遗产传承人、民间艺人和古稀老人的访谈，采集现存的活态口语语料，真实记录无文字少数民族口耳相传的社会记忆，全面记录未用或无法用民族文字记载的濒临失传的口传文献，补充、丰富少数民族濒危语言档案资源，多角度、多层次反映绚丽多彩的少数民族语言文化。

对现存濒危语档进行分类、整理、编目和上架，并建立科学、完整的检索目录和存档数据库；制定数字化标准，规范数字化工作，建立濒危语档数字资源库或数字化基地，以数字化、多媒体等方式提供给更多需要语档资源的相关人员，对社会和公众开放，实现濒危语档的资源共享；构建濒危语言存档的研究中心，将国内外相关的学术成果汇集起来，方便专家学者共享研究成果。

采用信息采集与传播技术、智能过滤和分析技术、知识挖掘技术、信息推送技术等具有智能性和集成性的信息服务技术，满足用户个性化、多元化的利用需求。如利用信息过滤和数据挖掘技术，发现并处理沉淀于历史数据中的多元文化信息，实现濒危语档信息的知识化利用；通过智能代理技术和信息推送技术，帮助用户表达个性化信息需求，根据用户自定义准则确定信息组织途径与呈现方式；利用代理通信协议把加工过的信息及时推送给用户，实现信息服务的智能化与个性化。

开发语档文化产品，使少数民族语言档案融入大众视野，参与大众生活，实现其语言文化价值。开发途径主要有两个方面：一是与传统模式相结合创新语档文化产品开发，如图书、报刊、展览、广播、影视；二是利用新兴模式开发新型语档文化产品，如网络视频、博客、播客、微博、微信、微电影等①，将语言数字博物馆拥有的语言数字资源及文化信息提供给大众。

基于移动互联网技术，建立少数民族濒危语档信息服务平台，通过建立相关网站、论坛、微信公众平台、手机媒体、移动网络媒体等方式服务大众，将语档信息资源共享向"两微一网"（微博、微信、网站）或"三微一端"等全媒体拓展，让共享服务和"指尖上的档案馆"成为现实。

（二）开发形式多样的少数民族濒危语档文化产品

开展濒危语言文献记录的编纂、公布、出版工作，研发多种类型和载体的濒危语档文化产品。即立足社会需要，以服务为导向，坚持方便传播和利用的原则，做好濒危语档产品的开发工作，把濒危语言调查记录和描写材料以及音像档案、电子文档转化为服务社会的多样化、大众化、市场化语言文化产品，充分发挥少数民族濒危语档的学术文化价值，让"死档案"变成"活信息"。如编研、开发适合不同层次濒危语言学习者的语言教材、课本、词典、工具书、音频视频课程、网络学习资源、语言学习软件和其他教学辅导资料，提供面向大众的语言读本、电子图书、音像制品或多媒体课件、多媒体光盘、数据库软件、网络数据库等网络化资源。

（三）创新少数民族濒危语档开发利用机制

以国家语言文字方针政策为引领，大力开展濒危语言档案信息资源开

---

① 顾野 . 电子档案背景下开发档案文化产品策略 ［J］. 云南档案，2014（1）：55 - 56.

发利用工作，构建一个面向濒危语言信息资源保存、保护、展示、开发、利用的公共服务体系，提供濒危语言档案资源的网络信息服务，实现远程共享。

创新资源整合机制。整合包括纸质文本、口传文献、电子数据、网络资源等在内的各种信息资源，加快濒危语档信息资源数字化建设；整合档案馆、图书馆、博物馆、高校、研究机构、网络服务商或相关实体已有的丰富资源，发挥各自在濒危语言资源存储、获取和利用方面的优势，在不改变档案资源归属关系的前提下，依托现代信息技术进行虚拟的集成管理，优质高效地为社会提供服务。

创新合作开发机制。联合濒危语言民族/族群和科研人员开展语档本身的研究及开发，调动少数民族濒危语言专家学者、研究团队和其他协作研究者的积极性、主动性、创造性，充分发挥他们在语言资源社会化服务方面所起的能动作用，推动民族语言工作者与相关领域的密切合作，实现服务设施、服务类型、服务方式的改进创新。搭建便于成果交流和科研协作的各类平台，促进研究成果信息的交流与分享。

创新公共服务机制。大力推进濒危语档信息化建设，全面提升濒危语档服务于语言民族/族群和社会公众的能力。借助"第五媒体"、手机视听终端、手机上网平台等个性化即时信息传播载体，创新濒危语言的公共文化服务方式，拓展公共文化服务领域，丰富公共文化产品和服务内容，提升公共文化服务质量。

创新人才培养机制。着力加强濒危语档管理和开发利用人才的培养，包括语档专任教师、语档翻译人员、语档技术人员（语档信息处理人员、语档软件开发人员、语档资源建设人员、语档开发利用人员）、语档研究人员等专门人才的教育培训。

创新资金保障机制。逐步建立多元化、可持续的资金投入保障机制。一是争取各级各类科研项目基金的资助；二是争取档案馆、图书馆、博物馆、高校、研究机构、网络服务商或相关实体的资金支持；三是争取政府相关部门的财政拨款和民间机构设立的基金支持。

（四）构建少数民族濒危语档社会服务体系

构建形式多样、功能互补、协调发展的语言服务体系，以满足社会广泛多元的语言文化需求，这是语言服务的应有之义和现实要求。从语言文化复兴的高度和社会的实际需求出发，应逐步构建常态化、系统化的语档服务体系，这项工作的开展，也将带动语言经济、语言文化、语言产业的发展。

语档资源服务。如创建少数民族语言词汇语法例句数据库、"一带一路"语言数据库、"关键语言"知识信息库、国家多语言能力人才资源库，建设与开发"一带一路"共建国家多语言信息门户与跨语言搜索打造中国边疆民族地区语言资源库、中国周边国家语言文化数据库、国家语言战略智库以及构建各类语言电子词典、搭建少数民族语言资源调研智能手机平台引擎等。随着共建"一带一路"的推进和大数据、云计算、"互联网＋"的发展，这项服务更加重要。

语档技术服务。如语言信息处理、语言软件开发、语言平台建设、各类语言情报发掘与分析、语言数据监测与分析等，推动信息化条件下语言服务和应用。

语档智力服务。如依据周边重要国家和地区的调研报告编印"'一带一路'国家语言状况与语言政策"系列丛书、"中国周边语言状况丛书"、"中国边疆地区语言状况丛书"等，开发多民族语言知识图谱及智能服务系统，为我国边疆地区少数民族语言研究提供资料，为国家语言政策提供咨询，为国家语种能力与语言文化多样性建设提供支持。

（五）实现少数民族濒危语档信息资源的共享

濒危语言民族/族群和说话人有无条件共享其濒危语档资源的权利，共享方式可以通过在线方式共享濒危语言记录资源，也可以通过移动终端共享濒危语言记录资源。濒危语言记录者应将濒危语言记录资源以语言民族/族群和社会大众能够方便获得和使用的媒介形式呈现，交由能持续为濒危语言民族/族群提供服务的政府机关、社会团体、公共服务组织、数据服务商、网络运营机构等。在尊重保护发音人、不侵犯语言族群和说话人隐私权以及少数民族文化禁忌、风俗习惯的前提下，濒危语言调查研究者应无条件、尽可能地向语言民族/族群和社会公众无偿开放其收集保存的濒危语言记录资源和产出的全部相关研究成果，使濒危语言信息资源得到充分有效的利用和广泛传播，更好地为语言民族/族群和社会公众服务。

任何旨在学习、传播、弘扬、恢复、振兴濒危语言和文化的机构、社群和个人，理应无偿获得濒危语言档案资源。濒危语言调查研究者有利用档案记录资源，直接向语言族群和社会开发大众化的语言产品，或参与对语言族群和社会的语言文化服务工作的责任和义务。为此，应大力开展以下工作：为每种濒危语言设计一个简明易学的面向公众的拼音方案；编写拼音学习手册；为濒危语言族群编写通用的入门级语言速成自学课本或小学教学课本；编写濒危语言的网络学习教程；制作基于移动终端产品的电子书、批量微信；开发濒危语言公共服务音库或软件，如宣传标语、医院叫号、公交车和地铁报站等。

从技术层面上说，实现濒危语言数字档案共享的根本性策略在于将语音文件、图像文件、图形文件和视频文件的主要内容和特征信息通过元数据著录形式转换成文本形式，以满足跨媒体信息共享的需要。鉴于元数据不成体系是语档资源集中组织利用的核心障碍，有必要设计一个基于 OAIS 的濒危语档资源分层元数据模型，形成一个多主体参与、跨领域整合、全流程管理的资源平台，使利用者能够在不同的网络环境下实现濒危语档资源的互通共享。同时，对于具有成熟计算机信息处理能力的少数民族濒危语言还应进行少数民族语言与国家通用语言的双语著录，以满足跨语种信息共享的需求。此外，由于濒危语言多媒体数字档案语义描述存在困难，在基于内容的多媒体信息检索策略之外，还需要探索基于概念的多媒体信息检索和基于语义的多媒体信息检索等策略。[①] 在大数据环境下，通过调查需求，建立数据模型，聚类、分类、归类，相关性分析，提出决策方案等过程，将半现行、非现行濒危语言电子文件的价值充分挖掘出来，以满足各类使用者的利用需求。

---

① 赵生辉. 中国少数民族语言电子文件跨媒体共享策略研究［J］. 云南档案，2011（11）：39.

主要参考文献

一 著作

黄行. 中国少数民族语言活力研究［M］. 北京：中央民族大学出版社，2000.

徐世璇. 濒危语言研究［M］. 北京：中央民族大学出版社，2001.

孙宏开，胡增益，黄行. 中国的语言［M］. 北京：商务印书馆，2007.

戴庆厦. 中国少数民族语言研究60年［M］. 北京：中央民族大学出版社，2009.

范俊军. 语言调查语料记录与立档规范［M］. 广州：暨南大学出版社，2011.

白碧波，〔澳〕大卫·布莱德雷（David Bradley）. 母语的消失与存留：第三届中国云南濒危语言遗产保护国际学术研讨会论文集［C］. 北京：民族出版社，2011.

赵生辉. 数字纽带：中国少数民族语言电子文件集成管理的体系架构研究［M］. 西安：陕西师范大学出版社，2014.

范俊军. 濒危语言有声语档建设研究［M］. 广州：广东人民出版社，2018.

二 期（集）刊论文

叶德书. 土家语言研究的回顾与展望［J］. 湖北民族学院学报，1999（10）.

本刊记者. 我国濒危语言问题研讨会纪要［J］. 民族语文，2000（6）.

陈锡周. 云南少数民族语言数据库［J］. 云南民族学院学报，2003（1）.

禹岩. 全球语言档案会议在美国斯坦福大学举行［J］. 民族语文，2003（5）.

瞿继勇. 中国古代"和同"观念对濒危语言保护的启示 [J]. 龙岩学院学报, 2004 (2).

张公瑾. 语言与非物质文化 [A]. 祁庆富. 民族文化遗产 (第一辑) [C]. 北京: 民族出版社, 2004.

戴庆厦, 何俊芳, 张海琳. 人口因素与语言濒危——街津口乡赫哲语濒危状态个案研究 [A]. 祁庆富. 民族文化遗产 (第一辑) [C]. 北京: 民族出版社, 2004.

黄柏权. 土家族非物质文化遗产现状及保护对策 [J]. 湖北民族学院学报, 2006 (2).

刘岩. 关于中国少数民族濒危语言语音语料库的设计 [J]. 中央民族大学学报, 2006 (4).

徐世璇. 濒危语言资料的记录和留存 [J]. 广西民族大学学报, 2006 (5).

徐世璇. 论濒危语言的文献记录 [J]. 当代语言学, 2007 (1).

刘也. 《中国少数民族语言音档》(修订版) 即将出版 [J]. 中央民族大学学报, 2009 (3).

滕延江, 苗兴伟. 文献记录语言学研究述介 [J]. 外语教学与研究, 2010 (2).

张帆, 范俊军. 夏威夷大学在线期刊《语言记录与保存》评介 [J]. 外国语言文学 (季刊), 2010 (3).

范俊军. 少数民族濒危语言有声语档建设再论——OLAC 技术规范及其适应性 [J]. 西北民族大学学报, 2010 (6).

范俊军. 少数民族濒危语言有声语档建设初探 [J]. 西北民族大学学报, 2011 (1).

范俊军. 少数民族濒危语言有声语档建设三论 [J]. 北方民族大学学报, 2011 (3).

黄成龙, 李云兵, 王锋. 纪录语言学: 一门新兴交叉学科 [J]. 语言科学, 2011 (3).

范俊军, 张帆. 面向少数民族濒危语言的语档语言学 [J]. 西北民族大学学报, 2011 (6).

李晓丽, 张冀震. 濒危语言现状分析——兼谈满语的濒危 [J]. 西北民族大学学报, 2011 (6).

赵生辉. 中国少数民族语言电子文件跨媒体共享策略研究 [J]. 云南档案, 2011 (11).

赵生辉. 中国少数民族语言网络信息资源的保存体系研究 [J]. 情报资料工作, 2012 (2).

赵生辉. 基于"多元一体"架构的少数民族语言电子文件管理体系 [J]. 云南档案, 2012 (3).

赵生辉. 中国少数民族语言数字档案馆的建设构想 [J]. 档案学通讯, 2012 (4).

郑玉彤, 李锦芳. 濒危语言的调查记录方法 [J]. 云南师范大学学报, 2012 (7).

陈顺强, 苏连科. 彝语口传文化数字化采集方法及其保护与传承研究——以毕摩、苏尼、口弦、阿都高腔为例 [J]. 西南民族大学学报, 2012 (11).

李素琴, 杨炳钧. 云南省濒危民族语言有声语档的建设方法探讨 [J]. 大理学院学报, 2012 (11).

赵生辉, 鲁汉蓉. 中国少数民族语言电子文件统一归档的战略构想 [J]. 兰台世界, 2012 (14).

程靖. 构建民族语言有声数据库档案, 保护各民族传统文化遗产 [J]. 百色学院学报, 2013 (3).

赵生辉. 中国濒危语言数字档案馆建设初探 [J]. 云南档案, 2014 (1).

黄行. 当前我国少数民族语言政策解读 [J]. 中南民族大学学报, 2014 (6).

陈子丹, 范泽龙. 少数民族濒危语言的建档问题 [J]. 云南档案, 2014 (8).

范俊军. 少数民族濒危语言有声语档建设四论——关于语料采录和加工、技术培训等问题 [J]. 西北民族大学学报, 2015 (1).

许鲜明, 白碧波. 美国语言协作研究研习会及其对我国濒危语言研究的启示 [J]. 西北民族大学学报, 2015 (1).

曹志耘. 中国语言资源保护工程的定位、目标与任务 [J]. 语言文字应用, 2015 (4).

鲁美艳. 土家族口头传统文化的数字化保护研究 [J]. 赤峰学院学报, 2015 (10).

许红花. 少数民族濒危语言有声档案建设的可行性探讨 [J]. 贵州民族研

究，2015（10）.

范俊军．中国濒危语言有声语档数据规则［J］．西北民族大学学报，2016（3）.

肖自辉，彭婧．论濒危语言语档的大众化、现代化和产品化［J］．西北民族大学学报，2016（3）.

占升平．布依族古歌有声语档建设初探［J］．黔南民族师范学院学报，2016（3）.

陈子丹，郑宇，武泽淼．我国少数民族濒危语言建档的几点思考［J］．档案学通讯，2016（4）.

赵生辉．中国少数民族语言档案资源协作管理的战略构想［J］．档案学通讯，2016（4）.

范俊军．中国濒危语言自然话语转写规则（试行）［J］．暨南学报，2016（10）.

祖漪清，高丽，王祖燕，黄维，吴朗．用语言复制的方法记录濒危语言——锡伯语案例［C］//李爱军．中国语音学报（第8辑）．北京：中国社会科学出版社，2017.

李宏．公共数字文化体系建设与服务［J］．图书馆研究与工作，2017（1）.

彭飞．基于格局理论的多模态语言档案数据库建设研究［J］．北京档案，2017（3）.

饶敏．濒危少数民族语言的档案编制工作探究——以濒危语言贵琼语为例［J］．科教导刊，2017（4）.

姜晓娜．我国濒危方言语料档案建设研究［J］．山西档案，2018（3）.

范俊军．少数民族语言数字遗产的保护［J］．西北民族大学学报，2018（3）.

范俊军．中国的濒危语言保存和保护［J］．暨南学报，2018（10）.

陈子丹，杨霞，黄洛锋．少数民族濒危档资源开发利用的思考［J］．档案管理，2019（6）.

陈子丹，黄燕玲．少数民族濒危语言建档开发研究［J］．云南档案，2019（8）.

彭飞．澳大利亚少数民族语言档案数据库建设现状及启示［J］．中国档案，2019（11）.

张立．信息时代的南岛语语料库述评——以台湾大学南岛语多媒体语料库

为例 [J]. 信息系统工程, 2019 (11).

黄玉婧, 周耀林, 姬荣伟. 国外濒危语言建档保护实践与启示 [J]. 浙江
　　档案, 2020 (6).

三　报纸文章

刘云卿. 拯救濒危语言　保护语言文化的多样性——记"云南濒危语言记
　　录与研究"创新团队 [N]. 玉溪师范学院报, 2013 – 4 – 5 (3).

张小溪. 建立濒危语言电子档案刻不容缓 [N]. 中国社会科学报, 2013 –
　　12 – 13.

龙军, 禹爱华. 保护语言多样性　构建人类命运共同体——首届世界语言
　　资源保护大会侧记 [N]. 光明日报, 2018 – 09 – 21 (16).

李秀萍. 内蒙古"蒙古语语料库建设工程"档案入馆 [N]. 中国档案报,
　　2018 – 11 – 29 (1).

内蒙古抢救保护少数民族濒危语言 [N]. 中国民族报, 2019 – 01 – 01 (1).

刘大亮. 给濒危语言更广阔的世界 [N]. 人民日报, 2019 – 02 – 22 (16).

《岳麓宣言》向世界发出倡议: 保护语言多样性 [N]. 中国民族报, 2019 –
　　02 – 26 (3).

林茂灿. 结合大规模语料与 AI 技术　推动濒危语言保护工作 [N]. 中国
　　社会科学报, 2019 – 09 – 10.

孙贵升. 抢救传承少数民族语言——元江县民族语言抢救与文化体验培训
　　学校的探索与实践 [N]. 民族时报, 2020 – 04 – 15 (3).

四　硕士、博士学位论文

赵生辉. 中国少数民族语言电子文件集成管理的体系架构研究 [D]. 武
　　汉: 武汉大学 (博士学位论文), 2012.

张帆. 中国少数民族濒危语言数字化记录与立档个案研究——以畲族为例
　　[D]. 广州: 暨南大学 (硕士学位论文), 2012.

沐华. 彝语峨山方言山苏话有声语档建设 [D]. 广州: 暨南大学 (硕士学
　　位论文), 2016.

郑宇. 我国少数民族濒危语档资源建设研究 [D]. 昆明: 云南大学 (博士
　　学位论文), 2017.

五 网络文献

联合国教科文组织采取措施保护濒危语种［EB/OL］．［2002 - 04 - 18］．
news. sina. com. cn/e/2002 - 04 - 18/0826550145. html.

刘洪宇. 抢救濒危语言 现代科技将功补过［EB/OL］．［2012 - 07 - 06］．
暨南大学新闻网，news. jnu. edu. cn/Item/24365. aspx.

阿斯钢. 中国建成 4000 万词级蒙古语自然口语语料库［EB/OL］．［2013 -
02 - 20］. chinanews. com/edu/2013/02 - 20/4579712. shtml.

赖静如. 世界濒危语言的抢救与整理：典藏语言与语言数据数位化［EB/
OL］．［2013 - 05 - 03］. www. docin. com/p - 645901775. html.

云南省民委. 云南濒危语言有声语档建设重点实验室通过专家组认定
［EB/OL］．［2013 - 11 - 15］. www. gxmzb. net/szb/html/2013 - 11/15/
content_5721. htm.

云南建有声"基因库"保护少数民族濒危语言［EB/OL］．［2013 - 10 -
23］. chinanews. com/cul/2013/10 - 23/5414534. shtml.

中国实施语言战略 保障"一带一路"建设［EB/OL］．［2015 - 08 - 03］.
xinhuanet. com/world/2015 - 08/03/c_128084329. htm.

勿日汗. 中国建成 8000 万词级蒙古语语料库［EB/OL］．［2016 - 01 - 22］.
cssn. cn/dzyx-jlyhz/201601/t20160122 - 2839959. shtml.

广西多举并施抢救少数民族濒危语言［EB/OL］．［2016 - 04 - 22］.
culture. china. com/11170621/20160422/22502056. html.

王素改. 河南方言有声语档建设中语言学与档案学的协同机制［EB/OL］.
［2016 - 10 - 19］. https://www. xzbu. com/4/view - 7538355. htm.

广西抢救保护少数民族濒危语言［EB/OL］．［2017 - 02 - 22］. chi-
nanews. com/cul/2017/02 - 22/8156890. shtml.

复旦文化遗产保护系列讲座 05：语音文化与语言遗产［EB/OL］．（2017 -
03 - 16）. www. chm. fudan. edu. cn/ba/6f/c11432a113263/page. htm.

郭隆. 李锦芳 与濒危语言赛跑［EB/OL］．［2018 - 06 - 04］. www. bjzx.
gov. cn/zxqk/bjgc/bjgc201411/fcf201411/201806/t20180604_13276. html.

李爱平. "蒙古语语料库"二期工程：填补互联网上无蒙古文文献空白
［EB/OL］．［2018 - 11 - 26］. chinanews. com/cul/2018/11 - 26/8685643.

shtml.

《岳麓宣言》发布，呼吁保护和促进世界语言多样性（附宣言全文）［EB/OL］.［2019 – 01 – 21］. www. 360doc. com/content/19/0121/15/609179_8/0400309. shtml.

韦颖琛. 聚焦广西"语保"系列报道之一：广西语言资源保护工作成果丰硕，人工智能技术应用将让更多百姓受益［EB/OL］.［2019 – 07 – 29］. www. gxmzb. net/content/2019 – 07/29/content_2064. htm.

李秀萍. 关于开展"三少民族"濒危语档建设的必要性［EB/OL］. 中文科技期刊数据库（全文版）社会科学，2020（4）.

孙竞. 中国语言资源保护工程启动二期建设　将对濒危语言方言开展调查保护［EB/OL］.［2021 – 4 – 20］. edu. people. com. cn/n1/2021/0420/c1006 – 32082993. html.

后　记

　　本土语言是地方文化和人文资源的重要载体，不可替代。这些即将消失的语言能够为语言学家、认知科学家和哲学家研究古今人类的思维活动提供大量宝贵的资料。而目前处于弱势的少数民族语言面对"强势"语言、全球化、互联网等的冲击，正处于迅速消失的危险境地。因此，抢救保护少数民族濒危语言的时间紧、任务重、难度大，亟须建立多学科交叉、多团队合作、多技术集成、多点面攻关的跨界协同机制，让更多的专业力量参与进来，共同做好这项工作。

　　近20年来，我国语言学界已对国内濒危语言的数量分布、濒危程度、衰变态势等情况进行了全面深入的田野调查和实践探索，基本掌握了我国的语言国情，取得了诸多标志性研究成果。在濒危语言保护实践方面，语言学界主要开展有声语档建设，档案部门的参与力度不大、影响较小，只有个别地方的档案馆开展了方言建档工作。因此，对濒危语言，特别是无文字民族、少小民族、跨境民族濒危语言的建档开发及跨界合作问题，还有进一步推进和加强的必要，也有很大的发展空间和前景。

　　笔者于2017年申报了"云南少数民族濒危语言档案化建设与开发研究"项目，并有幸获得教育部人文社会科学研究西部和边疆地区项目的立项资助（项目批准号：17XJA870002）。该项目力图在国家语言文字方针政策和语档语言学理论的指导下，以云南省实施"云南少数民族语言资料有声数据库"建设工程和"云南少数民族语言文字资源库"建设项目为例，总结少数民族濒危语言有声语档建设工作的现状、成就和不足，借鉴国内外濒危语言建档保护的做法和经验，探索少数民族濒危语言数字化建档方法和技术，提出成立"云南濒危语言数字档案馆"的设想和建议，展望"后语保"时代少数民族濒危语言档案资源建设与开发前景。

在 3 年的课题研究期间，笔者指导 2013 级档案学专业博士研究生郑宇完成了博士学位论文《我国少数民族濒危语档资源建设研究》（云南大学，2017）的写作，先后撰写并公开发表了《少数民族濒危语言的建档问题》（《云南档案》2014 年第 8 期）、《我国少数民族濒危语言建档的几点思考》（《档案学通讯》2016 年第 4 期）、《少数民族濒危语言建档开发研究》（《云南档案》2019 年第 8 期）、《少数民族濒危语档资源开发利用的思考》（《档案管理》2019 年第 6 期）等专题论文，编写出版了专著《少数民族濒危语言建档开发研究》（社会科学文献出版社 2021 年版）。

《少数民族濒危语言建档开发研究》一书以近年来国内民族语言学界大力开展的少数民族濒危语言有声语档建设工作为写作背景，初步探讨了我国少数民族濒危语言建档开发的若干理论与实践问题。试图以此为起点，进一步探讨少数民族濒危语言档案资源的调查、记录、保存、共享、服务问题，深入探索"濒危语言档案学"的学科建设问题。

本书可以作为民族档案课程的教学参考书使用，也适合对少数民族濒危语言档案感兴趣的广大读者阅读。但因本人能力水平有限，尤其是缺乏少数民族濒危语言建档开发的实践经验，加之资料收集困难，书中还存在许多不足乃至错漏之处，诚望能得到民族语言学、有声语档建设、声像档案管理等方面的专家学者和广大读者的批评指正。

在本书即将出版之际，特别感谢系主任胡莹老师，为我系"民族档案与民族文献研究丛书"的策划和组稿付出了精力，还要感谢社会科学文献出版社的编辑老师为本书的编辑出版付出的辛劳，同时也要感谢我的老母亲等家人对我写作的支持和理解，没有他们的大力帮助，本书不可能顺利面世。

陈子丹

2020 年 11 月写于高校小区

图书在版编目（CIP）数据

少数民族濒危语言建档开发研究／陈子丹著. —— 北
京：社会科学文献出版社，2021.12
ISBN 978 - 7 - 5201 - 9392 - 4

Ⅰ.①少… Ⅱ.①陈… Ⅲ.①少数民族 - 民族语 - 研
究 - 中国 Ⅳ.①H2

中国版本图书馆 CIP 数据核字（2021）第 232451 号

少数民族濒危语言建档开发研究

著 者／陈子丹

出 版 人／王利民
责任编辑／李建廷
责任印制／王京美

出 版／社会科学文献出版社
　　　　　地址：北京市北三环中路甲 29 号院华龙大厦　邮编：100029
　　　　　网址：www. ssap. com. cn
发 行／市场营销中心（010）59367081　59367083
印 装／三河市尚艺印装有限公司

规 格／开 本：787mm × 1092mm　1/16
　　　　　印 张：14　字 数：229 千字
版 次／2021 年 12 月第 1 版　2021 年 12 月第 1 次印刷
书 号／ISBN 978 - 7 - 5201 - 9392 - 4
定 价／128.00 元